AF530820

VOLVER A SER FELIZ

Título original: GETTING BACK TO HAPPY
Traducido del inglés por Francesc Prims Terradas
Diseño de portada: Editorial Sirio, S.A.
Maquetación de interior: Toñi F. Castellón

EDITORIAL SIRIO, S.A.
C/ Rosa de los Vientos, 64
Pol. Ind. El Viso
29006-Málaga
España

www.editorialsirio.com
sirio@editorialsirio.com

I.S.B.N.: 978-84-18531-08-8
Depósito Legal: MA-208-2021

Impreso en Imagraf Impresores, S. A.
c/ Nabucco, 14 D - Pol. Alameda
29006 - Málaga

Impreso en España

Puedes seguirnos en Facebook, Twitter, YouTube e Instagram.

El papel utilizado para la impresión de este libro está **libre de cloro** elemental (ECF) y su procedencia está certificada por una entidad independiente, no gubernamental, que promueve la sostenibilidad de los bosques.

MARC & ANGEL CHERNOFF

VOLVER A SER FELIZ

Cambia tus pensamientos y realidad, y convierte tus intentos en triunfos

Índice

Prólogo

Todos estamos embarcados en un viaje para llegar a ser lo que ya somos en realidad: la versión de nosotros mismos más fuerte, valiente y auténtica. No siempre es un viaje sencillo exento de dificultades. Muchos de nosotros hemos aprendido una serie de «lecciones» durante años, o incluso décadas, que ahora tenemos que desaprender; lecciones acerca de aceptar menos de lo que merecemos, de ser «buenos» en lugar de manifestarnos, o de vernos a nosotros mismos como inferiores por el solo hecho de que los demás nos han tratado como si lo fuésemos durante mucho tiempo.

En mi propio viaje de descubrimiento de quién soy realmente, que también ha sido un viaje en el que he encontrado mi propia voz para usarla en favor de las causas en las que creo, he tenido la suerte de conocer a muchas almas afines en el camino, muchas de ellas en Internet. Marc y Angel son dos de los compañeros de viaje a quienes más valoro. Su honestidad y claridad, y la generosidad con la que comparten lo que han aprendido, son regalos que realmente aprecio. Compartir sus ideas con otras personas en línea es una forma que tengo de pagar por lo que he aprendido, con la esperanza de que otros asimilen algo de ese conocimiento y esa fortaleza y, a su vez, hagan que la voz siga corriendo. El dolor de la falta de confianza en nosotros mismos y el aislamiento de la vida moderna pueden hacernos sentir que somos los únicos que tienen dificultades, mientras que todos los demás llevan una vida perfecta. Por eso es tan importante que expongamos no solo nuestros triunfos sino también nuestros reveses, que mostremos lo que hacemos para salir de las situaciones complicadas. Marc y Angel hacen exactamente esto: basarse en la vida real y servir de apoyo a una comunidad de almas afines que se unen en la fuerza, y que crecen y aprenden a lo largo del camino.

La vida siempre nos depara sorpresas y reveses que no vemos venir. Se presentan sucesos impactantes que hunden nuestro ánimo y hacen que cuestionemos todos nuestros perseverantes esfuerzos, y también días grises, planos, en los que no vemos brillar ninguna luz. Pero *siempre* hay un camino. Con la ayuda de las ideas de Marc y Angel, las cuales descubrieron por la vía dura, siempre podemos encontrar una manera de levantarnos, redefinir nuestra mentalidad para ver un panorama más amplio y dar el primer paso de regreso a la felicidad. No siempre es fácil, y podemos incomodar a aquellos que no están acostumbrados a ver que nos defendemos por nosotros mismos. Pero la fuerza interior para avanzar hacia la verdad y la luz es un músculo que tenemos cada uno de nosotros. Úsalo. Hazlo tuyo. Y ayuda a otros a hacer lo mismo. Todos estamos juntos en esto, pero tenemos que dar el primer paso por nuestra cuenta. Pásalo.

Alyssa Milano

Introducción

Tenemos que hacer cosas difíciles para ser felices en la vida. Cosas que la mayoría de las personas evitan, como aquellas que nos hacen sentir incómodos, aquellas que los demás no pueden hacer por nosotros, aquellas que hacen que nos cuestionemos a nosotros mismos y nos preguntemos cómo vamos a encontrar la fuerza necesaria para seguir adelante.

¿Por qué?

Porque las dificultades acaban por fortalecernos y cambiar nuestra vida. Suponen la diferencia entre *existir* y *vivir*, entre conocer el camino y recorrerlo, entre una vida de promesas vacías y una de progreso y autorrealización.

Nosotros dos* sabemos esto ahora, pero no lo supimos hasta que tocamos fondo.

En el punto más bajo de nuestra vida –cuando estábamos atrapados en un episodio compartido de depresión y nos resultaba difícil incluso albergar la idea de dar un paso adelante– descubrimos que las dificultades eran adecuadas: nos proporcionaban la única forma lógica de seguir avanzando.

Una conversación difícil y por qué la tuvimos

Acabábamos de perder a dos seres queridos y a continuación perdimos la principal fuente de ingresos de la familia. Todo ocurrió

* Con *nosotros dos* siempre se hace referencia a los dos autores del libro. (N. del T.)

de repente y se sucedió con rapidez. Nuestra vida se vio alterada durante meses, en los cuales luchamos desesperadamente por hacer frente a nuestra nueva realidad.

Dejemos que Marc nos lo cuente:

–En tu lecho de muerte, es demasiado tarde para honrar y respetar a las personas que has perdido –dijo Angel. No levanté la mirada, pero asentí con la cabeza. Con los ojos llenos de lágrimas, ella prosiguió–: En tu lecho de muerte, es demasiado tarde para demostrar verdaderamente tu amor a las personas a las que amas.

Una vez más, asentí con solemnidad, pero esta vez me sentí inspirado a añadir algo:

–En tu lecho de muerte, es demasiado tarde para recoger flores para tu esposa. –Angel echó un vistazo rápido a las flores que estaban en nuestra mesita de noche, esbozó media sonrisa, se desplazó por la cama y puso la cabeza sobre mi hombro. Continué–: En tu lecho de muerte, es demasiado tarde para ser quien pudiste haber sido. Demasiado tarde para hacer listas de deseos, para afrontar las dificultades necesarias para materializarlos y para apreciar los pequeños avances diarios en el viaje de regreso a la felicidad.

• • •

Este ha sido el fragmento de una conversación que mantuvimos un viernes a las tres de la madrugada, hace diez años.

Ambos estábamos despiertos porque no podíamos dormir.

No podíamos dormir porque acabábamos de perder a seres queridos debido a la enfermedad y al suicidio.

No podíamos dormir porque sin una nueva fuente de ingresos en medio de una recesión económica brutal temíamos encontrarnos pronto en la calle.

No sabíamos cómo dormir y llorar al mismo tiempo.

Sin embargo, de alguna manera, en medio de la oscuridad, hallamos esperanza en una conversación realmente difícil y un poco retorcida acerca de nuestro lecho de muerte y la realidad evidente de que ninguno de los dos estaba en el suyo todavía.

Sin que lo supiéramos, esa conversación fue el comienzo de nuestro viaje de regreso a la felicidad.

Pero permíteme dar marcha atrás un momento y explicarte cómo llegamos a tener esa conversación en mitad de la noche.

Eran las cinco de la mañana, en San Diego, el día después de mi vigésimo séptimo cumpleaños. Angel y yo habíamos estado despiertos hasta tarde la noche anterior celebrándolo en un bar deportivo local con algunos amigos. Y habríamos dormido unas horas más si nuestros dos teléfonos no hubieran comenzado a sonar sin parar.

—¿Quién en su sano juicio nos llamaría tan temprano? —murmuró Angel mientras salía de la cama.

—No lo sé. Siléncialos y vuelve a la cama —le dije mientras ella caminaba hacia la sala de estar para mirar nuestros teléfonos.

Pero tan pronto como les echó un vistazo, supo que algo iba mal. Había más de una docena de llamadas perdidas y mensajes de texto de algunos de nuestros familiares y amigos más cercanos de la costa este. Uno de los mensajes de texto decía: «¿Te has enterado de lo de Josh?». Me llamó para que lo viera. Y ese fue el momento en que descubrimos que nunca volveríamos a compartir unas buenas risas con uno de los seres humanos más bondadosos que hemos conocido, uno de nuestros mejores amigos.

Josh murió de un paro cardíaco (provocado por un ataque de asma) en mitad de la noche a la edad de veintisiete años, y dejó solos a su esposa, Cami (que ahora trabaja con nosotros), y a sus dos bebés, Ethan y Jacob.

Unas semanas después de la muerte de Josh, el hermano mayor de Angel, Todd, se suicidó. Solo tenía treinta y seis años, y mostraba siempre una sonrisa que hacía sonreír a todos los que se cruzaban en su camino. ¿Por qué lo hizo? ¿Por qué no supimos que había perdido la esperanza detrás de su contagiosa sonrisa? Estas preguntas nos persiguieron en cada momento de la vigilia durante mucho, mucho tiempo. Lloramos mucho. Por él. Por Josh. Por los dos a la vez.

Y mientras nuestro corazón y nuestra mente tocaban fondo, también lo hizo nuestra economía.

Mientras luchábamos por superar el duelo, Angel perdió el trabajo gracias al cual se sostenía nuestra familia, en uno de los peores momentos laborales de la historia de Estados Unidos. Con el corazón roto, nos vimos obligados a reinventarnos no solo en el ámbito personal, sino también profesional. Y, desde luego, no lo hicimos de la noche a la mañana. Tuvimos que aprender mucho antes de volver a ponernos en pie.

El origen de este libro

Aunque nuestro viaje ha sido todo menos fácil, estamos sinceramente agradecidos por las lecciones que aprendimos mientras luchamos, un día tras otro. Estas lecciones de vida son la base de nuestro blog, de nuestro trabajo de enseñar a los demás desde nuestra experiencia, y ahora de este libro. La clave de nuestro avance y nuestra evolución fue el establecimiento de unos rituales diarios específicos que poco a poco nos permitieron hacer aquello tan difícil que nadie más podía hacer por nosotros: sanar, crecer y retomar nuestra vida. Este libro te mostrará, precisamente, cómo hacerlo.

Basado en nuestro recorrido personal, una extensa investigación sobre psicología positiva y más de una década de impartir *coaching* de vida a cientos de clientes, a los alumnos de nuestros cursos y a los asistentes a nuestros eventos presenciales, este volumen te guiará a través de un proceso diario de aprendizaje sobre cómo cambiar tu forma de pensar y tu comportamiento para que puedas convertir las pruebas a las que te enfrentas –ya sean grandes o pequeñas– en triunfos personales. Durante el proceso que acabó por conducir a la escritura de este libro, nos hicimos preguntas difíciles como estas:

- ¿Cuáles son los aspectos positivos de los problemas a los que nos enfrentamos?
- ¿Qué oportunidades de crecimiento, comprensión y aprendizaje tenemos en medio de nuestras dificultades actuales?
- ¿Son realmente ciertas las historias que oímos una y otra vez en nuestra cabeza?
- ¿Cómo nos definen estas historias?
- Si pudiéramos dejar de lado estas historias, es decir, superarnos y cambiar nuestra perspectiva, ¿qué más podríamos experimentar, y qué aspectos de esas historias dejarían de parecernos verdades?

Cuando nos tomamos tiempo para responder estas preguntas de manera reflexiva y honesta, en ocasiones nos sorprendió lo que aprendimos sobre nosotros mismos. Acabamos por descubrir nuevas formas de pensar y observar nuestras circunstancias que transformaron totalmente nuestra vida.

Desde entonces, hemos dedicado nuestros esfuerzos a enseñar a otras personas que reflexionar sobre sus propias historias puede ayudarlas a superar cualquier circunstancia difícil con la que tengan que lidiar. En 2006 vio la luz nuestro blog, *Marc & Angel Hack Life** (www.marcandangel.com), como un proyecto nacido de la pasión, un espacio en el que responsabilizarnos de efectuar y mantener un cambio positivo, saludable y consciente en nuestra forma de pensar. Nos dio una plataforma; no era solamente un diario que nos ayudase a mantener nuestra propia responsabilidad personal, sino que también nos permitía compartir nuestra experiencia con

* La traducción viene a ser algo así como 'Marc y Angel piratean la vida' o 'Trucos de Marc y Angel para la vida'. (N. del T.)

otros individuos que se encontraban en circunstancias similares. Y así sigue siendo hoy en día. Consideramos que este trabajo es profundamente gratificante e inspirador, y nos sentimos muy afortunados de tener la oportunidad de ayudar a otras personas.

Marc & Angel Hack Life, que actualmente recibe dos millones de visitas mensuales, es un espacio al que acude la gente en busca de orientación sobre formas mejores de pensar y vivir, en los ámbitos mental, emocional, espiritual y físico. A medida que hemos ido desarrollando el blog a lo largo de los años, hemos ido ampliando el alcance y la profundidad de nuestro mensaje a través de sesiones de *coaching* individuales y a grupos pequeños. También impartimos conferencias en vivo, una de las cuales se llama «Think Better, Live Better» ('piensa mejor, vive mejor') (thinklivebetter.com), y hablamos en conferencias y eventos nacionales. En cada uno de estos entornos, nos encontramos con almas valientes que buscan en su interior los medios que les permitirán salir de la oscuridad.

En nuestros eventos presenciales, planteamos un ejercicio consistente en decirles a los asistentes que miren por toda la sala y encuentren el color rojo. Se ponen a mirar con atención y empiezan a ver el color rojo en todas partes. Al cabo de un minuto o dos, les decimos: «Ahora cerrad los ojos y pensad en todos los puntos de la sala en los que recordéis que está el color verde». Todos los asistentes se ríen, porque no recuerdan nada verde; estaban buscando cosas rojas. Aunque el verde y el rojo están presentes en la sala al mismo tiempo, el público no ve el verde en su espacio mental porque no había enfocado la atención en él.

Pues bien, nosotros ayudamos a la gente a ver el verde, es decir, el panorama completo, en su vida actual.

Ayudamos a personas como Michelle, una de las estudiantes increíbles que hicieron nuestro curso en línea, también titulado *Getting Back to Happy* ('volver a ser feliz'). Cuando se inscribió en el curso, Michelle estaba muy perdida. Después de estar un tiempo sin trabajar para ayudar a una de sus hijas con dislexia y autismo a entrar en la universidad y establecerse, estaba lista para volver a ingresar en el mercado laboral. Pero por primera vez en su vida se encontró con que le costaba mucho conseguir un trabajo. Llegaba a la ronda final de las entrevistas y era rechazada. Esta fue la dinámica durante más de un año y medio, hasta que Michelle se sintió muy desanimada y abatida.

Los tiempos difíciles la habían golpeado, y no solo en el aspecto económico. Su hermano se había suicidado. Su madre se había caído y se había roto la cadera y necesitaba atención en el hogar. Su casa se había inundado, lo cual había ocasionado grandes desperfectos que requerían reparaciones costosas. Y su matrimonio de treinta años se estaba desmoronando debido a la falta de conexión e intimidad y a la adicción al alcohol de su marido. Su sentimiento de estar atrapada y perdida se volvió tan fuerte que una Navidad sus amigos tuvieron que ir a su casa y sacarla de la cama porque estaba acostada en la oscuridad, incapaz de levantarse y lidiar con su vida.

«Tenía todas "las cosas" –dice Michelle–. Pero esto ya no significaba nada para mí. Estaba en un matrimonio tóxico. No quería que mis hijos experimentaran un divorcio, y seguía tratando de aguantar. Estaba buscando trabajo e iba de rechazo en rechazo. No parecía ser capaz de hacer que nada funcionase. Era deprimente y estaba perdiendo la esperanza. Sabía que necesitaba realizar algunos cambios».

Michelle no podía salir de la dinámica en la que se encontraba, al menos no sin ayuda, pero la esperanza y el cambio estaban en camino. Después de hacer el curso y aprovechar todas las llamadas telefónicas de *coaching* individuales incluidas en él, acabó por entender que los patrones que repetía inconscientemente eran el lastre que debía soltar. Cuando empezó a desvincularse de esos patrones, comenzó a encontrar la tranquilidad, la claridad y la confianza que necesitaba para efectuar cambios en su vida. Se rindió a la evidencia de que su recorrido vital debía proseguir separado del de su marido, descubrió formas prácticas de reconstruir su autoestima y aprendió a aceptar la vida tal como es, no como ella quería que fuera.

En unos pocos meses, encontró trabajo y empezó a rehacer su vida. Distanciarse de las relaciones poco saludables y volver al trabajo fue solo el comienzo de una nueva etapa para Michelle y sus hijos. También comenzó a reparar las relaciones dañadas con algunos familiares, inscribió a sus hijos en programas comunitarios positivos y empezó a recuperarse económicamente y a ocuparse de las reparaciones que había que hacer en la casa. Aprendió a efectuar avances reales como madre soltera, ya que se había separado de su marido y lo había apoyado para que ingresara en el hospital con el fin de que se recuperase a largo plazo. Poco a poco fue experimentando más alegría en todas las parcelas de su vida, independientemente de lo que estuviera sucediendo a su alrededor.

«Marc y Angel me ayudaron a aprender a soltar –dice Michelle–. Me ayudaron a pensar mejor fuera lo que fuese lo que ocurriera a mi alrededor y a volver a ser una persona dotada de energía, lista para afrontar algunos de los desafíos más difíciles y gratificantes de mi vida».

Nos encantan las historias como la de Michelle, y tenemos cientos de ellas. Nuestro objetivo con este libro es ayudarte también a ti a aprender a pensar de manera diferente acerca de las dificultades inevitables que te afectan, y brindarte las herramientas y estrategias que te permitan cultivar una nueva perspectiva y efectuar unos cambios positivos de gran alcance. Hay muchas perspectivas posibles en relación con cada pensamiento. Si podemos reconocer el pensamiento que estamos experimentando en el momento, podemos entrenarnos para enfocarnos en el ángulo que más nos beneficia y luego actuar en consecuencia. *Volver a ser feliz* trata sobre ver más que la madriguera del pensamiento negativo en la que caemos a menudo. Trata sobre el control de los propios pensamientos y la ampliación del propio enfoque para que podamos hacer espacio para el crecimiento, las oportunidades y la sanación.

Cuando podemos pensar de forma más racional sobre nuestra situación y expandir nuestro punto de vista, somos capaces de ver el cuadro completo, más allá de la estrechez de miras provocada por el dolor y la desilusión. En otras palabras, si podemos aprender a pensar mejor, acabaremos por vivir mejor. Y podremos aplicar este principio a todo lo que hagamos en el futuro. Aprender a cultivar la visión general, es decir tener en cuenta toda la verdad, no es fácil, pero al final nos permite dar un paso adelante y vivir mejor, sea lo que sea lo que se presente a continuación.

Si podemos aprender a pensar mejor, acabaremos por vivir mejor.

Aquí tienes tres historias más, muy breves:

- «Esta noche en el hospital, en mi turno de enfermería, tuve un momento de lucidez cuando acababa de colgar el teléfono, muy nerviosa tras discutir con mi marido, y un paciente de ocho años que se está muriendo de leucemia me preguntó si *yo* estaba bien».
- «Hoy es el décimo aniversario del día que había planeado terminar con mi vida. También es el décimo aniversario del día en que descubrí que estaba embarazada de mi hijo de nueve años. Él es la razón por la que cambié de opinión. ¡Él lo vale! Pero quizá lo más importante es que ahora me doy cuenta de que yo también lo valgo».
- «Esta tarde me he enterado de que la señora que pensaba que era una madre muy joven de las dos gemelas que tengo en mi clase de matemáticas de quinto de primaria es en realidad su hermanastra de veinticinco años, que las está criando desde que un trágico accidente de coche se llevó a sus padres».

Hemos reproducido estas anécdotas con el permiso de tres clientas de *coaching* a las que hemos atendido hace poco. Si algo tienen en común es lo importante que es el propio punto de vista. Lo que vemos en la vida (cómo nos sentimos en relación con nosotros mismos, nuestras vidas y las personas que nos rodean) depende en gran medida de cómo pensamos. Y la verdad, un tanto aterradora, es que el punto de vista que albergamos en relación con la inmensa mayoría de los asuntos tiene su origen en la jaula psicológica en la que hemos sido condicionados a vivir. Una jaula creada por...

- ... un pasado difícil o decepcionante,
- ... una vida privilegiada o protegida,
- ... las influencias sociales,
- ... los estereotipos presentes en la cultura popular y los que difunden los medios de comunicación.

Etcétera.

Poco a poco, sin que seamos conscientes de ello, nuestra jaula, es decir, nuestro condicionamiento, drena nuestra energía mental, y ello hace que estemos expuestos a tomar malas decisiones. ¿La clave? Hay muchas, y nos ocuparemos convenientemente de ellas a lo largo de esta obra. Pero, en pocas palabras, tienes que aprender a ***dudar de tus dudas antes de dudar de tu fe***.

Esta es la versión supercorta de nuestro consejo para esos momentos en los que nada parece ir según lo planeado, en los que todo lo que queremos parece estar fuera de nuestro alcance, en los que nos sentimos totalmente atrapados.

Permanece donde ya estás, pero con la mente abierta.

Suelta lo que crees que se supone que debe ser tu vida y valórala sinceramente por todo lo que es.

Es más fácil decirlo que hacerlo, por supuesto, sobre todo cuando ocurre una tragedia. Y aunque Angel y yo hemos superado las tragedias que nos ha tocado vivir, sobre las que leerás más a lo largo de este libro, y hemos crecido a partir de ellas, seamos honestos sobre algo: el noventa y ocho por ciento de las veces creamos tragedias en nuestra vida a partir de incidentes bastante menores. Algo no sale exactamente como habíamos planeado, pero en lugar de aprender de la experiencia, nos asustamos y caemos en el estrés.

El reto que te planteamos es que empieces a elegir de manera diferente: ¡no dejes que las pequeñas circunstancias que escapan a tu control te dominen!

La mayor diferencia entre la paz y el estrés es la actitud. Todo tiene que ver con la forma que tenemos de ver las situaciones y lo que decidimos hacer con ellas. Tiene que ver con recordar que no hay certezas en la vida; no sabemos exactamente lo que nos depara el futuro. Entonces, la mejor estrategia con la que puedes encarar la vida es hacer el mejor uso posible, y más positivo, del momento presente, incluso cuando este te decepciona...

¡Especialmente cuando te decepciona!

¿Hasta qué punto estarías decepcionado si llevases veinte años en el camino y descubrieses que se suponía que debías apreciar y disfrutar la vida, mientras que todo lo que has hecho ha sido resistirte y dudar de ella?

Tu vida, con todos sus altibajos y giros inesperados, te ha traído a este momento. Tomó todas y cada una de las intrincadas, confusas y dolorosas situaciones con las que te has encontrado para llevarte justo aquí, ahora mismo.

Si tienes el coraje de admitir que estás un poco asustado y la capacidad de sonreír incluso mientras lloras, el valor de pedir ayuda cuando la necesitas y la sabiduría de tomarla cuando te la ofrecen, entonces tienes todo lo que necesitas.

Solo tienes que creerlo para poder dar el siguiente paso.

Es interesante ver cómo todos superamos aquello que anteriormente pensábamos que era imprescindible para nuestra vida y cómo después nos enamoramos de lo que ni siquiera sabíamos que queríamos. Esto es intrínseco al hecho de vivir y crecer como seres humanos. Descubrimos más sobre quiénes somos y cómo es realmente la vida, y luego nos damos cuenta de que debemos efectuar algunos cambios. El estilo de vida que hemos estado viviendo ya no nos sirve. Los entornos y las relaciones con los que antes nos sentíamos a gusto ya no existen o ya no nos son tan favorables. Así que valoramos todos los recuerdos magníficos que tenemos, pero nos encontramos en una encrucijada, optando por dar el primer paso en un camino completamente nuevo.

No es fácil hacerlo. Es doloroso renunciar a lo que es confortable y familiar, especialmente cuando no hay otra opción. Angel y yo hemos pasado por este proceso muchas veces, por necesidad. Durante la última década hemos tenido que afrontar varios desafíos y cambios de vida significativos e inesperados, como estos:

- La pérdida de un hermano que se suicidó.
- La pérdida de un gran amigo debida a un paro cardíaco.
- Inquietud económica y deudas tras la pérdida de un empleo que sostenía la economía familiar.
- Ruptura con un ser querido que nos traicionó reiteradamente.
- Fracaso del negocio familiar (y reinvención).

Estas experiencias fueron brutales. Cada una de ellas nos noqueó y desvió por un tiempo. Pero una vez que aceptamos la verdad y soltamos la forma en que habían sido las cosas, seguimos adelante, más fuertes y con una mayor comprensión de la vida y un mayor respeto hacia esta.

Llegar al estado mental correcto, uno que realmente nos permitiera avanzar, nos exigió una práctica consciente. Porque al principio de vernos afectados por cada una de esas experiencias brutales, nos encontramos en medio de un remolino de emociones negativas. Tuvimos que aprender a descubrirnos en ese estado negativo de inquietud emocional, y luego a calmar conscientemente la mente para poder pensar con claridad y tomar las mejores decisiones posibles.

En otras palabras: tuvimos que aprender a lidiar con mayor eficacia con lo externo desde dentro para poder soltar los pensamientos que nos retenían.

Nos conocimos en la Universidad de Florida Central cuando éramos estudiantes de primer año de carrera, y esto es algo a lo que nuestra profesora de Psicología aludió hábilmente, mucho antes de que entendiéramos completamente la importancia de su sabia declaración. El último día de clase antes de la graduación, subió al escenario para impartir una lección final, a la que llamó «una lección vital sobre el poder del punto de vista y la mentalidad». Cuando levantó un vaso de agua sobre su cabeza, todos esperábamos que acudiese a la típica metáfora del «vaso medio vacío o medio lleno». En cambio, con una sonrisa en el rostro, preguntó: «¿Cómo es de pesado este vaso de agua que estoy sosteniendo?».

Los estudiantes gritaron sus respuestas, que fueron desde los cincuenta y siete hasta los novecientos gramos.

Tras unos momentos escuchando respuestas y reaccionando con movimientos de cabeza, comentó: «Desde mi punto de vista, el peso absoluto de este vaso es irrelevante. Todo depende de cuánto tiempo lo sostenga. Si lo agarro un minuto o dos, es bastante ligero. Si lo agarro durante una hora, su peso puede hacer que me duela el brazo. Si lo agarro durante un día entero, es probable que mi brazo sufra calambres y lo sienta totalmente entumecido y paralizado, lo que me obligará a dejar caer el vaso al suelo. En cada caso, el peso absoluto del vaso no cambia, pero cuanto más lo sostengo, más pesado me parece».

La mayoría de los estudiantes asentimos con la cabeza, y prosiguió: «Vuestras preocupaciones, frustraciones, decepciones y pensamientos estresantes se parecen mucho a este vaso de agua. Albergad un rato este tipo de dinámica emocional y mental y no pasará nada drástico. Acogedlo un poco más de tiempo y empezaréis a experimentar un dolor notable. Estad con ello todo el día y os sentiréis totalmente aturdidos y paralizados, incapaces de hacer otra cosa hasta que lo dejéis caer».

Piensa acerca de si esto tiene algo que ver con tu vida.

Si has estado luchando para sobrellevar el peso de lo que tienes en la mente, ello es muy indicativo de que es hora de dejar el vaso.

La clave es que te des cuenta de que la gran mayoría de las preocupaciones, frustraciones, decepciones y pensamientos estresantes con los que estás lidiando son fruto de tu propia creación. Y puedes soltarlos rápidamente aprendiendo cómo hacer frente de manera más efectiva a lo que sientes en tu interior. La forma de lidiar con el estrés y la frustración inesperados puede suponer la diferencia entre vivir una buena vida y vivir una vida problemática. Si eliges mecanismos de afrontamiento no saludables como la evitación o la negación, por ejemplo, es posible que no tardes en convertir una situación difícil en trágica. Tristemente, este es un error habitual que cometen muchas personas. Cuando te encuentras frente a una realidad desalentadora, tu primera reacción puede ser negar la situación o evitar totalmente lidiar con ella. Pero al proceder así te aferras sin querer, y con más fuerza, al dolor que quieres soltar; de hecho, lo sellas dentro de ti.

Imaginemos que alguien cercano a ti ha enfermado, y que apoyar a esta persona en su enfermedad te resulta increíblemente doloroso. Es posible que no quieras lidiar con el dolor, por lo que procuras sobrellevar la situación evitándolo, de modo que lo adormeces con el alcohol y una alimentación poco saludable. En consecuencia, tú también enfermas físicamente, mientras el dolor sigue enconándose en tu interior.

Obviamente, esto no es bueno.

Si adviertes que estás haciendo algo similar, es hora de que reflexiones un momento, admitas que estás lidiando con lo que sea por medio de la evitación y luego pases a adoptar un mecanismo de afrontamiento más saludable; con este fin, deberás usar las herramientas y estrategias de eficacia comprobada que se analizan a lo largo de este libro. Estas herramientas y estrategias te abrirán la mente cuando más lo necesites. Porque cuando afrontamos las dificultades con una actitud de apertura, es decir, cuando nos abrimos a los sentimientos y emociones dolorosos que albergamos, descubrimos que, aunque nos sintamos incómodos, podemos estar suficientemente bien y dar un paso adelante. La apertura significa que no decidimos instantáneamente que sabemos que esa será una experiencia horrible; significa que admitimos que realmente no sabemos cómo será el próximo paso y que nos gustaría entender toda la verdad del asunto. Es una actitud de aprendizaje y no de presuposición de lo peor.

Ciertamente, el afrontamiento no es una postura fácil, pero vale la pena. Con la práctica, el afrontamiento saludable nos permite encontrar mejores formas de gestionar la corriente continua de circunstancias inesperadas e incontrolables que se van presentando, desde reveses y retos menores hasta pérdidas que nos cambian la vida. En lugar de la negación, la evitación, la automedicación, el ataque y otras estrategias de afrontamiento comunes pero poco saludables, descubrirás formas más pertinentes de afrontar lo que te depare la vida; saldrás más fuerte de las situaciones y, a menudo, con un mayor sentimiento de realización. A fin de cuentas, el mundo es como estás tú por dentro. Si lo piensas, lo ves, y finalmente te conviertes en ello. Y este libro es tu guía. Empecemos.

Si lo piensas, lo ves, y finalmente te conviertes en ello.

CAPÍTULO 1

Rituales: practica a diario lo que quieras manifestar con regularidad

Dedica un poco de tiempo todos los días a enfocarte en lo más importante, y los beneficios volverán a ti de manera exponencial.

«Hoy he cumplido cuarenta y siete años y he vuelto a leer la nota de suicidio que escribí cuando cumplí los veintisiete unos dos minutos antes de que mi novia, Carol, apareciera en mi apartamento y me dijera que estaba embarazada. Honestamente, sus palabras fueron la única razón por la que no seguí adelante con mi propósito. De repente sentí que tenía algo por lo que vivir, y comencé a efectuar pequeños cambios positivos de día en día. Ha sido todo un proceso, pero Carol se convirtió en mi esposa y llevamos diecinueve años felizmente casados. Y mi hija, que ahora es una estudiante universitaria de veintiún años que quiere licenciarse en Medicina, tiene dos hermanos pequeños. Cada año, en la mañana de mi cumpleaños, leo mi nota de suicidio como un recordatorio de que debo estar agradecido. Agradezco haber dejado de esperar y haber empezado a realizar actos diarios que, finalmente, desembocaron en una segunda oportunidad en mi vida».

Este es el primer párrafo de un correo electrónico que nos ha enviado hace poco Kevin, un estudiante de nuestro curso. Sus palabras nos recuerdan que a veces tenemos que soportar nuestros momentos más oscuros para renacer o resucitar como una versión más fuerte y feliz de nosotros mismos. Aunque las circunstancias y las personas, ocasionalmente, te llevarán a tocar fondo, si mantienes la mente enfocada en lo positivo y el corazón abierto al amor, y si sigues poniendo un pie delante del otro, podrás recuperar las piezas, reconstruirte y regresar mucho más fuerte y feliz de lo que habrías estado si las cosas no hubiesen ido de esa manera.

La vida es dolorosa. El cambio es doloroso. El crecimiento es doloroso. Pero, al final, nada es tan doloroso como permanecer atrapado allí donde uno no pertenece. Siempre es mejor estar cansado debido a un esfuerzo diario significativo que estar cansado de no hacer nada. Demasiado a menudo nos pasamos los días, y la vida, pensando en dar los pasos importantes que nunca damos. Sufrimos mucho más de lo necesario por el solo hecho de que no afrontamos las tragedias y los desafíos que se nos presentan a diario. Y precisamente por eso empezamos por aquí, tratando en profundidad el poder de los rituales diarios. Sigamos adelante con otra historia...

En 1911, dos exploradores, Roald Amundsen y Robert Falcon Scott, compitieron entre sí para convertirse en el primer ser humano conocido en pisar el punto más austral de la Tierra. Era la época de la exploración antártica, ya que el Polo Sur era una de las últimas zonas inexploradas del mundo. Amundsen deseaba plantar la bandera noruega allí en nombre de su país, mientras que Scott esperaba hacer lo mismo en nombre de Inglaterra.

El viaje de ida y vuelta desde sus campamentos base era de unos dos mil doscientos cincuenta kilómetros, lo que equivale aproximadamente a una caminata de ida y vuelta desde la ciudad de Nueva York hasta Chicago. Los dos hombres recorrerían la misma distancia a pie en medio de unas condiciones climáticas extremadamente frías y duras. Y ambos contaban con experiencia, suministros y un equipo de apoyo integrado por otros exploradores.

Pero resultó que Amundsen y Scott adoptaron enfoques completamente diferentes frente a los mismos desafíos.

Scott estableció que él y su equipo llegaran caminando lo más lejos posible en los días de buen tiempo y descansaran en los días de mal tiempo, para conservar energía. Por el contrario, Amundsen estableció un avance diario estricto consistente en caminar treinta y dos kilómetros todos los días, fueran cuales fuesen las condiciones meteorológicas. Incluso en los días más cálidos y en que el cielo estaba más claro, en los que el equipo de Amundsen habría sido capaz de llegar mucho más lejos, él se mantuvo totalmente firme en que no recorriesen más de treinta y dos kilómetros, para conservar energía para la caminata del día siguiente.

¿Cuál fue el equipo que ganó esa competición?

El de Amundsen, el que llevó a cabo una acción diaria constante.

¿Por qué?

Porque lo que hacemos *todos* los días nos define.

El avance de hoy siempre se construye sobre el esfuerzo de ayer, por pequeño que sea.

Y todo se reduce al poder de la autodisciplina, de la cual hablaremos muy pronto en detalle. Pero por ahora piensa en los problemas más comunes con los que nos enfrentamos en la vida moderna, desde la falta de presencia hasta la falta de ejercicio, desde las dietas poco saludables hasta las postergaciones, etc. En la mayoría de los casos, problemas como estos no son causados por una limitación física, sino por una limitación mental; concretamente, por la falta de autodisciplina.

Aplazamos las cuestiones difíciles hasta el día siguiente por diversas razones, hasta que hemos perdido el impulso. Nos acostumbramos a creer que las cosas deberían ser más fáciles de lo que son, y que esperar un día o dos días más es lo más sensato. Hasta que un día nos despertamos por la mañana y somos emocionalmente incapaces de abordar los temas difíciles que hay que abordar.

¡Permite que esta sea tu llamada de atención!

Tanto tu mente como tu cuerpo deben ejercitarse para ganar fuerza. Necesitan ser desafiados, y deben trabajarse sistemáticamente para crecer y desarrollarse. Si no has ido realizando muchos esfuerzos pequeños en el transcurso del tiempo, es decir, si siempre has evitado abordar las cuestiones difíciles, por supuesto te vendrás abajo cuando, inevitablemente, se presenten las situaciones verdaderamente complicadas.

Si tuviéramos que hacer una conjetura, diríamos que Scott y su equipo fueron víctimas de la filosofía del menor esfuerzo. Intentaron facilitarse las cosas; la fantasía de «lo más fácil» se convirtió en su mantra, en su objetivo subconsciente. Pero esta fantasía nunca iba a ser una realidad durante una carrera de dos mil doscientos cincuenta kilómetros por el Polo Sur.

Scott y su equipo no solo perdieron la carrera sobre el terreno. Antes de eso, la perdieron en su mente.

¡No sigas sus pasos!

Da igual dónde te encuentres ahora mismo: te corresponde a ti dar el siguiente paso, un paso mejor, hacia delante. ¿Será fácil? No es probable. A medida que avanzamos por la vida, la adversidad es inevitable. Y cuando salimos de la tormenta, nos vemos como realmente somos, con toda la crudeza, sin el equipaje que nos había estado frenando. Y esto supone toda la diferencia, porque nos libera para dar el siguiente paso, y el siguiente.

Nosotros dos aprendimos esta lección por primera vez hace una década, poco después de haber perdido a dos seres queridos, de haber perdido nuestro sustento a causa de un despido y, finalmente, de haber perdido de vista lo bueno que quedaba en nuestra vida. Como si fuera ayer, aún recordamos vívidamente esa lluviosa tarde de verano en la que Marc se encontró acostado en el frío suelo, solo en la oscuridad una vez más, pensando. Marc recuerda esa noche:

Angel y yo rara vez hablamos abiertamente sobre algo significativo durante ese período, principalmente porque yo estaba retraído. Me sentía impotente y deprimido por lo que había sucedido. Estaba perdido en la oscuridad de mis propios pensamientos negativos. Pero algo cambió ligeramente dentro de mí mientras estaba acostado en el frío suelo.

Cuando levanté la vista y miré por la ventana abierta que estaba junto a mí, de pronto la luna atravesó las nubes e iluminó la habitación oscura en la que me encontraba. Después, en cuestión de segundos, una ligera brisa comenzó a soplar sobre las cortinas blancas, empujándolas hacia dentro. Mientras las cortinas ondeaban suavemente sobre mi cuerpo, sonreí, por primera vez en días. Fue un momento hermoso. Y sin pensarlo dos veces, susurré en voz alta: «La vida sigue siendo un milagro por el que estar agradecido».

Angel entró en la habitación justo en ese momento y susurró: «Estoy de acuerdo». Se agachó bajo las cortinas y se acurrucó junto a mí en el suelo. Tras permanecer en silencio un rato, decidimos hacer una lista con algunas cosas por las que estábamos agradecidos, a pesar de nuestras dificultades:

- Nos teníamos el uno al otro.
- Teníamos unos padres, unos familiares y unos amigos que nos querían.
- Estábamos bastante sanos.
- La mayoría de nuestros familiares y amigos estaban bastante sanos.
- Teníamos algunos ahorros.
- Teníamos un techo sobre nuestras cabezas, agua y comida.
- Pudimos experimentar y apreciar la belleza de la luz de la luna que iluminaba la habitación oscura en la que estábamos y la brisa que hizo bailar las cortinas.

La lista era más larga, por supuesto, pero ya habrás captado lo esencial. Incluso cuando todo parecía estar mal, había muchas cosas que estaban bien; teníamos mucho por lo que estar agradecidos. Esa noche decidí cambiar mi forma de pensar e incorporar la gratitud como un ritual diario en mi vida. Empecé a dedicar quince minutos todas las noches a enfocar mis pensamientos, exclusivamente, en aquello por lo que estaba agradecido y en los motivos de mi agradecimiento. Llamé a esta práctica mi meditación de la gratitud. A algunas personas les parecerá un ejercicio trivial y tópico, pero la realidad es que un ritual como este cambia vidas.

Esto es lo que ha ido cambiando en mi vida, progresivamente, a medida que he ido practicando el ritual de la gratitud:

- Valoro más a Angel y se lo digo, lo cual ha hecho que nuestra relación se haya vuelto más profunda, pues procedimos a comunicarnos con mayor honestidad y mostrándonos más vulnerables.
- Valoro más a mis familiares y amigos cercanos, porque presto más atención a sus cualidades positivas.
- Me he vuelto más amable con todos los que me rodean y conmigo mismo, porque he reemplazado muchos de mis antiguos juicios, innecesarios, por el simple aprecio.
- Las pequeñas frustraciones me molestan menos, porque me quejo menos.
- Necesito menos para ser feliz, porque estoy presente y valoro sinceramente lo que ya tengo.
- Soy más consciente que nunca de los placeres simples de la vida y los pequeños momentos.
- Me resulta más fácil lidiar con las inevitables dificultades que presenta la vida, porque en lugar de centrarme en lo doloroso que es todo, encuentro gratitud y alegría en los pequeños pasos hacia delante que doy todos los días.

Esta lista tampoco está completa. Pero lo importante es que te des cuenta de que todos estos cambios son increíblemente positivos y potentes. No son triviales y están lejos de ser meros tópicos. Mi ritual de la gratitud ha cambiado radicalmente mi forma de pensar y vivir.

No tengas dudas al respecto: un simple ritual de diez minutos puede cambiar toda tu vida. Nosotros dos comenzamos a practicar un ritual de gratitud porque eso era lo que necesitábamos en ese momento. Pero tanto si quieres algo que te ayude a alcanzar una meta, como encontrar un nuevo trabajo o alejarte del borde del abismo de la impotencia, como hizo por nosotros al principio nuestro ritual de la gratitud, ejecutar un ritual diario es una de las medidas más potentes que puedes adoptar para ayudarte a cambiar tu vida.

Los pequeños actos que llevas a cabo a diario, es decir, tus rituales, te definen. Todos los avances que experimentes a partir de este momento procederán de tus rituales. ¡Tómate estas palabras muy en serio!

Objetivos y rituales

Mientras Marc veía la entrega de los Premios Óscar una noche en casa de un amigo, advirtió que se repetía un mismo mensaje en muchos de los discursos de los galardonados. Era más o menos este: «Esto significa mucho para mí. Toda mi vida me ha ido conduciendo hasta este momento».

Piensa un momento en estas palabras. Absolutamente todas las experiencias que has tenido en la vida –cada momento fantástico, cada momento de oscuridad, y todos los que has vivido entre estos dos extremos– te han llevado al instante que estás experimentando en este momento. Esto significa que estás exactamente donde debes estar para llegar a donde quieres ir. Solo es cuestión de que des un nuevo paso en la dirección correcta, y otro, y otro.

Entonces, empieza con una sencilla pregunta: ¿cómo llegarás a donde quieres ir? Tanto si esperas algún día ser más feliz o estar en mejor forma física como si quieres llegar a ser corredor, escritor, artista, diseñador gráfico, programador, maestro, mejor padre, emprendedor de éxito o experto en un determinado campo, ¿cuál es tu hoja de ruta para llegar ahí? ¿Escribes tu intención en una tarjeta, después metes esta en una botella y la arrojas al mar, esperando que el universo lea tu propósito y lo manifieste en tu vida? No. El universo no va a hacer realidad tus deseos. Lo vas a hacer tú. ¿Te propones un objetivo concreto que alcanzar dentro de un año o tres años? Quizá, pero eso por sí solo no te conducirá a la meta. De hecho, si te remites a los precedentes de tu propia vida, es probable que la estrategia de fijarte grandes objetivos a largo plazo no te haya funcionado muy a menudo. ¿Cuántas veces te ha resultado efectiva?

El universo no va a hacer realidad tus deseos. Lo vas a hacer tú.

La verdad es esta: los objetivos no hacen que se produzcan cambios positivos. Los rituales diarios sí.

Entonces, tanto si te encuentras actualmente encallado en un surco o en medio de una crisis importante como si anhelas empezar a perseguir los objetivos que has ido postergando, el verdadero cambio empieza con lo que hagas hoy. Y mañana. Cada día. Al igual que el primer paso con el que comienza cada gran viaje, los rituales harán que te pongas en marcha y te llevarán a tu destino.

Como muchas personas, nosotros dos aprendimos esta lección por las malas. Pasamos años luchando para efectuar cualquier pequeño avance en las metas que nos habíamos fijado, todas las cuales no eran más que hitos que habíamos establecido para ayudarnos a recuperar la felicidad. Comenzamos nuevos programas de ejercitación física con gran optimismo, al menos un par de docenas de veces. Tiramos toda la comida basura que teníamos en casa más veces de las que podemos recordar. Probamos con despertarnos antes, meditar, leer más a menudo, escribir un libro, saldar nuestras deudas, poner en marcha un negocio, etc.

Pero durante mucho tiempo fallamos en todos los frentes. Empezábamos con un nuevo objetivo, después nos desviábamos, y nos sentíamos muy mal. Muchas veces nos sentimos unos perdedores, pues por más que nos esforzáramos, nuestros objetivos estaban fuera de nuestro alcance. Nos regañábamos constantemente por no ser más fuertes, más inteligentes y más disciplinados.

Sin embargo, lo que no advertimos en aquel entonces era que el problema nunca fue que no tuviésemos la fuerza, la inteligencia o la disciplina suficientes. El problema era que nos centrábamos en nuestros objetivos de manera ineficaz.

De hecho, lo creas o no, en realidad nos estábamos enfocando *demasiado* en nuestros objetivos. Sí, lo has leído bien. Parece contradictorio, pero es la verdad. Con demasiada frecuencia nos obsesionamos con un gran objetivo, con algo que deseamos desesperadamente en nuestra vida, pero estamos completamente desenfocados en cuanto al ritual, es decir, en cuanto a los pasos recurrentes que deben conducirnos ahí. La consecuencia es que el peso del gran objetivo no realizado se encuentra en gran medida en nuestra mente, ralentiza nuestro avance y perpetúa nuestra infelicidad.

¿Te resulta familiar todo esto? Si es así, es hora de que quites tu atención de tus objetivos y la pongas en los rituales que los apoyan. Examinemos más de cerca la diferencia que hay entre un objetivo y un ritual:

- Si eres culturista, tu objetivo es ganar una competición de culturismo. Tu ritual es lo que haces para ejercitar tu cuerpo en el gimnasio todos los días.

- Si eres novelista, tu objetivo es escribir una novela. Tu ritual es el tiempo que dedicas cada día a poner tus pensamientos en palabras.
- Si eres padre o madre, tu objetivo es ser un buen ejemplo para tus hijos. Tu ritual es el tiempo y la energía que dedicas a ello cada día.
- Si eres estudiante universitario, tu objetivo es aprender y obtener un título. Tu ritual son tus hábitos diarios de estudio.
- Si eres un ser humano, tu objetivo es vivir una vida feliz y que tenga sentido para ti. Tu ritual son los pequeños pasos positivos que das todos los días.

Ahora piensa en esto: si dejaras de enfocarte en uno de tus objetivos durante un tiempo y, en lugar de ello, te enfocaras exclusivamente en el ritual correspondiente a dicho objetivo, ¿seguirías avanzando? Por ejemplo, si intentaras perder peso y dejaras de pensar en tu objetivo de perder nueve kilos y, en lugar de ello, te concentraras en comer sano y hacer ejercicio todos los días, ¿seguirías perdiendo peso? ¡Sí, sin duda! Poco a poco te irías acercando a tu meta (el peso deseado) sin que tan siquiera tuvieses que volver a pensar en ella.

Vamos a formular la ley aquí, a partir de más de una década de experiencia en la ayuda a clientes a lograr los cambios y resultados que desean. Lo que hemos aprendido de dicha experiencia es esto: *nada cambiará a menos que hagas un ritual diario que refuerce tu objetivo*. Hemos probado con la gente la realización de actos favorables al objetivo una vez por semana, la realización de este tipo de actos cada dos días, los grandes hitos mensuales y docenas de alternativas y combinaciones de estrategias. Y nada de ello funciona bien a largo plazo; solo los rituales diarios son efectivos. Si no estás dispuesto a crear un ritual diario para reforzar tu objetivo, no quieres cambiar tu vida tanto como dices. Solo te gusta la *idea* de aprender a estar en forma, escribir un libro, montar un negocio, vender tus obras de arte, volver a ser feliz, etc. En realidad no quieres hacerlo todos los días.

Cómo construir rituales «a prueba de balas»

El propósito de los rituales es cambiar nuestra mentalidad sobre quiénes somos y ampliar nuestras creencias en cuanto a lo que podemos lograr. Ofrecen una manera de mantenernos enfocados en el tipo de vida que queremos vivir, y nos permiten reservar energía para aquello que más nos importa. A la hora de plantearte qué rituales quieres añadir a tu rutina, empieza por tener en cuenta lo que deseas cambiar en tu vida. Elige cualquier ámbito en el que quieras ver mejoras y a continuación haz lo siguiente:

1. Escribe los detalles concretos sobre tus circunstancias actuales. ¿Qué te molesta? ¿Qué quieres cambiar?
2. Escribe tu respuesta a esta pregunta: ¿cuáles son los rituales diarios que han contribuido a tus circunstancias actuales? ¿Qué haces que esté contribuyendo a la situación en la que te encuentras?
3. Escribe los detalles concretos sobre tus circunstancias ideales. ¿Qué es lo que te haría feliz?
4. Escribe tus respuestas a estas preguntas: ¿cuáles son los rituales diarios que te llevarán de donde estás a donde quieres estar? ¿Qué pequeños pasos diarios te ayudarán a avanzar?

Siempre que nos hallamos ante alguna dificultad, trabajamos con estos cuatro puntos y obtenemos una información valiosa sobre la procedencia de los rituales negativos que hay en nuestra vida y qué debemos cambiar. Hace poco descubrimos que gran parte de nuestro estrés provenía del hecho de que *siempre íbamos con prisas*. Trabajábamos constantemente, preocupados de no estar haciendo lo suficiente. No pasábamos tiempo de calidad juntos ni con nuestro hijo; a menudo mirábamos las redes sociales incluso antes de darnos un beso de buenos días.

Decidimos que para cambiar esta tendencia (este ritual negativo) necesitábamos empezar los días de forma más tranquila, por lo que el pequeño cambio que efectuamos consistió en reducir la velocidad y establecer nuevos rituales positivos en nuestra rutina matutina. En lugar de consultar el correo electrónico y meternos en las redes sociales nada más despertarnos, nos mantenemos alejados del ordenador. Nos tomamos tiempo para nosotros mismos. Bebemos un vaso de agua (sí, el ritual puede ser algo tan simple como esto) y nos hacemos una taza de té, con lo cual nos damos tiempo para empezar el día en un estado más consciente.

Cuando te comprometas a comenzar a practicar un ritual, sea el que sea, piensa en él como un cambio de estilo de vida que mantendrás a largo plazo. Para asumir realmente la importancia que tiene considerar que los rituales constituyen cambios en el estilo de vida, pensamos en la madre de Angel, Mary, y en su compromiso de hacer ejercicio. Le costaba mucho ir al gimnasio todos los días, un problema común en la mayoría de quienes tenemos el horario apretado. Estaba siguiendo el patrón típico de hacer demasiado de golpe; intentaba estar una hora y media o incluso dos horas en el gimnasio a diario. Efectivamente, comenzó a inventar excusas para no ir todos los días.

Le sugerimos que fuera al gimnasio solo quince minutos cada día. Al principio, se resistió a la idea. Pero cuando le dijimos que pensara en ir al gimnasio como un objetivo a largo plazo, no solo para adelgazar circunstancialmente, reconstruyó el ritual en su cabeza. Con nuestra ayuda, empezó a establecer formas de asegurarse de incorporar los cambios pertinentes en su estilo de vida, y ha podido mantener el ritual de ir al gimnasio.

Las claves para crear y establecer un ritual

Ahora, tal vez estés pensando por dónde empezar y cómo lo harás para habituarte a un nuevo ritual. Ya hemos hablado de la diferencia que hay entre un objetivo y un ritual, y sobre cómo convertir lo primero en lo segundo, es decir, sobre cómo convertir el objetivo en actos viables y recurrentes. Hay algunas cosas más que debes saber sobre la creación de una rutina ritual que funcione, así que vamos a explorarlas.

El propósito de los rituales es que te sean útiles a largo plazo, y no que sean una fuente de estrés. Por eso es importante planificarlos bien. Los consejos y reglas de creación de rituales que estamos a punto de exponer son bastante simples, pero si los respetas escrupulosamente, son prácticamente infalibles. Estas tres pautas son fundamentales y tienen que ver con hacer que tus rituales sean manejables: es decir, empieza con un ritual, haz que sea muy poco exigente y mantenlo sesenta días por lo menos.

1. **Concéntrate en un cambio positivo cada vez, y solo uno.** Puedes romper esta regla, y lamentablemente la mayoría de la gente lo hace, pero no te sorprendas si fallas por este motivo. Si uno intenta hacer demasiado, no hace nada bien. Así que implementa un cambio positivo y conviértelo en un ritual durante un mes antes de plantearte incorporar un segundo cambio. Ve desarrollando tu ritual según compruebes que cada elemento añadido ha quedado incorporado como hábito, si no, no lo compliques; de lo contrario, permanece con el cambio introducido hasta que lo hayas convertido en un hábito.
2. **Al principio, procura que tu ritual sea poco exigente.** Probablemente hayas oído esto antes, pero también es algo que la mayoría de las personas no hacen. Empieza con un ritual diario que dure quince minutos o menos. Si sientes una fuerte resistencia y no logras llegar a los quince minutos, reduce la práctica a cinco o incluso tres minutos y mantén esta duración durante todo un mes antes de añadir más tiempo.
3. **Recuerda que establecer un ritual lleva tiempo.** Les decimos a nuestros clientes que necesitan sesenta días para que un nuevo ritual pase a formar parte de su vida. Al final de este período

ya se habrán identificado con él. Este cambio de perspectiva es tremendamente importante. Empiezan a ver el cambio positivo que han incorporado en su vida, y se sienten recompensados al ver que han mejorado como personas y que se sienten más relajados.

Cuando hayas implementado estas tres claves, aquí tienes cinco herramientas adicionales que puedes usar para maximizar tus esfuerzos y asegurarte de seguir practicando tus rituales.

Establece unos activadores positivos

Maya Angelou solo escribía en pequeñas habitaciones de hotel. Jack Kerouac se aseguraba de tocar el suelo nueve veces antes de sentarse a escribir. Y muchos de los clientes y estudiantes de temperamento artístico con los que hemos trabajado a lo largo de los años han hecho de todo inmediatamente antes de ponerse a trabajar en sus proyectos creativos: meditar, cantar, correr, etc.; alguno de ellos incluso hacía ejercicio durante dos horas.

Por ejemplo, echa un vistazo a la rutina matutina de nuestra clienta Fay. Fay nos contó que comienza cada día con una serie de actos simples, inspirada por el libro *The Creative Habit*, de Twyla Tharp, los cuales puso en práctica después de que la desafiamos a establecer desencadenantes para su ritual de ejercicio diario. Se despierta a las seis de la mañana, se pone su ropa deportiva, sale de su casa (que está situada en el centro de San Francisco), camina un poco, toma un taxi y le dice al conductor que la lleve al gimnasio. Hace ejercicio durante cuarenta y cinco minutos, y vuelve a casa corriendo tranquilamente durante quince minutos.

La clave del ritual de Fay es el paseo que hace en taxi por las mañanas, el cual le sirve como desencadenante que la ayuda a fijar su ejercicio matutino y no despistarse. Fay dice: «La parte más importante del ritual no es el entrenamiento que hago en el gimnasio; lo importante es subirme al taxi todas las mañanas y comenzar el día en la dirección correcta. El resto ocurre por sí mismo. Llego a casa sintiéndome bien y lista para trabajar».

Piensa en tus jornadas. ¿Cómo las tienes estructuradas? ¿Cuál es el factor desencadenante que hace que tu mente esté creativa y productiva? ¿Estás estructurando conscientemente tus días con este factor desencadenante en mente? Debes encontrar el factor que te sitúe en un ritmo, *tu* ritmo. Hay muchos posibles: levantarte temprano, trabajar en un determinado lugar, levantar pesas a primera hora de la mañana... Cuando diseñamos una rutina diaria saludable que abordamos automáticamente todas las mañanas, ahorramos mucha energía mental para la dinámica de pensamiento y la productividad que surgen naturalmente cuando procedemos según nuestro ritmo. A través de esta rutina personalizada, tu intuición se manifestará de la mejor manera en tu trabajo.

Por supuesto, tu rutina se alterará ocasionalmente debido a los cambios que se produzcan en las circunstancias. La idea es que efectúes los ajustes necesarios y mantengas una dinámica que funcione, una rutina que contenga los factores desencadenantes y los rituales adecuados para que puedas desarrollar y nutrir tu mente con el fin de que seas capaz de hacer el trabajo necesario para ir de donde estás a donde quieres estar.

No rompas la cadena

Hemos mencionado que un ritual es algo que se hace todos los días. Esto puede costarte, sobre todo si estás empezando. Si no estás seguro de cuáles podrían ser los factores desencadenantes que podrían resultarte más efectivos, plantéate utilizar uno que llamamos «No rompas la cadena». Es un factor visual fácil que te motivará a seguir adelante y no desviarte. Pongamos por caso que el ritual que quieres establecer es escribir en un diario todos los días. Consigue un calendario de escritorio o un calendario de pared y pon una X en los días en los que has escrito en tu diario. La idea es que puedes mirar el calendario y ver rápidamente tus progresos y lo que debes hacer hoy.

Si llevas dos semanas haciendo el ritual, escribiendo en tu diario todas las noches y haciendo las marcas correspondientes en el calendario, te resultará más difícil ignorar la cadena de X que habrás trazado. Por más cansado que estés, el calendario será tu inspiración diaria. Te preguntarás si realmente te va a llevar tanto tiempo escribir dos oraciones sobre cómo te ha ido el día y aquello por lo que estás agradecido. Creemos que esta motivación visual ofrece una forma sencilla y efectiva de responsabilizarse por establecer el cambio que uno quiere ver en su vida. A veces necesitamos un pequeño empujón extra para mantener los rituales diarios, y el factor visual mencionado cumple muy bien esta función.

Crea recordatorios visuales

Quieres perder peso, pero cuando estás cansado, es fácil que hagas el razonamiento de que empezarás a hacer ejercicio y a comer bien al día siguiente. Quieres hacer que tu negocio sea más rentable, pero cuando te ves atrapado en la rutina diaria, es fácil que hagas lo que te resulta familiar en lugar de lo que es necesario para la expansión. Quieres cultivar tus relaciones más cercanas, pero cuando estás ocupado, es fácil que llegues al razonamiento de que lo que debes hacer es trabajar en la propuesta que te ha hecho cierto cliente. Pocas cosas buenas son fáciles, y cuando las dificultades arrecian, a menudo optamos por la salida fácil, a pesar de que esta, generalmente, nos conduce al camino equivocado.

Para combatir esta tendencia, establece unos recordatorios tangibles que te mantengan en guardia contra tus debilidades. Un amigo nuestro que ha pagado casi cien mil dólares de deuda en los últimos cinco años tiene una copia del saldo de su tarjeta de crédito pegada en el monitor de su ordenador; le sirve como un recordatorio constante de la deuda que quiere saldar. Una amiga tiene una foto de sí misma de cuando pesaba cuarenta kilos más que ahora en su nevera como recordatorio del peso que nunca quiere volver a tener. Y otro amigo guarda muchas fotos de la familia en su escritorio, porque le encanta mirarlas y también porque cuando el trabajo se pone muy duro esas fotos le recuerdan a las personas por las que se está esforzando.

Piensa en los momentos en los que es más probable que cedas a los impulsos contrarios a la consecución de tus objetivos y que te inviten a desistir de los rituales que debes mantener para llegar ahí. Después utiliza recordatorios visuales de esos objetivos para interrumpir el impulso y mantenerte encaminado.

Oblígate a dar cuenta a otra persona

Una de las herramientas más importantes para tener éxito con los rituales es dar cuenta de su ejecución a otra persona. En nuestra labor de *coaching* hemos trabajado con cientos de clientes a lo largo de los años, y lo que los impulsa al éxito es contar con alguien que no permita que dejen de responsabilizarse de su ritual. De todos modos, esta estrategia tiene la peculiaridad de que es fácil que uno tenga la impresión de que el otro le está atosigando. Si alguien te llama todos los días para preguntarte si sigues o no fiel a tu objetivo, puedes comenzar a experimentar sentimientos negativos hacia el ritual o la persona.

Para evitar esto, se nos ocurrió un sistema. Al comienzo de cada mes, ambos escribimos diez preguntas relativas a nuestra responsabilidad que queremos hacernos durante el próximo mes. Las preguntas pueden diferir ligeramente de un mes a otro o pueden seguir siendo las mismas, pero siempre se refieren específicamente a los rituales que hemos establecido. Por ejemplo, hay tres preguntas de Marc que nunca cambian: «¿Has estado escribiendo durante una hora seguida?», «¿Has meditado durante quince minutos?», «¿Has estado una hora presente con tu hijo?». Una vez que hemos escrito nuestras preguntas, nos intercambiamos los papeles. Todos los días, nos hacemos las preguntas el uno al otro. De esta forma, tenemos menos la impresión de que el otro nos presiona, porque las preguntas que nos hacemos son las que nos haríamos de todos modos.

Encuentra una persona en quien puedas confiar a estos efectos. Puede estar cerca o lejos (el intercambio de preguntas se puede hacer por correo electrónico) y habla con esa persona todos los días. No es relevante la cantidad de preguntas que escribas, pero te recomendamos que sean entre cinco y diez. Hacerte las preguntas te ayuda a plantearte qué rituales quieres incorporar a tu vida, y tu «compañero de responsabilidad» puede ayudarte a perseverar en la práctica. Incluso puedes ahondar en tu responsabilidad comprometiéndote con alguien cercano a cumplir con tu ritual. Este alguien puede ser tu cónyuge, tu mejor amigo o incluso tu perro. La clave es que la práctica diaria de tu ritual sea similar a una promesa hecha a alguien a quien aprecias, alguien a quien no querrías decepcionar. Si seguir con tu ritual también implica respetar un compromiso con alguien que te importa, estarás mucho más motivado para realizarlo todos los días.

Establece unas consecuencias por interrumpir tu práctica

La consecuencia más importante de no perseverar con el ritual diario es que uno pierde el respeto de la persona o las personas con las que se ha comprometido. Pero también es posible establecer unas consecuencias un poco más divertidas: recientemente, Marc prometió a un grupo de amigos que donaría cien dólares a una campaña política que no le gusta cada vez que no cumpliese con su compromiso. Hasta ahora, no ha dejado de ser fiel a dicho compromiso. También prometió comer *sushi* de pulpo si se relajaba. (No se relajará, porque comer pulpo crudo le resulta repulsivo; para él, es como comerse una rata). También ha prometido cantar en un karaoke frente a extraños (algo que le resulta muy embarazoso) si falla. Las consecuencias también pueden ser positivas, como una recompensa cada semana si no se falla ningún día, por ejemplo.

Además, haz que las consecuencias sean más duras si fallas dos días seguidos, e incluso más si fallas tres.

Principios importantes que has de recordar al diseñar rituales

Es posible que algunos de estos principios te resulten nuevos y que otros los hayas oído cientos de veces, pero vale la pena recordarlos todos.

Es necesario aceptar cierto grado de incomodidad

Emprender un nuevo ritual diario nos obliga a cambiar nuestra rutina de alguna manera, y este cambio es, en sí, algo incómodo. Pero la mayoría de nosotros no queremos sentirnos incómodos, por lo que huimos de la posibilidad de la incomodidad constantemente. El problema evidente que presenta esta actitud es que al huir de la incomodidad nos limitamos a implicarnos solamente con las actividades y oportunidades que se encuentran dentro de nuestra zona de confort. Y dado que nuestra zona de confort es relativamente reducida, nos perdemos la mayoría de las experiencias más extraordinarias y saludables de la vida, y nos quedamos atrapados en un círculo debilitante. Seguimos haciendo lo que siempre hemos hecho y, por lo tanto, seguimos obteniendo los resultados que siempre hemos obtenido. Y nuestro verdadero potencial se queda en el camino.

Es mucho más fácil iniciar y mantener rituales sencillos

Efectuar un gran cambio de golpe no solo requiere un gran coraje y mucha determinación, sino también mucho tiempo y energía. Y si ya tienes un horario razonablemente apretado, te resultará difícil incorporar un nuevo ritual diario. Tal vez lo harás una o dos veces (hacer ejercicio durante una hora, por ejemplo), pero después pondrás el nuevo ritual en espera, porque considerarás que no tienes suficiente tiempo para abordarlo. Es por eso por lo que te será mucho más fácil introducir y mantener un cambio de poca envergadura, tal vez un pequeño ritual consistente en hacer solo diez sentadillas cada mañana al levantarte de la cama.

La verdad es que el entusiasmo siempre disminuye un par de días después de comenzar un nuevo ritual, pero es mucho más fácil mantenerlo cuando el ritual es sencillo. Y seguir con él es lo que importa.

En última instancia, se trata de abrir la mente y salirse de lo que se considera «normal»

Nos sentimos cómodos en unas condiciones determinadas, y si nos desviamos de estas condiciones demasiado rápido, tendemos a sentirnos muy incómodos. Si quieres renunciar a tu empleo y emprender un negocio, por ejemplo, deberás tener claro con qué economía cuentas, diseñar y poner a prueba productos y servicios, redactar los textos de *marketing*, configurar un sitio web, diseñar embudos de ventas,* etc. Todo esto puede ser muy desalentador al principio. Pero si realmente quieres montar ese negocio, debes hacer todo esto y debes comenzar antes de sentirte «listo».

La clave, nuevamente, consiste en aprovechar los rituales diarios para satisfacer estos requisitos incómodos. Empieza por ocuparte del aspecto económico: saldar todas las deudas, tener ahorros suficientes para vivir durante un año, etc. Después, una vez que te sientas cómodo en este aspecto, decide qué producto o servicio vas a vender (investiga el mercado), a continuación configura tu sitio web (efectuando pequeños pasos diarios), escribe algunos textos de *marketing* (nuevamente, realizando pequeños pasos diarios), aprende sobre el *marketing* en redes sociales y publica algunos anuncios en Facebook para comprobar el interés que despierta tu

* Un embudo de ventas o túnel de ventas es la representación gráfica del recorrido del cliente desde que detecta una necesidad, hasta que acaba pagando por un determinado producto o servicio para resolverla. Representa el proceso de ventas desde la toma de conciencia de su problema, hasta la satisfacción de esa carencia mediante la acción de compra. (Fuente: www.sumacrm.com)

producto o servicio. Facilítate las cosas en relación con cada aspecto de tu nuevo negocio, y todos sus requisitos se irán convirtiendo, progresivamente, en parte de las condiciones con las que estás familiarizado: se irán volviendo tu nueva normalidad, una normalidad más abierta.

Es imperativo que fortalezcas la confianza en ti mismo

Lo que a Angel y a mí nos faltaba antes de aprender a establecer unos rituales diarios pensados para la consecución de nuestros objetivos era la confianza de que realmente éramos capaces de lograr dichos objetivos. Habíamos fallado tantas veces en el pasado, y nos habíamos desanimado tanto en relación con nosotros mismos, que comenzamos a elegir la dilación en lugar de tratar de cumplir las promesas que nos habíamos hecho respecto a nuestras metas. En esencia, perdimos la confianza tanto en nuestras capacidades como en nosotros mismos. Es como si alguien te estuviera mintiendo constantemente; al final dejarías de confiar en esa persona. Lo mismo ocurre con las promesas que te haces a ti mismo que siempre terminan en desilusión: acabas por dejar de confiar en ti. Y la solución, en la mayoría de los casos, también es la misma: tienes que recuperar la autoconfianza de forma gradual, con pequeñas promesas, pequeños pasos (tus rituales diarios) y pequeñas victorias. Esto lleva tiempo, pero la recuperación tendrá lugar con bastante rapidez si te comprometes con estas prácticas. Y podría decirse que restablecer la autoconfianza es una de las cosas más importantes que puedes hacer por ti mismo.

Los cambios pequeños y progresivos no tardan en convertirse en cambios enormes

El concepto de ir paso a paso puede parecer ridículamente obvio, pero en algún momento todos nos quedamos atrapados en el momento y anhelamos una gratificación instantánea. ¡Queremos lo que queremos, y lo queremos ahora! Y este anhelo a menudo nos engaña para que asumamos demasiado con demasiada prontitud. Angel y yo hemos visto esto cientos de veces a lo largo de los años: un cliente de *coaching* o un alumno del curso quiere lograr un gran objetivo (o diez) de golpe, y no puede elegir solo uno o dos rituales diarios en los que enfocarse, así que no llega a hacer nada que valga la pena. Deja que este error habitual, la mentalidad de la solución rápida, constituya tu recordatorio.

No puedes levantar mil kilos de golpe, pero puedes levantar fácilmente un kilo mil veces. Los esfuerzos pequeños, repetidos y progresivos te llevarán a la meta. Esto no ocurre en un instante, pero siempre es mejor tarde que nunca.

Otras buenas ideas para diseñar tus propios rituales

Llegados a este punto, esperamos que tengas algunas ideas sobre los cambios concretos que quieres realizar en tu vida, y que dispongas de varias herramientas para que te ayuden a crear los rituales que contribuirán a que efectúes esos cambios. Para darte un impulso aún mayor, te presentamos algunas ideas simples de rituales potentes que puedes poner en práctica desde este momento. También puedes usar estas ideas para crear nuevos rituales propios que te ayuden a comenzar a pensar mejor y a recuperar la felicidad.

Formula mantras de gratitud

A veces, en los días más difíciles, nos cuesta reunir suficiente energía positiva para mantener nuestros rituales y enfocarnos en temas por los que estar agradecidos. Cuando ocurre esto, nosotros revisamos nuestras notas sobre la gratitud, las perspectivas y las lecciones que hemos aprendido a lo largo de los años y que aparecen reflejadas en varias entradas de blog que tenemos archivadas. Llamamos a estas notas nuestros mantras de gratitud. Y en esos días en los que todo parece ir mal, los leemos y reflexionamos sobre ellos durante el tiempo necesario para encontrar motivos para estar agradecidos.

Exponemos a continuación algunos ejemplos de los mantras que utilizamos; te los ofrecemos con la esperanza de que tú también encuentres refugio en ellos. Repítelos para tus adentros y reflexiona sobre ellos en los momentos difíciles en los que hayas perdido la pista de tus propios rituales.

- Cuando la vida te dé todas las razones para tener una actitud negativa, piensa en una buena razón para tener una actitud positiva. Siempre hay algo por lo que estar agradecido.
- El mayor secreto para la felicidad y la paz es dejar que cada situación de la vida sea como es, en lugar de empeñarnos en que debería ser de otra manera, y después sacar el mejor partido de ella.
- Elige sonreír hoy al tomarte la vida momento a momento, quejarte muy poco y agradecer las pequeñas cosas que significan mucho.
- No, no siempre obtendrás lo que deseas. Pero recuerda esto: hay muchas personas que nunca tendrán lo que tú tienes ahora.
- La felicidad se vuelve mucho más fácil cuando uno deja de quejarse por sus problemas y empieza a estar agradecido por todos los problemas que no tiene.
- Nunca permitas que todo lo que deseas te haga olvidar todo lo que tienes. Hoy, enfócate exactamente en lo que tienes, no en lo que no tienes.
- Estate agradecido por tu vida. Por tu salud, tu familia, tus amigos y tu hogar. Muchas personas ni siquiera tienen eso.

Usar estos mantras y prestar atención a aquello por lo que estamos agradecidos nos recuerda por qué tenemos nuestros rituales. Si no somos bien conscientes de nuestra situación, ¿cómo vamos a saber si necesitamos o no cambiarla?

Pasa algún tiempo libre soñando despierto

A pesar de lo que probablemente te dijeron tus maestros de primaria, soñar despierto es cualquier cosa menos una pérdida de tiempo. Si bien las rutinas estructuradas son importantes para el proceso de ser productivo, nuestra mente necesita un tiempo de inactividad lleno de libertad para divagar, y podemos diseñar rituales con este propósito exactamente.

Los neurocientíficos han descubierto que la ensoñación implica los mismos procesos cerebrales que están asociados con la imaginación y el pensamiento creativo. De acuerdo con la psicóloga Rebecca McMillan, que es coautora de un trabajo de investigación titulado «Oda a la ensoñación constructiva y positiva», esta actividad puede contribuir a la «incubación creativa» de ideas y soluciones para problemas complejos. Tal vez esta es la razón por la que a veces tenemos nuestras mejores ideas mientras estamos dándonos una ducha larga y caliente.

Programar un ritual consistente en soñar despierto puede parecer contradictorio, pero estamos programados para pasar la mayor parte de las horas del día en modo productivo. Y sabemos que puede llevar un tiempo desaprender este hábito. Si estás acostumbrado a que tus días consistan en una sucesión continua de actividades, puedes sentirte extraño o incluso culpable por permitirte algún rato de hacer nada. Pero una vez que hagas espacio para ello en tu vida diaria, la ensoñación acudirá de forma natural. Lo más difícil es que te permitas este tiempo de inactividad. Cuando te des cuenta de que es perfectamente aceptable que te permitas respirar y relajarte, podrás recostarte y dejar que fluyan los pensamientos. Te sorprenderán las ideas que se te ocurrirán cuando te des tiempo para olvidarte de la presión y soñar.

Programa nuevas experiencias

Aprende a apreciar las experiencias, las sensaciones y los estados mentales nuevos. Esta disposición a expandirse permite predecir significativamente el potencial de crecimiento, porque este siempre comienza en el límite de la zona de confort. Por supuesto, gran parte de esto tiene lugar dentro de una rutina, cuando estamos «en marcha» y trabajamos duro para estirar nuestros músculos creativos e intelectuales. Pero las nuevas experiencias ayudan a equilibrar las rutinas. Nos obligan a pensar de manera diferente. Cuando nos colocan en una situación nueva, nos damos cuenta de ciertas cosas de las que somos capaces como seres humanos. De la misma manera que apegarnos a unos rituales puede hacernos sentir más realizados y conscientes de nuestras capacidades, las nuevas experiencias pueden tener este mismo efecto.

Haz un esfuerzo por concebir un ritual que implique probar algo nuevo al menos una vez por semana. Puede ser una actividad completamente nueva, como escalar rocas o asistir a una clase de baile, o una pequeña experiencia, como hablar con un extraño. Cuando hayas empezado, muchas de estas nuevas situaciones abrirán las puertas a unas perspectivas de cambio de vida que ni siquiera puedes imaginar en este momento. Y con una estrategia de pequeños pasos continuos y programados hacia nuevas experiencias, podrás esquivar el mayor obstáculo al pensamiento original: el miedo.

Vuelve a enfocarte en lo positivo

A veces es necesario ayudar un poco a la mente errante eligiendo conscientemente algo positivo en lo que pensar. Cualquier pensamiento positivo servirá para reenfocar tu atención. Cuando las cosas van bien y estás de buen humor, es bastante fácil. Sin embargo, cuando los tiempos son difíciles y tu mente está inundada de negatividad, puede ser un verdadero reto. En esos momentos, piensa en lo que ha ocurrido a lo largo de ese día e identifica algo positivo que haya sucedido, por más insignificante que parezca. Si no se te ocurre nada que haya sucedido ese día, reflexiona sobre la jornada anterior o incluso sobre otro día reciente. Lo importante es que cuentes con algo positivo, por más pequeño que sea, a lo que puedas llevar la atención cuando la negatividad empiece a asomar en tu mente.

Como explica Shawn Achor en su libro *The Happiness Advantage* [La ventaja de la felicidad], un estudio científico reciente mostró que los médicos que se encuentran en un estado de ánimo positivo antes de hacer un diagnóstico experimentan sistemáticamente incrementos significativos en sus habilidades intelectuales en comparación con los médicos que se encuentran en un estado neutro, lo que les permite efectuar diagnósticos precisos casi un veinte por ciento más rápidamente. El mismo estudio también examinó a personas con otras vocaciones y reveló que las ventas de los vendedores optimistas son más de un cincuenta por ciento superiores a las de los pesimistas. Los estudiantes estimulados para sentirse felices antes de hacer exámenes de matemáticas obtienen unos resultados sustancialmente mejores que los que abordan los exámenes con un estado de ánimo neutro. Resulta que la mente humana está programada para rendir al máximo no cuando experimenta negatividad, ni cuando se encuentra en un estado neutro, sino cuando se halla en un estado positivo.

Por supuesto, esto no quiere decir que nunca debas disgustarte, pero serás un ser humano más efectivo en todos los sentidos si puedes crear un ritual diario que te permita aceptar conscientemente y soltar las emociones negativas en lugar de recrearte en ellas. Entonces, trata de concentrarte un poco menos en gestionar tus problemas y un poco más en gestionar tu mentalidad. ¡Mantenla positiva!

Practica técnicas de relajación consciente

La relajación consciente es la clave de la recuperación mental y física. Hay muchas formas de practicarla, pero la base de todas ellas es la respiración enfocada (un tipo de meditación). La respiración es el puente entre las circunstancias de la vida y la conciencia; une el cuerpo y los pensamientos. Cuando te sientas estresado, tómate un descanso de diez minutos para sentarte en silencio y concentrarte en la respiración. Cierra la puerta, deja de lado todas las distracciones, siéntate en una silla con los ojos cerrados y respira.

El objetivo de este ritual es que pases todo el tiempo enfocado solamente en sentir cómo tu pecho sube y baja, lo que evitará que tu mente preocupada divague y piense demasiado. Parece sencillo, pero es difícil hacerlo durante más de un minuto o dos, sobre todo al principio. Y no pasa absolutamente nada si aparecen pensamientos aleatorios y te distraen; no hay duda de que esto sucederá. Cuando ocurra, todo lo que debes hacer es volver a concentrarte en la respiración.

En pocas palabras: cada vez que tu mente se disperse a causa del estrés y el ajetreo, usa la respiración para controlarla. Limítate a respirar y estar presente unos momentos; te sentirás mejor.

Ejecuta unas rutinas matutinas tranquilas y constantes

Demasiados libros y cursos sobre el éxito personal «nos tratan» como si fuésemos robots y pasan totalmente por alto el enorme poder que tienen nuestras emociones. Cuanto menos alborotadas estén nuestras emociones al principio del día, más tranquilas estarán el resto de la jornada. Si empezamos el día en un estado apacible y atento, es fácil que podamos concentrarnos y hacer lo que tenemos que hacer. Pero cuando somos víctimas del estrés nada más despertarnos (suenan los teléfonos, los correos electrónicos y los mensajes de texto emiten sus alertas, surgen problemas), nos pasamos el día reaccionando en lugar de ser proactivos. Esto significa que no estamos trabajando en nuestras prioridades (en aquello que nos conduce al éxito) sino que nos limitamos a responder a lo que nos lanzan, tanto si es importante para nosotros como si no.

Para contrarrestar esta dinámica, haz que la primera hora de tu día sea un ritual en sí misma, e intenta modificarla lo indispensable solamente. Una rutina confiable puede ser extremadamente efectiva para ayudarte a sentir que tienes el control y no mostrarte reactivo, lo cual mitigará tu ansiedad y tu estrés y, por lo tanto, hará que seas más consciente y más competente. La rutina puede ser diferente para todos; en la nuestra nos despertamos antes que nuestro hijo, para poder anticiparnos a sus necesidades y prepararnos para atenderlas. Después tomamos café y hacemos nuestra meditación matutina. Angel a menudo lee un libro que la inspira a comenzar el día, mientras yo hago mi rutina de estiramientos de la mañana. Estos rituales nos resultan efectivos.

Presta atención a cómo te manejas mejor. ¿Qué es lo que te va a situar en un estado mental que te permita afrontar bien la jornada? La forma de empezar el día tiene un impacto enorme en la efectividad general. Empiézalo de forma sencilla y evitando el estrés. Cuando te hayas comprometido con tu rutina matutina tranquila, obtendrás los beneficios de una jornada laboral más apacible y proactiva. (Hablaremos más sobre las rutinas de la mañana posteriormente en este capítulo).

Prescinde del trabajo innecesario

En algún momento todos nos preguntamos por qué somos incapaces de hacerlo todo. Y la respuesta es asombrosamente simple: porque hacemos demasiadas cosas que no deberíamos hacer. Si quieres establecer rituales que supongan una diferencia en tu vida, podrá ayudarte el hecho de reducir o eliminar algunas tareas cotidianas que tal vez te parezcan importantes pero que en realidad se están interponiendo en tu camino.

Varios estudios han demostrado que las personas nunca logran hacer más dedicando horas extras a abordar sin un criterio claro todo lo que surge. La gente es más productiva cuando sigue unos planes cuidadosos que miden las prioridades y los hitos clave y hacen un seguimiento de los mismos. Entonces, si quieres tener más éxito en la vida, no te plantees cómo hacer algo de forma más eficiente antes de haberte preguntado si realmente tienes que hacerlo.

Si piensas en ello, es paradójico que nos quejemos de tener muy poco tiempo y luego establezcamos nuestras prioridades como si el tiempo fuera infinito. Así que haz todo lo que puedas para concentrarte en lo que es realmente importante y no mucho más. Presta atención a tus objetivos y no dejes de tener presente a dónde quieres ir.

Escribe en un cuaderno personal

Oprah Winfrey lleva un diario. Eminem lleva un diario. J. K. Rowling lleva un diario. Las personas felices hacen el seguimiento de sus avances, establecen metas, reflexionan y aprenden de sus errores. Y a menudo usan algún tipo de cuaderno para lograrlo. Si quieres llegar a algún lugar en la vida, necesitas un mapa, y tu cuaderno es ese mapa. Puedes escribir lo que has hecho hoy, lo que has tratado de lograr, qué errores has cometido, etc. Es una herramienta para reflexionar y en la que reflejar pensamientos importantes. Es una herramienta para tener claro dónde has estado y a dónde piensas ir. Es uno de los recursos más infrautilizados pero increíblemente efectivos que existen, y está disponible para cualquiera.

Llevar un diario es una excelente manera de combinar varios de los rituales de los que hemos hablado. En muchos sentidos, es una «tienda para todo». Puedes recordarte aquello por lo que estás agradecido enumerando todo aquello que hay en tu vida que te importa en ese momento. Puedes registrar las ideas que tienes al soñar despierto y afinarlas. Puedes usar tu diario como un espacio en el que reflexionar sobre un *podcast* que has escuchado o sobre un libro que has leído que te ha parecido muy interesante. Anotar inspiraciones diarias hará que vuelvas a enfocar la mente en lo que es realmente importante para ti y acabará con tu deseo de enfocarte en hábitos negativos que te hacen perder mucho tiempo. El diario podría incluso convertirse en una parte tan importante de tu vida que te sentirías extraño sin él.

El poder de los buenos rituales matutinos

Una buena mañana, y por lo tanto un buen día, no es una experiencia que sobrevenga por arte de magia. Hay que crearla conscientemente. Sin embargo, la mayoría de nosotros estamos distraídos todas las mañanas desde que nos levantamos y, por consiguiente, tropezamos todos los días con una intención atenuada y muchas frustraciones innecesarias. Olvidamos que las horas de la mañana, hasta el mediodía, son tremendamente importantes; conforman la base de toda la jornada. Olvidamos que la forma en que elegimos pasar este tiempo a diario puede servir para predecir el tipo de días que vamos a tener y, en última instancia, el tipo de vida que vamos a vivir. Las actividades triviales (revisar las redes sociales, ver la televisión, preocuparnos por cuestiones que no podemos controlar) suelen establecer el carácter de cada día. Esto significa que desperdiciamos mucho tiempo en el que estamos descansados y mucha energía en pequeños asuntos que no tienen importancia, mientras vamos desconectando, paulatinamente, de los aspectos importantes de nuestra vida que podemos controlar y que son los que realmente importan.

Por otro lado, tener una actitud reflexiva y un propósito claro en las horas de la mañana, generalmente desde el momento en que nos despertamos hasta el mediodía, nos permite recuperar la sensación de un control significativo; nos conduce a volver a tener el control para poder comenzar a vivir de nuevo una vida más efectiva y dotada de intención.

Pequeños actos que cambian la vida (rituales) para hacer antes del mediodía

¿Por qué antes del *mediodía* y no más temprano? Porque no todos nos levantamos al amanecer. No todos tenemos los mismos horarios. Y ciertamente no tienes que adoptar el horario de otra persona para incluir en tus mañanas estos tres rituales que cambian la vida. La clave es que los realices dentro del período matutino, antes de que la pesadez de la tarde mitigue tus facultades.

Pero procede paso a paso. Si no estás haciendo nada de lo siguiente antes del mediodía en estos momentos, empieza con la primera actividad solamente, prueba a añadir la segunda más adelante, y finalmente la tercera.

1. Lava tus platos tan pronto como termines de desayunar todas las mañanas.

Estás tomando la comida más importante del día, ¿verdad? Bien. Ahora puedes aprovechar el desayuno para fortalecer tu autodisciplina.

Empieza con un pequeño acto cada mañana. Muy pequeño. Solo consiste en que laves tus platos después del desayuno.

Sí, queremos decir literalmente que laves tus platos con tus dos manos. No es más que un pequeño paso hacia delante todas las mañanas: cuando comas tu avena, lava el tazón y la cuchara. Cuando termines de tomar tu café de la mañana, enjuaga la cafetera y tu taza. No dejes ninguna pieza de vajilla sucia en el fregadero o en la encimera para más tarde. Lava todo de inmediato.

Ve conformando este ritual añadiendo una pieza de vajilla cada vez, una mañana tras otra. Cuando lleves varias semanas lavando los platos de forma sistemática, podrás comenzar a limpiar el fregadero. Después la encimera. A continuación, hazte la cama. Pon en un táper un almuerzo saludable para llevártelo. Empieza a hacer sentadillas y medita durante unos minutos (me extiendo sobre estas dos prácticas a continuación). Etcétera.

Practica lo mencionado de forma sistemática y comenzarás a construir un ritual de autodisciplina saludable. Finalmente sabrás que eres capaz de hacer lo que debe hacerse, poniendo en ello enfoque e intención.

Pero durante las próximas semanas limítate a lavar la vajilla del desayuno, permaneciendo atento a esta actividad.

2. Haz ejercicio durante quince minutos o menos para ejercitar tu cuerpo y tu mente.

El ejercicio es la forma más simple y rápida de cambiar la propia vida, no solo porque fortalece el cuerpo, sino porque también fortalece la mente. Y de forma casi instantánea infunde un sentimiento positivo de autocontrol en el subconsciente, incluso cuando otras circunstancias de la vida parecen caóticas.

De esta manera, el ejercicio se convierte en un espacio personal en el que uno puede prepararse y recuperar el control sobre su propio mundo. Solo uno mismo puede mover su cuerpo. Solo uno mismo puede empujarse a dar un paso más. Solo uno mismo puede elegir el grado de intensidad de la actividad. Cuando uno empieza el día así, teniendo el control, le es mucho más fácil manejarse por la vida.

Además, un ritual de ejercicio diario constante cambia el funcionamiento físico del interior del cerebro. En su éxito de ventas *Spark: The Revolutionary New Science of Exercise and the Brain* [Destello: la nueva ciencia revolucionaria del ejercicio y el cerebro], el doctor John Ratey analiza los datos que recopiló durante años de investigación sobre los cambios neurológicos que ocasiona el ejercicio en el cerebro humano. Y afirma: «El ejercicio es la herramienta más potente de la que dispones para optimizar tu funcionamiento cerebral. La actividad aeróbica tiene un efecto contundente en la adaptación; regula los sistemas que puedan estar desequilibrados y mejora los que no lo están. Es una herramienta indispensable para cualquier persona que quiera alcanzar su máximo potencial».

Hemos llegado a conclusiones muy similares, aunque menos científicas, por nuestra cuenta. Con más de una década de experiencia trabajando individualmente con clientes, hemos descubierto que el ejercicio es realmente un remedio universal para la mayoría de los trastornos y desafíos humanos. Reduce drásticamente la depresión leve y moderada, alivia la ansiedad, contrarresta los efectos negativos del estrés excesivo y mucho más. Y el ejercicio obviamente no proporciona solo un entrenamiento mental, sino también físico: estamos cumpliendo dos objetivos a la vez.

Si el ejercicio es tan maravilloso, ¿por qué recomendamos dedicarle solo quince minutos cada mañana? Porque empezar con poco es clave. Sabemos que has oído esto antes, pero el caso es que muchos de nosotros olvidamos seguir los buenos consejos. Entonces, empieza con un ritual matutino de ejercicio de quince minutos de duración como máximo. Si experimentas una fuerte resistencia a dedicarle quince minutos, déjalo en diez, o incluso siete, y mantén esta rutina durante todo un mes por lo menos antes de incrementar la duración.

3. Establece tu presencia a través de la meditación (durante quince minutos o menos).

Aquí también hay que aplicar el mismo principio intemporal de empezar con poco. Sin embargo, un ritual de meditación matutina de solo quince minutos no es tarea fácil para la mayoría de los principiantes. Durante los primeros intentos, la mayoría de los meditadores noveles tienden a encontrar casi imposible calmar su mente. Debido a esto, muchos de nosotros probamos con la meditación una o dos veces y no vemos el valor que tiene; no nos inspira la misma sensación de control sobre nosotros mismos y nuestro mundo que el ejercicio. Pero con práctica y paciencia, la meditación puede ser *mucho* más potente. Esta es la razón por la que nosotros dos meditamos todas las mañanas antes de desayunar.

La meditación nos proporciona un grado de control más profundo que en última instancia saca de nosotros lo que había quedado atrapado en nuestro interior: nos conecta con la parte más auténtica de nosotros mismos al permitirnos acceder a todas las zonas de nuestra mente y nuestro cuerpo de las que generalmente estamos distraídos y desconectados.

Los beneficios más básicos y prácticos de la meditación son dos:

- Reduce el estrés mental.
- Incrementa la presencia mental (la conciencia).

Cuando abordamos las mañanas con una presencia más relajada, nos cuesta mucho menos lidiar con lo que se presente. La razón de ello es que damos el siguiente paso con mayor atención, sin resistencias acumuladas, plenamente conscientes y aceptando la tensión que hay en nuestros hombros, la pequeña burbuja de esperanza que habita en nuestro corazón o tal vez incluso la bruma de tristeza que se encuentra en el fondo de nuestra mente. Y con esta conciencia y aceptación encontramos mejores soluciones, formas más saludables de lidiar con las situaciones y una sensación general de que las personas son más amigables y los días más brillantes.

En cambio, cuando estamos estresados y desconcentrados por la mañana, nuestra mente está dispersa y en tensión. Una parte está firmemente enfocada en lo que nos preocupa, mientras que la otra está prestando una atención mínima a las tareas que debemos atender rápidamente mientras tanto. Imagina que vas camino de llegar tarde al trabajo y te estás apresurando por la casa preparándote para irte. Si un ser querido empieza a decirte algo importante sobre lo que va a hacer ese día, ¿cuánta atención vas a dedicar a lo que te está diciendo? No mucha.

Pero cuando pasamos a estar más presentes, cuando de forma progresiva somos más conscientes de lo que ocurre en el momento y lo aceptamos a través de la meditación, dejamos de estar tan distraídos y preocupados. En el espacio que se abre, podemos respirar profundamente y escuchar con mucha atención. Por un momento, la tensión abandona nuestros hombros. Y con la práctica podemos aprender a gozar cada vez de mayor presencia y tranquilidad en nuestra vida.

Un alumno de nuestro curso lo resumió perfectamente en un correo electrónico que nos envió:

> Cada momento es una nueva oportunidad. El siguiente es tan nuevo y está tan lleno de promesas como los miles anteriores que te perdiste, y no contiene absolutamente ningún juicio. No se transfiere a él nada que lleves contigo. No tienes que aprobar ningún «examen de buena persona» antes de entrar en cada momento; el acceso es totalmente incondicional. Es como si el momento dijera: «Bien, te perdiste los últimos diez mil momentos, ¡pero mira! Aquí estoy otra vez... y otra vez... ¡y otra!». Y eres recibido con los brazos abiertos.

He aquí cómo establecer la presencia a través de la meditación matutina (si bien hay muchas técnicas de meditación, esta es la que estamos practicando nosotros dos actualmente): siéntate derecho en una silla con los pies apoyados en el suelo y las manos descansando cómodamente en tu regazo, cierra los ojos y concéntrate en tu respiración durante quince minutos (o menos al principio si lo prefieres). El objetivo es que pases todo el tiempo enfocado solamente en el movimiento de tu pecho al inhalar y exhalar, lo que evitará que tu mente preocupada divague y piense demasiado. Parece simple, pero es difícil hacerlo durante más de un par de minutos, sobre todo al principio de practicar este ritual. Y no pasa absolutamente nada si aparecen pensamientos aleatorios y te distraen; de hecho, esto va a ocurrir. Cuando suceda y te des cuenta, limítate a retomar la concentración en la respiración.

Recuerda que la constancia lo es todo

Los tres rituales matutinos que acabamos de ver son inútiles si no se practican de forma sistemática. Ocuparte una mañana de lavar tus platos, hacer ejercicio y meditar no será suficiente. Es la acumulación gradual de actos sencillos y aparentemente pequeños a lo largo de semanas, meses y años lo que conduce a unos resultados positivos que nos cambian la vida. No tiene nada de especial, aparentemente, poner un pie delante del otro todos los días durante semanas, pero procediendo así muchos seres humanos normales han escalado más de ocho mil metros y han llegado a la cima de la montaña más alta del mundo, el Everest. No tiene nada de especial, aparentemente, lavar los platos, hacer ejercicio y sentarse a meditar un ratito cada mañana, pero si lo hacemos pasaremos a disfrutar de una vida mucho mejor.

Hoy puedes elegir. Demuéstrate a ti mismo, con pequeños actos cada mañana, que tienes el poder de tomar el control de tus días y de tu vida.

No vamos a engañarte: establecer rituales requiere dedicación. Debes decirte a ti mismo todos los días que *puedes* hacerlo, y que no hay mejor día que hoy para comenzar. Debes prestar atención a las actividades negativas que te alejarían de las prácticas que pueden ayudarte a mejorar tu vida. Debes examinarte a ti mismo y tener el valor de establecer un cambio positivo de inmediato. Sabemos lo que es estar anclado en una forma de proceder, tomar el camino de menor resistencia y seguir actuando como siempre lo hemos hecho. Es difícil cambiar ciertas dinámicas, sobre todo cuando las circunstancias son complicadas, pero estamos aquí para decirte que vale la pena. Cuando te comprometas a practicar tus rituales con constancia, te sorprenderá la cantidad de logros que obtendrás. Por tanto, empieza con un ritual simple que sea apropiado para ti y no lo dejes.

Ejercicio final

Existe la recomendación de que juzguemos a la gente por sus preguntas más que por sus respuestas. Es un buen consejo, porque si no paramos de hacernos las preguntas equivocadas, nunca obtendremos una respuesta que nos guste.

En una hoja de papel, escribe al menos cinco rituales que crees que practicas todos los días. Pueden ser tanto positivos como negativos. La clave aquí es la toma de conciencia. Evalúa cada uno de ellos a partir de las preguntas siguientes, que te ayudarán a comprender mejor el propósito que tienen en tu vida y a reflexionar sobre si contribuyen a tu bienestar o hacen lo contrario:

- ¿Quién soy yo cuando practico este ritual?
- Este ritual ¿me acerca a donde quiero estar o me aleja de ahí?
- ¿Cómo me está ayudando a crecer?
- ¿Cómo me perjudica?
- ¿Cuál es el próximo paso positivo que puedo dar en relación con este ritual?

¿Ves lo relevante que es el solo hecho de hacerte estas preguntas? No sabrás qué rituales quieres incorporar a tu vida hasta que te sientes y reflexiones sobre dónde estás ahora. Entonces, deja que estas preguntas constituyan un pequeño toque de atención. En lugar de buscar respuestas fuera de ti, empieza a hacerte las preguntas correctas. Te servirán como indicadores que tendrán una gran influencia en la dirección que va a seguir tu vida. Este tipo de autoindagación podrá ayudarte a mantenerte fiel a tus principios, perseguir tus deseos, crecer a través de la adversidad y aportar valor al mundo que te rodea. Y son los rituales que crees a partir de esta autoindagación los que te permitirán comenzar a efectuar avances.

CAPÍTULO 2

Mindfulness: deja el ajetreo y asume una actitud consciente

La paz no significa estar en un lugar donde no haya ruido o problemas, o donde no haya que trabajar duro. La paz significa estar en medio de todo esto y aun así gozar de tranquilidad en el corazón.

En una fría mañana de enero, justo dentro de la entrada de una estación de metro de Washington D. C., un joven sacó su violín del estuche y se lo llevó al hombro. Iba vestido con ropa normal; llevaba unos pantalones vaqueros y una camiseta. Y aunque tenía un rostro que muchas personas podrían encontrar atractivo, esa mañana en particular estaba ensombrecido por una gorra de béisbol oscura y un cabello castaño desgreñado. Después de puntear las cuerdas durante un par de minutos para afinar el instrumento, metió la mano en el bolsillo y sacó unos cuantos billetes de dólar, que arrojó en el estuche del violín frente a él, esperando que algunos transeúntes hicieran lo mismo. Era una mañana ajetreada en la estación de metro cuando el joven empezó a tocar. Miles de personas estaban ocupadas apresurándose hacia el trabajo, la escuela o donde fuera que se dirigieran. Los trenes iban y venían; la actividad de la mañana estaba en su apogeo. Sin embargo, a pesar de todo el ajetreo, el increíble sonido del violín de ese joven llenó la estación de metro.

Era imposible ignorarlo. ¿O tal vez no?

En el transcurso de cuarenta y tres minutos, más de mil personas cruzaron las puertas de la entrada del metro donde estaba tocando Joshua Bell. Si hubiese sido cualquier otro artista callejero, tal vez habría sido insignificante el dato de que obtuviese la atención de unas pocas personas solamente y un poco de calderilla, pero Joshua Bell no es un artista callejero cualquiera. Posiblemente sea el violinista más famoso del mundo, y estaba tocando una de las obras maestras clásicas más difíciles jamás compuestas. Y lo estaba haciendo con un violín de tres millones de dólares (sí, *millones*) que producía uno de los sonidos más puros y exquisitos del mundo.

Sin embargo, casi nadie se dio cuenta. ¿Por qué? Porque todo el mundo estaba demasiado ocupado con su premura como para pararse un momento y apreciar la música.

La excusa del exceso de trabajo

Hay demasiado por hacer; no tengo suficiente tiempo para hacerlo. ¿Te resulta familiar este argumento? ¿Con qué frecuencia utilizas la excusa de que estás muy ocupado? Esta solía ser la excusa de Marc todos los días. Como esas más de mil personas que pasaron apresuradas por delante de la música de Joshua Bell sin perder un momento, Marc tenía un horario que no le dejaba nada de tiempo para estar presente y ser consciente fuera de los límites de lo que tenía planificado.

Y estaba orgulloso de su exceso de actividad. ¡Hablaba de ello como un logro del que valía la pena alardear! Quería recordar a todos lo difícil que lo tenía. Quería que todo el mundo supiera lo duro que era vivir en un hermoso vecindario de la periferia y conducir por la ciudad, por no mencionar los malabarismos que tenía que hacer para atender el trabajo y la familia. Si hubieses hablado con él, te habría contado que tenía que ayudar a los alumnos de nuestro curso, asesorar a los clientes y los lectores, y a continuación salir disparado a la tienda de comestibles. Y solo le quedaba un poco de tiempo para dar de comer a nuestro hijo, acomodarlo y bañarlo antes de acostarse cada noche. Y estas eran solamente algunas de las ocupaciones que mencionaba...

«¿No veis lo ocupado que estoy? ¿No lo veis todos? ¡Tenedlo bien presente, por favor!».

Sí, eso es exactamente lo que Marc quería que los demás supieran sobre él. Pero esto ya no es así. Ahora se detiene para escuchar la música.

Poco a poco se fue dando cuenta de la verdad: el exceso de actividad no es un logro. Nada que valga la pena se logra con una mentalidad que adore el ajetreo en sí. Esta forma de pensar hace que todo sea más difícil de lo que tiene que ser. Si no estamos por debajo del umbral de pobreza, haciendo malabarismos con tres trabajos a la vez solo para traer comida a la mesa, nuestro exceso de actividad lo provocamos nosotros mismos el noventa y ocho por ciento de las veces (la excepción es ese dos por ciento de ocasiones en que una serie aleatoria de eventos de la vida increíblemente difíciles nos toman por sorpresa).

Marc pudo manejar su ajetreo después de que lo estudiamos el tiempo suficiente para darnos cuenta de que, en efecto, podíamos controlarlo. Nos percatamos de que la mayoría de las veces nos creábamos apuros y dolores de cabeza cuando no era necesario, sobre todo Marc. En un día laborable normal, lo habrías encontrado atosigando a familiares, a socios del trabajo y básicamente a todos los que estaban cerca para que se apresurasen tanto como él.

«¡Si no te atas los zapatos más rápido, nos vamos a perder la película!». «¡Si no acabamos esta tarea en la próxima hora, nunca vamos a alcanzar nuestro objetivo!».

La realidad era que tanto si Marc lograba que todo el mundo fuese más deprisa como si no, siempre nos movíamos, colectivamente, a un ritmo similar de todos modos. Pero cuando nos presionaba, todos (incluido Marc) nos sentíamos más infelices. Quedó muy claro que casi todo su ajetreo era un drama autoinfligido. Lo estaba creando en su cabeza como reacción frente a unos pensamientos, unas ansiedades y unos miedos no resueltos, y sin embargo, inconscientemente, pensaba que de alguna manera ese apresuramiento le facilitaría la vida. Por supuesto, hacía exactamente lo contrario: la premura de Marc solo añadía estrés y complejidad a nuestra vida. E incluso en los días en los que realmente había que hacer muchas cosas, tal vez demasiadas, ello casi siempre se debía a una mala planificación por su parte.

¿Por qué hacía Marc que la vida fuera más difícil, ajetreada e infeliz de lo que tenía que ser? Lamentablemente, una gran razón por la que muchos de nosotros llenamos nuestra vida de ocupaciones innecesarias tiene que ver con la sociedad –siempre enchufada, siempre conectada, que siempre está compartiendo y comparando– en la que vivimos. Vivimos definiéndonos en función de dónde estamos y lo que tenemos en relación con todos los demás. Si no tenemos una profesión, una casa, un automóvil o unos zapatos «mejores», nos sentimos inferiores. Y la única forma en que podemos mejorar es estar más ocupados haciendo... ¡lo que sea!

Después de todo, somos lo que hacemos, ¿verdad? El nombre de nuestro trabajo y para quién trabajamos: ¿no es esta, generalmente, la primera información que damos a los desconocidos a quienes conocemos en las fiestas? Llenamos los canales que tenemos en los medios sociales y nuestro calendario con ocupaciones innecesarias para sentirnos más realizados, para evitar ser nosotros mismos en el momento presente. ¿El precio? Nuestra tranquilidad, nuestra cordura y nuestra felicidad. Inevitablemente perdemos de vista lo que más importa, porque nuestro ajetreo lo ha enterrado bajo el estrés y la interminable necesidad de estar en otro lugar, haciendo otra cosa, lo más rápido posible.

Hace veinticinco años, en los albores de la revolución moderna de Internet, se predijo que los avances tecnológicos nos posibilitarían trabajar menos, lo cual nos permitiría prestar más atención a lo que es realmente importante en nuestra vida. Hoy, sin embargo, hay muchas pruebas de lo contrario. Es posible que podamos lograr el doble en la mitad de tiempo, pero eso es lo que se espera de nosotros ahora: es la nueva base de referencia. Además, la tecnología llena nuestro tiempo libre con distracciones interminables: estamos revisando mensajes de texto, el correo electrónico, las redes sociales, etc., las veinticuatro horas del día, los siete días de la semana.

Por eso, a pesar de los beneficios que nos brinda, la tecnología con la que operamos hace que nos sintamos más desesperadamente abrumados que nunca.

¿La solución? El *mindfulness* o atención plena. Como ritual diario, es una forma de vivir, de estar, de ver, de aprovechar todo el poder de nuestra humanidad. En esencia, el *mindfulness* consiste en lo siguiente:

- Ser plenamente consciente de lo que está sucediendo en el momento presente sin desear que sea mejor o diferente.
- Valorar cada experiencia positiva sin aferrarse demasiado a ellas cuando las circunstancias cambien (porque inevitablemente cambiarán).
- Aceptar todas las experiencias negativas sin temer que la vida siempre será así (porque no lo será, pues, como acabamos de señalar, todo cambia).
- Prescindir de todas las distracciones innecesarias para enfocarse en lo que más importa.
- Aplicar toda la energía y atención al momento presente para poder tomar medidas prácticas.

Antes de comenzar a practicar el *mindfulness*, nosotros dos éramos reactivos en lugar de proactivos. Cada día sentíamos como si estuviéramos corriendo sin parar. Estábamos luchando contra la adversidad y afrontando dificultades económicas y la pérdida de seres queridos. Nuestros ingresos eran reducidos, lo cual nos llevó a sentir la necesidad de meter más cosas en nuestro día a día, de salvarnos más rápido y ser unos héroes que luciéramos la hiperactividad como una especie de medalla por el deber cumplido. Siempre había algo más en nuestra lista de tareas pendientes, siempre otra cosa que pensábamos que merecía nuestra atención más que la anterior. Pero en lugar de sentir que lo estábamos abarcando todo, nos sentíamos dispersos y desenfocados.

Sin embargo, una vez que incorporamos el *mindfulness* a nuestro estilo de vida y comenzamos a implementarlo como un ritual, una calma increíble se apoderó de ambos. La energía positiva comenzó a fluir, como resultado del solo hecho de aceptar que estábamos en el lugar correcto en el momento adecuado, independientemente de dónde nos encontráramos.

El ajetreo no es una virtud.

La práctica del *mindfulness* se filtra en la vida cotidiana. Uno empieza a ver que el ajetreo no es una virtud. La mayoría de nuestros clientes ven el ajetreo como nosotros lo veíamos antes: como sinónimo de productividad. Pero cuando uno se vuelve consciente y se pregunta cómo puede dar un paso más presente y efectivo hacia delante, empieza a darse cuenta de qué es lo realmente importante.

Vivir todos los días de una manera que haga posible el *mindfulness* puede cambiar la vida. En el próximo apartado te ayudaremos a alcanzar esta comprensión ofreciéndote formas de priorizar conscientemente tu tiempo, abandonar el deseo de hacer todo en un día y replantearte la forma en que ves tu actividad excesiva.

El arte de priorizar conscientemente

En el momento en que admitimos ante nosotros mismos que estamos tratando de meter demasiadas cosas (tareas, obligaciones, distracciones) en un espacio relativamente pequeño (las veinticuatro horas de un día), se nos hace evidente que necesitamos despejar un poco nuestro horario. Y la priorización consciente es la clave.

Examina atentamente todo lo que estás haciendo actualmente, todo lo que intentas encajar en veinticuatro horas. ¿Cuánta televisión estás viendo por la mañana y por la noche? ¿Por qué sitios web estás navegando? ¿A qué juegos estás jugando? ¿Cuánto tiempo dedicas a enviar mensajes de texto, a mandar correos electrónicos o a actualizar las cuentas de tus redes sociales? ¿Cuánto tiempo dedicas a explorar productos accesibles por Internet? ¿Cuánto tiempo dedicas a comer, a la limpieza y a cuidar de los demás? ¿En qué otras actividades inviertes los valiosos minutos de tus días?

Sabemos lo que es comprometerse a hacer demasiado en una sola jornada. Cuando pasamos a ser padres, nuestra curva de aprendizaje se acentuó enormemente cuando otra persona pasó a dirigir nuestro tiempo. Angel comparte cómo un poco de priorización consciente la ayudó a despejar su horario y su mente como madre primeriza:

> Cuando nació Mac, lo más difícil para mí fue tener que comprometer mi tiempo, especialmente porque estaba tratando de hacer todo de una vez. Cuando estaba trabajando, deseaba estar con Mac. Me preguntaba qué estaba haciendo y me preocupaba que no estuviese pasando suficiente tiempo con él. Y luego, cuando estaba con Mac, estaba pensando en mi lista de tareas pendientes y en el trabajo que no estaba haciendo. Fue un período sorprendentemente difícil para mí; me sentía dividida en múltiples direcciones, y nunca estaba contenta con el lugar en el que me encontraba.
>
> Marc y yo comenzamos a centrarnos en nuestra presencia y a estar contentos respecto a dónde estábamos exactamente en cada

momento, y esto supuso una gran diferencia. Priorizamos nuestras tareas. Planeamos que la tía de Marc viniera a ocuparse de Mac entre las diez de la mañana y las cuatro de la tarde tres días a la semana. De esta manera, pudimos centrarnos en el trabajo. No estábamos preocupados por Mac, porque sabíamos que estaba en buenas manos, y podíamos dedicar nuestra energía a realizar las tareas laborales pertinentes. Esto implicó que cuando estábamos con Mac lo disfrutábamos al cien por cien. No estábamos preocupados por el trabajo, gracias a que habíamos priorizado nuestras tareas para mejorar nuestra capacidad de estar en el momento.

Quizá lo primero que adviertas cuando empieces a profundizar en tu ajetreo es que estás haciendo demasiadas cosas aleatorias que no es necesario hacer, que estás perdiendo demasiado el tiempo. También es posible que descubras que estás asumiendo demasiados compromisos, que un exceso de obligaciones está llenando tu vida de un estrés y una actividad innecesarios. Puedes comenzar a recuperar tu tiempo desprendiéndote de tantas distracciones y obligaciones no esenciales como sea posible, y negándote a aceptar más. Es más fácil decirlo que hacerlo, por supuesto, pero lo importante es que te des cuenta de que puedes cambiar la forma en que distribuyes tu tiempo.

Para empezar, mira tu lista de tareas: ¿cuántas es razonable que puedas hacer en las próximas veinticuatro horas? Probablemente solo entre tres y cinco, si quieres conservar la cordura. Ahora piensa en esto: ¿en qué tarea trabajarías si solo pudieses trabajar en una durante las próximas veinticuatro horas? Esta es tu prioridad número uno. Esa tarea, solamente. La verdad es que es probable que no puedas hacer todo lo que hay en tu lista en un día, y no puedes realizar tus

Solo puedes hacer una cosa en cada momento dado.

tres, cuatro o cinco tareas principales justo ahora. Solo puedes hacer una cosa en cada momento dado. Así que concéntrate en tu tarea número uno y, una vez que la hayas terminado, averigua cuál es tu próxima tarea número uno. Deja de lado todo lo demás y enfócate.

Ya hemos expuesto la idea general acerca de cómo funciona la priorización consciente. Y aquí tienes algunos principios rectores que debes tener en cuenta cuando se trata de priorizar conscientemente el conjunto de las tareas:

Si quieres lograr un objetivo o resultado significativo en tu vida, tienes que renunciar a aquello que está en conflicto con él. Esto no significa que tengas que hacer que tu vida sea innecesariamente penosa. Solo significa que no puedes tenerlo todo: debes sacrificar algo que valores menos que lo que sea que finalmente quieras lograr. Así, en lugar de pensar en lo que quieres, plantéate primero a qué estás dispuesto a renunciar para conseguirlo. No puedes tener el destino sin efectuar el viaje. Por ejemplo, si quieres marcar abdominales, también debes querer los entrenamientos duros y las comidas saludables. Entonces pregúntate: ¿por qué vale la pena que te sacrifiques? Esta pregunta arroja luz sobre tus verdaderas prioridades. Porque si tienes ganas de algo día tras día, mes tras mes, pero nunca emprendes la acción y, por tanto, nunca efectúas ningún progreso, tal vez realmente no quieras eso después de todo, porque no estás dispuesto a pasar por los sacrificios y el trabajo necesarios para conseguirlo. Quizá no sea realmente una prioridad; o, si lo es, tal vez sea hora de que efectúes algunos cambios serios.

El exceso de responsabilidades es la antítesis de vivir una vida apacible y consciente. Hay una diferencia entre estar comprometido con lo que es apropiado y estar comprometido con todo. Es tentador llenar cada minuto del día con tareas o distracciones. No te hagas esto. Date espacio. Mantén tu vida ordenada y tu agenda poco apretada. Crea una base con un lugar mullido en el que aterrizar, un amplio margen de error y un espacio para pensar y respirar.

Cuando intentas controlar demasiado, disfrutas demasiado poco. No vivas una vida llena de planes blindados. Trabaja duro, pero sé flexible. Los mejores momentos a menudo no son planeados, y las mayores lamentaciones se producen por no alcanzarse exactamente lo que se planeó. A veces solo es necesario soltar un poco, relajarse, respirar hondo y amar las cosas justo tal como son en el momento.

Cuando estás cansado, te atacan circunstancias negativas que probablemente ya superaste hace mucho tiempo. Una mente exhausta es ineficiente. Debes recargarte a diario. Esto significa recuperar el aliento, encontrar la forma de estar a solas en silencio, enfocar la atención hacia dentro y encontrar tiempo para recuperarte del caos de tu rutina. Es perfectamente saludable que hagas una pausa y dejes que el mundo gire sin contar contigo durante un rato. Si no lo haces, es probable que te quemes al reflexionar sobre problemas y circunstancias que ya no necesitan tu atención.

El arte de cambiar las prioridades conscientemente

¿Qué ocurre con todo aquello que quieres hacer (o que sientes que «deberías» hacer) que sencillamente no puedes hacer? ¿Qué vas a hacer con las tareas que no caben en las veinticuatro horas, o que no caben en ningún marco de tiempo? Aquí es donde entra en juego el arte de cambiar las prioridades.

Puedes hacer estas tareas mañana. O puedes decidir no hacerlas en absoluto. En cualquier caso, la realidad es que no habrá lugar para ellas en las próximas veinticuatro horas de tu vida. Y dado que estas cuestiones no eran tus principales prioridades, en realidad no hay ningún problema.

El problema solo surge cuando uno se siente ansioso, abrumado y frustrado porque no puede hacer todo. Pero debes darte cuenta de que la forma en que te sientes se basa en tus ideas (el pensamiento de que deberías poder hacer todo, ser todo para todos y ser sobrehumano), no en tu realidad. Entonces, tienes que ajustar tus ideas para que coincidan con la realidad. Y la realidad es que no puedes hacer todo. Solo puedes elegir hacer algunas cosas, las importantes; todo lo demás tendrá que esperar, o deberás quitarlo de tu lista.

Nosotros hemos decidido centrarnos en tres asuntos principales todos los días: nuestros clientes y alumnos, nuestra escritura y nuestra familia. Estas son las cuestiones que son más importantes para nosotros, por lo que es ahí donde enfocamos nuestra energía y nuestra presencia consciente. Una vez que comenzamos a hacer esto, pudimos ver las distracciones por lo que eran. Pudimos descartar aquello que solo *pensábamos* que eran obligaciones, porque no formaba parte de nuestras principales prioridades. Y los sacrificios que tuvimos que hacer se fueron volviendo cada vez más asumibles.

Es clave tener en cuenta que no estamos luchando para hacer sitio para veinticinco cuestiones principales. Si tienes veinticinco asuntos en tu lista de prioridades y todos son igualmente importantes para ti, el terreno de la «desatención plena» está abonado. Es imposible hacer tantas cosas en un día, lo cual lleva a la culpa y a la lamentación por aquello que no se logra realizar. Esto es lo opuesto a la presencia. Concéntrate en lo que es realmente importante y haz lo que puedas hacer hoy. Elige dos, tres o cinco cuestiones centrales en las que enfocarte. Esto es suficiente. Deja de priorizar el resto y deja de pensar que al prescindir de estas prioridades no estás haciendo lo suficiente.

A continuación, te ofrecemos dos recordatorios para ayudarte en el proceso de quitar de tu lista de prioridades, conscientemente, aquello que te impide estar presente frente a lo que realmente importa:

Decide qué harías si pudieses empezar de cero. Nuestra vida no se vuelve increíblemente complicada de la noche a la mañana, sino gradualmente. Las complicaciones se apoderan de nosotros a través de una sucesión de pequeñas decisiones.

¿Cómo podemos protegernos contra este círculo vicioso?

Tenemos que detenernos con regularidad y reevaluar nuestra situación: ¿qué pondrías en tu horario si estuviese vacío, consciente de que el tiempo del que dispones al día es limitado?

Marc podría incluir lo siguiente: tiempo para poder escribir tranquilamente y enfocado; tiempo para jugar con nuestro hijo; tiempo para hacer ejercicio y tomar el té con Angel; un largo paseo a la hora del almuerzo y una buena charla, por la tarde, con un viejo amigo con el que no ha hablado en mucho tiempo; algunas actividades de escasa duración que le importan y que benefician a los demás; tiempo para leer y aprender, y tiempo en soledad para pensar, meditar y relajarse antes de acostarse.

Y tú, ¿qué elegirías hacer con tu tiempo?

Una vez que lo tengas claro, solo debes estar atento todo el rato a las invitaciones, actividades, solicitudes y tareas que aparezcan, y preguntarte si elegirías poner eso en tu horario despejado.

Y para ayudarte a fortalecer tus decisiones...

Aprende a decir *no*. Decir *sí* a todo hará que te sientas desdichado muy pronto. La sensación de estar demasiado atareado es, a menudo, el resultado de acceder con demasiada frecuencia a lo que nos plantean los demás. Todos tenemos obligaciones, pero solo podremos encontrar un ritmo cómodo si gestionamos adecuadamente aquello a lo que accedemos. Por tanto, deja de decir que sí cuando quieras decir que no. No puedes ser alguien complaciente en todo momento; a veces tienes que establecer unos límites claros.

Es posible que tengas que negarte a realizar actividades que valen la pena: hacer ciertos favores; participar en determinados proyectos de trabajo, actividades comunitarias o comités; estar de voluntario en algún grupo; entrenar al equipo deportivo de tu hijo, etc.

Quizá estés pensando que parece injusto decir no a actividades como las mencionadas, que son muy nobles. Te duele en el alma no estar disponible para ellas. Pero debes hacerlo. Porque la alternativa es realizar un trabajo pobre y poco entusiasta en relación con cada una, estresarte sobremanera y sentirte atrapado en un ciclo interminable de fracaso y frustración. No dormirás lo suficiente, tu concentración empeorará progresivamente debido al agotamiento y, con el tiempo, te hundirás.

Por tanto, recuerda que lo único que nos mantiene a muchos atrapados en este ciclo debilitante es la fantasía que alojamos en nuestra mente de que podemos ser todo para todos, en todas partes a la vez, y unos héroes en todos los frentes. Pero insisto en que esta no es la realidad. La verdad es que no somos Superman ni la Mujer Maravilla; somos humanos y tenemos unos límites. Debemos soltar la idea de hacer todo, complacer a todos y estar en todas partes al mismo tiempo. O harás bien algunas cosas o, si haces muchas, las harás todas mal. Estos son los hechos.

El arte de replantear conscientemente

Una vez que estés gestionando mejor tus prioridades, deberás replantearte tu forma de pensar en general sobre el ajetreo que te abruma.

Como seres humanos, lo ocupados que *pensamos* que estamos amplifica lo abrumados que nos sentimos. Es decir, las historias que nos contamos sobre la vida pueden incrementar o aliviar nuestro grado de estrés de forma drástica. Por eso es fundamental que nos replanteemos la manera que tenemos de pensar a este respecto.

En una sesión de *coaching* reciente, Rebecca, esposa y madre de tres hijos, propietaria de un próspero negocio centrado en la fotografía, nos contó cómo reformuló la forma de pensar sobre su vida:

> Antes decía que mi vida era abrumadora y ajetreada, pero ya no lo digo. Ahora la veo como excepcionalmente rica e interesante.

> Me siento empoderada por los desafíos que afronto en los ámbitos personal y profesional. No estoy en modo negación. Acabo muchos días exhausta, pero ahora es un tipo de agotamiento satisfactorio: [al final del día sé que] he hecho lo que he podido y lo mejor que he podido, y esto me hace sentir bien. Por supuesto, hay días en los que debo asumir obligaciones difíciles, pero no hay problema; estas obligaciones solamente arrojan luz sobre mis prioridades. No puedo hacer todo, pero puedo dar lo mejor de mí. Puedo actuar por las razones correctas. Y puedo hacer que las personas sientan mi cariño y mi respeto.

Al aplicar un nuevo marco conceptual a las partes de su vida que había descrito anteriormente como abrumadoras, Rebecca pudo ver su situación bajo una nueva luz: vio que estaba dando lo mejor de sí, que estaba actuando por las razones correctas y que sus actos estaban ayudando a los demás a sentirse valorados.

El filósofo griego Epicteto lo dijo perfectamente hace más de dos mil años:

> Las personas se ven perturbadas no por las cosas [que les suceden], sino por los principios y las opiniones que se forman sobre [esas] cosas. Cuando estemos frustrados, perturbados o afligidos, no lo atribuyamos nunca a los demás, sino a nosotros mismos; es decir, a nuestros propios principios y opiniones.

La ciencia del comportamiento moderna afirma lo mismo. El psicólogo estadounidense Albert Ellis, famoso por desarrollar la terapia racional emotiva conductual (REBT, por sus siglas en inglés), ha demostrado que la forma en que las personas reaccionan a los sucesos está determinada principalmente por su visión de ellos, no por los sucesos en sí.

A veces, cambiar las circunstancias no es posible, al menos enseguida. No puedes obtener un nuevo empleo en un instante. No puedes hacer que otra persona cambie en contra de su voluntad. Y, por supuesto, no puedes borrar el pasado. Pero lo que sí puedes hacer, con absoluta certeza, es cambiar tu percepción, tus creencias y tus opiniones sobre tus circunstancias. Hacerlo te ayudará a cambiar tu actitud y, en última instancia, te permitirá crecer más allá de las dificultades que no puedes controlar.

La conclusión es que siempre tienes opciones. Aquí tienes algunos recordatorios que te ayudarán a reformular conscientemente tu situación y a comenzar a ver tu vida como rica e interesante en lugar de sobrecargada:

Tu única realidad es este momento, aquí y ahora. El secreto para la salud de la mente, el cuerpo y el alma no es llorar por el pasado o preocuparse por el futuro, sino vivir el momento presente con atención y determinación. La verdadera riqueza es la capacidad de experimentar el momento presente totalmente. No hay ningún otro momento ni lugar que sea real. La paz y la abundancia permanentes se pueden encontrar en una toma de conciencia tan simple como esta.

Un pensamiento negativo es inofensivo a menos que te lo creas. No son tus pensamientos, sino *tu apego a tus pensamientos*, lo que te ocasiona sufrimiento. Apegarse a un pensamiento significa creer que es verdad sin que haya pruebas de ello. Una creencia es un pensamiento al que nos hemos apegado, a menudo durante años.

No serás castigado a causa de tu ira; serás castigado por la ira misma. Si hablas y actúas estando enojado, inevitablemente dirás algo de lo que te arrepentirás. Estar enojado por algo y mostrarse dramático es fácil; hacer algo productivo al respecto es lo difícil y lo que vale la pena. La vida es demasiado valiosa y demasiado corta para pasarla enfadados e instalados en el drama. Suelta los dramas. Sé positivo. Sé la mejor versión de ti mismo.

La paz interior consiste en saber cómo pertenecer a uno mismo, sin que nadie tenga que aprobarlo. Para entender el mundo, en ocasiones hay que alejarse de él. A veces, la necesidad de justificarse ante los demás hace que uno deje de estar en paz con sus propios pensamientos. No busques que nadie te dé permiso para ser tú mismo ni que apruebe tus actos para ser feliz en el momento presente.

Todo se crea dos veces, primero en la propia mente y después en la propia vida. La verdadera batalla tiene lugar en la mente primero. Si te ves derrotado en tus pensamientos, ya has perdido. Recuerda esto. Aunque tengas una buena razón para estar enojado o resentido, no lo estés. Canaliza tu energía hacia pensamientos y actos que realmente vayan a beneficiar tu vida.

Ahora que nos acercamos al final del capítulo, es importante que recordemos que el mayor enemigo de la buena forma de pensar y el *mindfulness* es el exceso de ocupaciones. Todos pasamos por temporadas en las que tenemos el horario muy lleno, pero muy pocos tenemos la verdadera necesidad de estar ocupados todo el tiempo. Con demasiada frecuencia, todo lo que ocurre es que no sabemos establecer bien las prioridades y decir que no cuando deberíamos hacerlo.

Por otro lado, cultivar la presencia en cualquier momento nos permite enfocarnos en aquello que realmente *podemos* controlar, lo cual es la clave para recuperar la felicidad. Lo hemos repetido una y otra vez: sea lo que sea lo que esté ocurriendo en nuestra vida, solo podemos librar la batalla de hoy. Gran parte del estrés, el resentimiento y la preocupación que tenemos derivan de que canalizamos nuestro enfoque hacia las

Solo podemos librar la batalla de hoy.

posibilidades de tiempos y lugares que se encuentran fuera del aquí y el ahora. Aunque el hecho de estar muy ocupados puede hacernos sentir más vivos por un momento, mañana o en nuestro lecho de muerte desearemos, inevitablemente, haber pasado menos tiempo en medio del bullicio del ajetreo y más tiempo viviendo una vida consciente y dotada de propósito.

Ejercicio final

En el capítulo uno hablábamos sobre la importancia de los rituales, y contar con un ritual diario que nos ayude a practicar la presencia puede sernos tremendamente útil. Aquí tienes algunas prácticas breves de *mindfulness* que te ayudarán a centrarte y estar presente, estés donde estés y sea cual sea tu estado mental:

- Efectúa un repaso corporal rápido. Concéntrate en tu cuerpo y observa cómo sientes cada una de sus partes en este momento. Haz esto durante treinta segundos.
- Presta atención a tu respiración durante sesenta segundos. Escúchala y siéntela.
- Observa los pensamientos que tienes sobre preocupaciones, miedos, juicios, dudas e ideales durante sesenta segundos. Reconoce que no son más que pensamientos; no necesitas creerlos o reaccionar ante ellos.
- Camina conscientemente, prestando atención a tus pies, tu cuerpo, tu respiración y tu entorno.

Puedes realizar cada una de estas prácticas breves de atención plena en pequeños lapsos, cuando necesites hacerlas durante el día. Recuerda que no tienes que meditar durante treinta minutos para obtener los beneficios del *mindfulness*; solo con que apliques la atención consciente de forma enfocada durante dos minutos puedes verte muy beneficiado. La clave es que conviertas estas prácticas en un ritual y las hagas todos los días.

Finalmente, si necesitas un poco de inspiración extra, aquí tienes siete recordatorios que ayudan a estar presente y conservar la perspectiva. Cuando la vida se pone frenética y nos sentimos abrumados, nosotros dos reflexionamos sobre estos recordatorios durante el tiempo que necesitemos para cambiar nuestro punto de vista. Te alentamos a hacer lo mismo.

1. El mejor momento para respirar profundamente es cuando no nos apetece, porque es en esas ocasiones cuando hacerlo puede tener la mayor repercusión.
2. El estrés y la sensación de agobio provienen de la forma en que respondemos, no de la forma en que es la vida. Modifica tu actitud y estas sensaciones desaparecerán. Tú controlas la forma en que miras la vida.
3. Aquello a lo que prestamos atención se hace más grande. Enfócate exclusivamente en lo que es importante y suelta lo que no lo es.
4. Está bien. Muéstrate un poco de amor. No podemos hacer todo por todos en cada situación. Haz lo que puedas y hazlo con un corazón alegre.
5. La preocupación, la frustración, la ira y la procrastinación te harán sentir cansado. El esfuerzo real y honesto, por el contrario, te dará energía. Actúa de acuerdo con ello.
6. Sigue adelante, un paso tras otro. El verdadero propósito no tiene un límite de tiempo ni un plazo temporal. Concéntrate en el paso que estás dando.
7. Sean cuales sean las circunstancias, solo puedes librar las batallas de hoy. La vida solo se vuelve demasiado complicada cuando le añadimos las infinitas batallas de ayer y mañana.

Cuando reemplaces el ajetreo por el *mindfulness*, encontrarás que el camino se ensancha para que puedas cumplir con las prioridades que son más importantes para ti.

CAPÍTULO 3

Soltar: renuncia a los apegos que te están reteniendo

Acepta lo que es, deja lo que fue y ten fe en tu viaje.

«Ayer por la tarde mi hermana gemela me llamó desde su habitación del hospital. Llevaba casi un año en coma. De hecho, pasamos toda la noche juntas, hablando y riendo. Todavía está débil, por supuesto, pero empezar la temporada navideña y pasar el Año Nuevo con mi hermana a mi lado es una sensación que tiene un valor incalculable».

Este fue el primer párrafo de un correo electrónico que recibimos en diciembre pasado por parte de una lectora llamada Amber. Nos llamó la atención por razones obvias.

A continuación, Amber decía:

Pero ¿sabéis qué es lo realmente significativo? Un mes antes del accidente de mi hermana, tuvimos una discusión ridícula y no nos hablamos durante todo ese mes. Y hoy, la verdad, ninguna de las dos puede recordar por qué estábamos tan enojadas. ¡Estoy tan agradecida de que pudiéramos dejarlo correr y tener otra oportunidad de querernos! Solo estábamos siendo tercas y aferrándonos a los pensamientos equivocados.

Una magnífica llamada de atención y un excelente recordatorio para todos de la conveniencia de *soltar*. Soltar consiste en abandonar los propios apegos y expectativas sobre cómo «deben ser» las cosas para ser lo bastante buenos en este momento, lo que deja espacio libre en nuestra vida para crear un mañana aún mejor. A menudo nos aferramos a una idea de lo que *debería* haber sucedido o de cómo *deberían* ser las cosas. Dejamos que el peso de estos pensamientos descanse sobre nuestros hombros e interfiera en nuestra capacidad de dar nuestro mejor paso adelante hoy. Pero esto es, en cierto sentido, aferrarse a algo que no es real. Es agarrarse a una expectativa de cómo creemos que debería haber sido la vida, porque queremos controlar la trama.

Sabemos lo difícil que puede ser dejar de lado las ideas relativas a lo que creemos que debería ser y, en lugar de ello, centrarnos en lo que es y lo que podemos hacer al respecto. Como decíamos en la introducción, uno de nuestros mejores amigos murió inesperadamente cuando estábamos al final de la veintena, y poco después el hermano de Angel se suicidó. En los meses subsiguientes, Angel vio cómo su dolor le permitía prestar atención al acto de soltar y comprender el poder de este acto. Al principio, se encontró en medio del dolor y el luto, y no pudo afrontar la realidad de la situación. Perder a esas dos personas en tan poco tiempo le resultó increíblemente difícil, y le llevó meses recuperarse y reconocer realmente lo que había sucedido.

Mientras no dio un paso atrás para apreciar todo el tiempo que pudo pasar con ellos y reconocer los grandes recuerdos y la fortuna que tuvo de haberlos conocido, no fue capaz de dejar de pensar que sus muertes no deberían haberse producido. Se dio cuenta de que su partida era algo que no podía controlar, y de que pensar que podía controlarla era una idea que acabaría por hundirla si seguía aferrándose a ella. Pero una vez que dejó de desear poder traerlos de vuelta de alguna manera, pudo encontrar formas de honrar los recuerdos de su hermano y nuestro amigo y ayudarlos a pervivir.

Finalmente, aprendimos a apreciar que aunque la muerte es un final, también es una parte necesaria de la vida. Y aunque los finales como estos a menudo parecen feos, también son imprescindibles para que haya belleza, pues sería imposible apreciar a alguien o algo que fuese ilimitado. Los límites iluminan la belleza, y la muerte es el límite último, un recordatorio de que debemos ser conscientes de esa hermosa persona y apreciar eso tan hermoso llamado vida. La muerte también es un comienzo, porque si bien hemos perdido a alguien especial, ese final, como ocurre con la pérdida de cualquier situación maravillosa de la vida, constituye un momento de reinvención. Aunque nos deje profundamente tristes, su fallecimiento nos obliga a reinventar nuestras vidas, y esta reinvención es una oportunidad de experimentar la belleza de formas y en lugares nuevos y desconocidos. Y, finalmente, la muerte es una oportunidad para celebrar la vida de una persona y para agradecer la belleza que nos mostró.

Como seres humanos, a veces nos acostumbramos al peso de la aflicción. Por ejemplo, Angel a menudo le dice a la gente: «Mi hermano morirá una y otra vez durante el resto de mi vida, y estoy bien con esto; me mantiene más cerca de él». Esta era la forma en que Angel nos recordaba que la aflicción no desaparece, incluso cuando soltamos a una persona. Paso a paso, respiración tras respiración, se convierte en parte de nosotros, y esto puede ser saludable. Aunque es posible que nunca dejemos de llorar totalmente a los seres que hemos perdido, porque nunca dejamos de amarlos, podemos apoyarnos en el amor que sentimos por ellos en el presente. Podemos amarlos y emularlos viviendo inspirados a diario por su grandeza.

También hemos visto el poder que tiene soltar relaciones que ya no encajan con nosotros en el punto en que estamos en nuestra vida; se trata de personas que, por cualquier razón, ya no están en armonía con nuestros sueños y objetivos. No hace mucho tiempo, nos fuimos dando cuenta de que uno de nuestros amigos de la infancia, vamos a llamarlo John, comenzaba a convertirse en una presencia tóxica en nuestra vida. Marc y John habían sido amigos desde la escuela primaria, hasta que Marc finalmente le dijo: «¡Ya es suficiente!». Aunque habían crecido juntos, habían terminado en planetas diferentes en cuanto a los valores fundamentales que albergaban. John creía que había una manera correcta de hacer las cosas: ir a la universidad, obtener un título, conseguir un trabajo y dedicar cada momento de la vida a trepar por la escalera corporativa. Marc, sin embargo, tenía otros planes.

Aunque Marc obtuvo un título y un buen trabajo cuando salió de la universidad, en nuestro tiempo libre como pareja, en medio de nuestra lucha continua para lidiar con la pérdida, también habíamos comenzado a escribir artículos en nuestro blog, *Marc & Angel Hack Life*. Pero cuando el alcance del blog creció, nos encontramos con que John cuestionaba nuestro éxito a diario. Cada vez que Marc compartía una de nuestras pequeñas historias de éxito, John decía algo negativo como: «¿Y qué? Es solo un blog. Yo también tengo uno».

Luego, cuando dejamos nuestro trabajo para dedicarnos al blog a tiempo completo, John básicamente le dijo a Marc que fracasaríamos.

–¡Esto es ridículo! Teníais unos buenos empleos –dijo–. Solo estáis jugando con fuego económicamente, si quieres saber mi opinión.

A lo que Marc finalmente respondió:

–¡No te la he pedido!

Ese fue el principio del fin de la amistad entre Marc y John. Años más tarde, su relación es una mera sombra de lo que había sido, y nuestra vida es sinceramente mucho mejor debido a ello. «Soltar» a ese amigo no fue fácil para Marc, pero fue necesario para su propio bienestar y crecimiento.

Es triste pero cierto: independientemente de lo que hagas o de la medida en que te expliques, algunas personas tendrán una evolución que las irá apartando de aquello que valoras en la vida y del tipo de persona que quieres ser. Con el paso del tiempo, irán demostrando una y otra vez que ya no son afines a tus valores y necesidades. Somos el promedio de las cinco personas con las que pasamos más tiempo. Así que estate dispuesto a desprenderte de las relaciones u opiniones que no te ayudan a convertirte en la mejor versión de ti mismo, o al menos a distanciarte de ellas temporalmente.

Señales de que es hora de soltar

Cuando uno está lidiando con la pérdida de un ser querido, una relación tóxica, un mal hábito o algún otro aspecto que no está satisfaciendo sus necesidades, no siempre le es fácil saber cuándo soltarlo. La mayoría de las veces, nos es difícil reconocer lo que realmente necesitamos y que nuestra vida podría verse beneficiada si soltamos algunas cosas. Si has sentido algo de lo siguiente, tal vez sea hora de que vuelvas a evaluar tu situación.

Alguien espera todo el rato que seas alguien que no eres

Una buena relación requiere dos cosas: primero, apreciar las similitudes, y segundo, respetar las diferencias. Así que sé cordial, pero no cambies totalmente tu forma de ser para contentar a otra persona (para satisfacer lo que quiere ver en ti o su idea de lo que es mejor para ti).

Si alguien espera que seas alguien que no eres, da un paso atrás. Es más inteligente perder relaciones por ser uno quien es que mantenerlas intactas fingiendo ser otra persona. Es más fácil soportar una ligera angustia y conocer a alguien nuevo que reconstruir una identidad destrozada. Es más sencillo llenar un espacio vacío en la propia vida que antes ocupaba alguien que llenar el espacio vacío interior en el que *uno mismo* se encontraba.

Los actos de una persona no concuerdan con sus palabras

Ten cuidado con quienes solo te dicen lo que quieres oír. Es muy fácil creer a alguien cuando te dice exactamente lo que quieres oír, pero también hay que ver qué es lo que hace esa persona. Los actos dicen más que las palabras; de hecho, dicen toda la verdad.

Todos merecemos contar con alguien que nos ayude a mirar hacia delante. Si alguien tiene el efecto contrario en ti porque es siempre incoherente y sus actos nunca concuerdan con sus palabras, puede ser hora de dejar que esa persona se aleje de tu vida. Siempre es mejor estar solo que mal acompañado. Al final, la verdadera amistad es una promesa efectuada en el corazón: silenciosa, no escrita, que no puede ser rota por la distancia ni cambiada por el tiempo. Así que no te limites a escuchar lo que dicen tus amigos; mira lo que hacen a largo plazo. Tus verdaderos amigos se revelarán poco a poco.

Tienes el hábito de desanimarte y autocompadecerte

Si no te gusta algo, cámbialo. Si no puedes cambiarlo, cambia tu forma de pensar al respecto. Ser lastimado es algo que no se puede controlar, pero sentirse desgraciado es siempre una elección. Por mal que estén las cosas, uno siempre puede empeorarlas. El pensamiento negativo da lugar a resultados negativos. El pensamiento positivo da lugar a resultados positivos. Punto. Los únicos límites a las posibilidades de tu vida de mañana son los «peros» a los que acudes hoy.

Si no te gusta algo, cámbialo.

Al final te darás cuenta de que la felicidad no es la ausencia de problemas, sino la capacidad de lidiar bien con ellos. Imagina todas las maravillas que tu mente podría abarcar si no estuviera tan centrada en tus dificultades. Mira siempre lo que tienes en lugar de lo que has perdido. Porque no es lo que el mundo nos quita lo que cuenta, sino lo que hacemos con lo que nos queda.

Te estás aferrando a la mentalidad de que las cosas deben ser fáciles

Los grandes logros no son fáciles, ¡pero valen la pena! Así que olvida cómo te sientes y recuerda lo que mereces. *Este momento* es siempre el mejor para salir del caparazón. Debes arriesgarte, cometer errores y aprender las lecciones que se te presenten a lo largo del camino.

Los grandes desafíos a menudo nos preparan para un éxito extraordinario. Cada dificultad nos presenta una experiencia o una lección. Un gran viaje nunca es fácil, y ninguna dosis de adversidad que se presente en nuestro camino es una pérdida de tiempo si aprendemos de ella y crecemos a partir de ella.

Recuerda que una flecha solo puede dispararse tirando de ella hacia atrás. Cuando la vida nos echa hacia atrás planteándonos dificultades, esto significa que acabará por lanzarnos hacia delante en una dirección positiva, siempre y cuando nos mantengamos focalizados. ¡Así que conserva el enfoque y sigue apuntando!

Realmente te gusta tu situación actual

En la vida, siempre es mejor estar al pie de la escalera que se desea subir que en la parte superior de aquella que no se quiere subir. Así que no dejes que las personas que renunciaron a sus objetivos te convenzan de que tú renuncies a los tuyos. Lo mejor que puedes hacer en la mayoría de las situaciones es seguir tu intuición. Asume riesgos. No te limites a tomar las decisiones seguras y fáciles por el miedo a lo que pueda suceder. Si te quedas con lo fácil, nunca pasará nada bueno.

No siempre se trata de arreglar lo que está roto. A veces se trata de volver a empezar y crear algo nuevo. En ocasiones es necesario distanciarse para ver las cosas con claridad. A veces, fortalecerse significa prescindir de los viejos hábitos, relaciones y circunstancias, y encontrar algo diferente que realmente nos motive, algo que nos emocione tanto que estemos impacientes por salir de la cama por la mañana. *Vivir* consiste en esto. No te conformes con la configuración predeterminada en la vida, cuando puedes personalizarla.

Tus objetivos y necesidades pueden cambiar, y eso está bien. Lo que fue correcto para ti anteriormente no es necesariamente correcto para ti ahora. A veces, la parte más difícil de soltar consiste en que uno se dé cuenta de que ha cambiado y luego aprenda a comenzar otra vez con su nueva verdad. Si descubres que ya no estás aprendiendo nada nuevo, tal vez sea hora de que sueltes algunas cosas.

Ves que estás obsesionado por el pasado y viviendo en este

El aferramiento a lo que ya no existe nos detiene a muchos de nosotros. Nos pasamos la inmensa mayor parte de nuestra vida contando el pasado y dejando que dirija el curso del presente. Si todo lo que haces es intentar revivir algo que ya sucedió, te estás perdiendo el momento. No pierdas el tiempo tratando de vivir en otro tiempo y lugar. ¡Suelta el pasado! Hay que aceptar el final de algo para construir algo nuevo. Así que cierra algunas puertas viejas hoy. No por orgullo, incapacidad o egoísmo, sino porque ya entraste por cada una de ellas y te diste cuenta de que no conducían a ninguna parte.

Por ejemplo, el hecho de cargar con el peso de la ira, el resentimiento y el odio por eventos pasados no solo te detendrá, sino que también evitará que aproveches las bendiciones y oportunidades actuales. Incluso después de los momentos más difíciles acabarás por superar la congoja y olvidarás las razones por las que lloraste y quién ocasionó el dolor. Te darás cuenta de que el secreto de la felicidad y la libertad no es el control o la venganza, sino dejar que los sucesos se desarrollen de forma natural y aprender de las propias experiencias con el tiempo. Y esto se aprende más rápido cuando se suelta de forma consciente.

El espacio mental que se crea al soltar lo que ya quedó atrás nos da la oportunidad de llenar ese espacio con algo nuevo y valioso. Así que deja el pasado, libérate y abre tu mente a la posibilidad de un nuevo comienzo.

Sobre todo, recuerda que el único adjetivo que nos define desde nuestro nacimiento es *humano*. Olvidamos esta realidad tan simple muy a menudo. Empeñarnos en que somos alguien *deprimido*, *divorciado*, *enfermo*, *rechazado* o *pobre* es ser como la lluvia, que no sabe que también es las nubes, o como el hielo, que olvida que es agua. Porque somos mucho más que la forma en la que estamos actualmente. Y nosotros, como el viento, el agua y el cielo, cambiaremos de forma muchas veces a lo largo de nuestra vida, mientras seguimos convirtiéndonos en nuestro auténtico yo.

Cómo soltar y seguir adelante

Hay una cita que vale la pena recordar a la hora de pensar acerca de cuánto nos gustaría controlar todos los aspectos de nuestra vida: «Si quieres controlar a los animales, dales un pasto más grande». Si tienes un pasto lleno de animales y todos están alborotados, ¿realmente puedes esperar poder controlarlos?

No.

Lo que puedes hacer es darles un pasto más grande. Déjalos vagar. Déjalos pastar y que caminen por ahí. Al darles algo de espacio adicional, verás que renunciar al control puede ser liberador e incluso puede darte una nueva perspectiva sobre lo que es realmente importante.

Esta misma filosofía es válida para muchos aspectos de la vida: dar un paso atrás y permitir que sucedan ciertas cosas significa que estas cuestiones se resolverán solas y que nuestras necesidades también serán satisfechas. Tendremos menos estrés (y menos que hacer) y más tiempo y energía para trabajar en aquello que realmente importa, es decir, en aquello que realmente podemos controlar, como nuestra actitud respecto a todo.

Esta forma de soltar no es darse por vencido. Consiste en deponer cualquier apego obsesivo a unas personas, unos resultados y unas situaciones en concreto. Consiste en vivir todos los días con la intención de ser nuestra mejor versión, sin esperar que la vida vaya de cierta manera. Ten metas y sueños, toma medidas decididas y construye unas relaciones excelentes, pero desapégate de la idea de cómo crees que «debe» ser cada aspecto de tu existencia.

Una gran parte de este tipo de rendición liberadora consiste en llevar a cabo la práctica diaria de ser testigo de los propios pensamientos perturbadores. Durante la última década, al trabajar con miles de personas, hemos llegado a comprender que la causa fundamental de la mayor parte del estrés humano es nuestra obstinada propensión a aferrarnos a los pensamientos estresantes. En pocas palabras, nos agarramos a la esperanza de que las cosas salgan exactamente como imaginamos, y después nos complicamos la vida de forma incesante cuando lo que hemos imaginado no se corresponde con la realidad.

Entonces, ¿cómo podemos soltar y vivir mejor? En primer lugar, dándonos cuenta de que no hay nada a lo que aferrarse. La mayoría de las cosas (situaciones, problemas, preocupaciones, ideales, expectativas, etc.) que tratamos desesperadamente de agarrar, como si fueran elementos reales, sólidos y eternos en nuestra vida, en realidad no están ahí. O si están ahí de alguna forma, esos elementos son cambiantes, fluidos, impermanentes o principalmente creados en nuestra mente.

Pasa a ser mucho más fácil lidiar con la vida cuando se entiende esto.

Imagina que estás con los ojos vendados flotando en el agua en el centro de una gran piscina y que estás luchando desesperadamente por agarrar uno de los bordes, que crees que está cerca, si bien realmente no lo está; se encuentra muy lejos. Intentar asir ese borde imaginario te estresa y te cansa mientras chapoteas sin rumbo, alargando los brazos para agarrar algo que no está ahí.

Ahora imagina que haces una pausa, respiras hondo y te das cuenta de que no hay nada cerca a lo que agarrarte, sino que solo hay agua a tu alrededor. Puedes seguir luchando para aferrarte a algo que no existe, o puedes aceptar que solo hay agua a tu alrededor, relajarte y flotar.

Este es el arte de soltar. Y empieza con nuestra forma de pensar.

Ser un testigo

El hecho de que el mundo que te rodea sea confuso y caótico no significa que el mundo que hay dentro de ti también tenga que serlo. Puedes erradicar la confusión y el caos que moran en tu interior creados por otras personas, el pasado, los sucesos incontrolables o tu estado de ánimo general, siendo un mero testigo de tus pensamientos. Al principio se trata solamente de que los percibas, sin interferir en ellos y sin ni siquiera juzgarlos, porque si los juzgas con demasiada rapidez habrás perdido el testigo puro. En el momento en que te apresures a decir «esto es bueno» o «esto es malo», ya te habrás agarrado al caos.

Se necesita un poco de tiempo para crear una brecha entre la observación de los pensamientos y la reacción a ellos. Sin embargo, cuando la brecha esté ahí, te encontrarás con una gran sorpresa: descubrirás que no eres los pensamientos mismos o el caos que influye en ellos. Eres solamente un observador, capaz de soltar, cambiar de opinión y elevarse por encima de la agitación.

Este proceso de observación del pensamiento es la alquimia del *mindfulness* del que hablábamos en el capítulo dos. Porque a medida que nos vamos arraigando cada vez más en la observación desapegada, los pensamientos confusos y caóticos comienzan a desaparecer. Estamos pensando, pero la mente no aloja un parloteo desprovisto de sentido. Estamos flotando, sin ningún peso extra y con mucho menos esfuerzo. Es un momento de claridad, en el que nos convertimos, quizá por primera vez, en seres humanos incondicionados y verdaderamente libres.

Por lo tanto, hoy, permite que esto te recuerde que te conviene soltar todas las pequeñas molestias. Desenvuélvete en el día a día con conciencia. Trata de percibir al menos una frustración insignificante que normalmente te molestaría. Luego hazte un favor y suéltala, sin más. Experimenta, de esta manera tan simple, la libertad de tener el control sobre cómo te sientes. Y date cuenta de que puedes extender este mismo grado de control a todas las situaciones que te encuentres en la vida.

Casi en cualquier momento dado, la forma en que nos sentimos es la forma en que elegimos sentirnos, y la forma en que reaccionamos es la forma en que elegimos reaccionar. Cuando soltamos, pensamos mejor y vivimos mejor. En lugar de intentar hacer encajar tus pensamientos y preocupaciones en el pequeño espacio al que crees que pertenecen, haz todo lo posible para soltarlos. Y sí, esto se puede hacer incluso si el pasado es doloroso. Aferrarse es como creer que solo existe el pasado; en cambio, soltar y seguir adelante es saber de corazón que hay un futuro brillante por delante.

Uno de nuestros lectores, Evan, estaba atravesando un momento difícil hace poco; estaba resistiéndose a soltar una relación fallida, y la negatividad de esa relación estaba paralizando su pensamiento e influyendo en su vida diaria. En un correo electrónico que nos envió, explicó los signos y síntomas de esa relación tóxica, que se había ido deteriorando a lo largo de muchos años. Admitió que tenía que soltarla, pero se resistía a hacerlo porque eso significaba que por fin debería afrontar la realidad, lo cual requeriría que soltara las creencias que tenía sobre cómo se suponía que irían su vida y su relación. Una frase de su correo resumía bien esta situación: «Estoy aprendiendo por las malas que lo más difícil en la vida es soltar, sin más, lo que creías que era real».

Como señaló Evan, es difícil soltar y seguir adelante. Implica afrontar los miedos y las decepciones del pasado que atan la propia alma, y este proceso puede ser aterrador. Debes aprender a aceptar este miedo para poder comenzar a superarlo. Si sientes que necesitas soltar algo pero no has sido capaz de hacerlo, debes saber que no eres el único. Aceptar las cosas tal como son, soltar y seguir adelante son habilidades que todos debemos aprender a la hora de afrontar las realidades de la vida, pero se necesita tiempo para dominarlas. Aquí tienes algunas estrategias y perspectivas adicionales que te ayudarán a lograrlo:

Acepta la verdad y sé agradecido. Soltar es estar agradecidos por las experiencias que nos hicieron reír, nos hicieron llorar y nos ayudaron a aprender y crecer. Es la aceptación de todo lo que tenemos, todo lo que una vez tuvimos y las posibilidades que nos aguardan. Se trata de encontrar la fuerza para acoger los cambios de la vida, con gratitud.

Distánciate durante un tiempo. A veces es necesario retroceder unos pasos para ver una situación con mayor claridad. La mejor manera de hacerlo es «tomarse un descanso» y explorar otro asunto durante un tiempo. Después podemos regresar al punto de partida y ver la situación original bajo una nueva luz. Y puede ser que las personas implicadas también nos vean de manera diferente. Regresar al punto de partida es totalmente distinto de no haberse ido nunca.

Enfócate solamente en lo que se pueda cambiar. Date cuenta de que no todo en la vida puede ser modificado o perfectamente entendido. Vive, suelta, aprende lo que puedas y no desperdicies energía preocupándote por aquello sobre lo que no puedes influir. Concéntrate exclusivamente en lo que puedas modificar, y si no puedes cambiar algo que no te gusta, cambia tu forma de pensar sobre ello. Revisa tus opciones y resitúa lo que no te gusta en un nuevo punto de partida para lograr algo mejor.

Reclama la propiedad de tu vida y el control total de esta. Ninguna otra persona es responsable por ti. Tienes el control total de tu ser. A lo largo de la vida, es posible que hayas aprendido que debes culpar a tus padres, a tus profesores, a tus mentores, al sistema educativo, al Gobierno, etc., pero nunca a ti mismo. Nunca es culpa tuya, ¿verdad? ¡Pues no! La culpa es siempre tuya, porque si quieres cambiar, si quieres soltar y seguir con tu vida, eres la única persona que puede hacerlo.

Enfócate en tu interior. Sí, es importante ayudar a los demás, pero debes comenzar por ti mismo. Si estás buscando fuera de ti para encontrar dónde encajar o cómo puedes tener un impacto, mira dentro de ti. Revisa quién eres, el estilo de vida que estás llevando actualmente y qué es lo que te hace sentir vivo. Después nutre todo esto y efectúa ajustes positivos hasta que tu vida actual ya no pueda contenerlo, forzándote a crecer y superar tus circunstancias actuales.

Encuentra otras compañías. Algunas personas vienen a tu vida solo para ayudarte a volverte más fuerte y para que puedas seguir adelante sin ellas. Se supone que deben formar parte de tus recuerdos, no de tu destino. Cuando tienes que comenzar a poner en riesgo tu felicidad y tu potencial a causa de la gente que te rodea, es hora de que empieces a pasar tu tiempo con otras personas. Es hora de que acudas a reuniones locales, asistas a conferencias, te conectes en línea y encuentres un clan más solidario.

Arriésgate. Cuando la vida te plantea un desafío, hay una razón para ello; el objetivo es poner a prueba tu coraje y tu disposición a efectuar un cambio y arriesgarte con algo nuevo. La vida solo se mueve en una dirección: hacia delante. Este desafío es tu oportunidad de soltar lo viejo y dejar paso a lo nuevo. Tu destino espera tu decisión.

Enfócate en el día de hoy. Puedes decidir ahora mismo que las experiencias negativas de tu pasado no constituyan el presagio de tu futuro. Averigua cuál es el siguiente paso positivo que te conviene dar, por más pequeño o difícil que sea. Y da este paso adelante sin dudar, sin mirar atrás.

Perdona con todo tu corazón, tan a menudo como sea necesario. El perdón es la actitud constante de elegir la felicidad en lugar del dolor y la aceptación en lugar de la resistencia. Se trata de reconocer que todos nos equivocamos a veces; incluso los mejores de nosotros hacemos, en ocasiones, tonterías que pueden tener graves consecuencias. Pero esto no significa que seamos malvados y no se nos pueda perdonar, o que nunca más se pueda confiar en nosotros. Sé consciente de esto y reflexiona al respecto. Perdonar puede requerir tiempo, porque se necesita fuerza para ello. Porque cuando perdonamos, amamos con todas nuestras fuerzas. Este perdón, el verdadero perdón, nos lleva a un lugar en el que podemos decir con sinceridad: «Gracias por esa experiencia».

Acepta tus peculiaridades, tus errores y el hecho de que la vida es una lección. La vida es un viaje. Las cosas cambian, la gente cambia, pero tú siempre serás tú; así que mantente fiel a ti mismo y no sacrifiques nunca quién eres por nadie ni por nada. Tienes que atreverte a ser tú mismo, en este momento, por más atemorizante o extraño que se revele tu ser. Se trata de que te des cuenta de que incluso en tus días más flojos te volverás un poco más fuerte si estás dispuesto a aprender. Esta es la razón por la cual a veces lo mejor que se puede derivar de todos los problemas y el trabajo duro no es lo que obtenemos, sino en quién nos convertimos.

Alimenta tu autoestima. A veces, la parte más difícil del viaje es creer que somos dignos de él. ¡Lo eres! Así que cuida tu mente y deja de albergar cualquier pensamiento de autodesprecio. Recuerda que una vez, en un momento de honestidad que te pilló desprevenido, te reconociste como un amigo digno. El mundo comienza a responder cuando creemos esto de nosotros mismos. No siempre lo hace como pensábamos que lo haría, pero los cambios positivos se producen cuando empezamos a reconocer y aceptar nuestra propia valía.

Haz todo con un toque de amabilidad. En las situaciones difíciles, hay tres cosas que son de vital importancia: la primera es ser amable; la segunda es ser amable; y la tercera es, lo has adivinado, ser amable. Cualquier cosa que hagamos se puede hacer de manera más efectiva si le añadimos amabilidad. Todo aquello que digamos será siempre más convincente si lo expresamos con amabilidad. Los actos amables realizados en un solo momento pueden tener un impacto positivo durante toda una vida. Tus días serán más brillantes y tus años más plenos si incorporas la amabilidad a tu propósito. Elige ser amable todos los días y estarás eligiendo vivir en un mundo menos estresado y más feliz.

Finalmente, es crucial recordarse una y otra vez que soltar *no* es darse por vencido. Soltar es renunciar a cualquier apego poco saludable a unas personas, unos resultados y unas situaciones específicos. Significa tener, todos los días, la intención de ser la mejor versión de uno mismo y hacer lo mejor que uno sabe, sin esperar que las cosas salgan de cierta manera.

Soltar *no* es darse por vencido.

Quince cosas que soltar

Soltar es, sin duda, un desafío que todos afrontamos, de una forma u otra, todos los días de nuestra vida. Es por eso por lo que hemos hecho una lista de quince pequeños recordatorios saludables para ayudarte a iniciar el proceso. Te sorprenderá lo bien que te sentirás después de quitar algunos de estos elementos tóxicos de tu vida. Empieza por desprenderte de lo siguiente:

1. **Tus arrebatos de mal genio.** No hagas nunca ninguna tontería de alcance permanente por el solo hecho de que estés temporalmente molesto.
2. **Los pequeños rencores.** La vida es demasiado corta para pasarla alimentando la amargura y tomando nota de los agravios. Si hay alguien en tu vida que merezca otra oportunidad, dásela. Si debes disculparte, hazlo. Brinda un nuevo y feliz reinicio a vuestra relación.
3. **Las creencias falsas persistentes.** Detente de vez en cuando y pregúntate: «¿Es esto cierto?». Es curioso cómo a veces podemos manipular las cosas y hacerlas encajar en nuestra versión de la realidad. Pero pensar algo no hace que eso sea una realidad. Querer algo no hace que sea real. Así que observa tus pensamientos. Sé inteligente. Cuando la propia identidad no está enraizada en la verdad, conduce a una versión distorsionada de la realidad, a un mundo creado por uno mismo.
4. **Las tragedias de ayer.** No eres lo que te ha pasado; eres lo que eliges ser en este momento. Suelta las cargas innecesarias, respira hondo y vuelve a empezar. En última instancia, sabrás que estás en el camino correcto en la vida cuando no te interese mirar hacia atrás y estés ansioso por dar el próximo paso.
5. **Las pequeñas molestias de la vida.** No dejes que pequeñas tonterías quiebren tu felicidad. La frustración y el estrés provienen de la forma en que reaccionamos, no de cómo son las cosas. Modifica tu actitud, y la frustración y el estrés desaparecerán.
6. **La idea de que algunas personas están por debajo de ti.** Incluso si has trabajado muy duro para llegar a donde estás en la vida, no puedes decir que te hayas hecho a ti mismo. Alguien creyó en ti, te alentó e invirtió en ti. Sé agradecido y haz eso mismo por otras personas. Nadie se hizo fuerte a largo plazo mostrando lo pequeños que eran los demás. Así que no hagas suposiciones fáciles sobre las personas. Pregunta sobre sus ideas e

historias y escúchalas. Sé paciente. Ten la voluntad de aprender. Sé amable. Sé un buen vecino.

7. **La creencia de que las posesiones materiales te hacen ser quien eres.** No es lo que has adquirido físicamente en este mundo lo que te define. Acuérdate de conservar la humildad. En última instancia, hay dos cosas que nos definen más que cualquier otra: nuestro grado de paciencia cuando tenemos muy poco y nuestra mentalidad cuando tenemos más que suficiente.
8. **Buscar la felicidad fuera de ti.** Tienes que crear tu propia alegría. La verdadera felicidad comienza desde dentro. Lee algo positivo cada mañana y haz algo positivo antes de acostarte por la noche. Mantente enfocado en todas las posibilidades y oportunidades positivas, y te sentirás estupendamente. Siéntete estupendamente, y harás grandes cosas.
9. **Querer recibir algo a cambio por cada buena acción que hagas.** No te preocupes demasiado por lo que hay para ti a cada segundo. Si estás haciendo una contribución positiva para los demás, siempre hay algo para ti. Naciste con la capacidad de cambiar la vida de alguien. No desperdicies nunca esta oportunidad. Sigue dando. Permanece presente. Realiza actos significativos.
10. **Todas las pequeñas mentiras y fingimientos.** ¿Cómo puedes labrarte una buena reputación? Es simple: sé honesto. Cumple tu palabra y tus promesas. Pide disculpas cuando te equivoques. Sé el tipo de persona a la que te gustaría conocer y con la que querrías pasar tiempo; el tipo de persona cuyos actos, palabras y valores son siempre coherentes.
11. **Temer lo que la intuición te dice que hagas.** El miedo mata más sueños que el fracaso. Así que no dejes que el miedo te detenga; deja que te despierte. Todos los días, haz algo que te suscite temor. Cuanto más actúes según tu intuición con arrojo, más estará tu intuición a tu servicio. Si realmente sientes algo, presta atención.

12. **Esperar a que todo esté perfectamente en su lugar.** Recuerda que no siempre es necesario el plan perfecto; a veces solo hay que intentarlo, soltar y ver qué pasa. Parafraseando a Maya Angelou, hazlo lo mejor que puedas hasta que sepas más. Cuando sepas más, hazlo mejor.
13. **Una visión del éxito como un «todo o nada».** Valora la zona gris que se encuentra entre los extremos del éxito y el fracaso: el viaje, el proceso, el camino; lo que estás aprendiendo, cómo estás ayudando a otros a aprender también y el proceso de crecimiento en el que te permites participar. Y, sobre todo, nunca dejes que el éxito llegue a tu cabeza o el fracaso llegue a tu corazón.
14. **La autocrítica.** Tus comentarios autocompasivos o autocríticos no inspiran a nadie. Deja de pensar que renunciar ante determinada cuestiones es indicativo de fracaso. Soltar lastre y seguir adelante no es lo mismo que rendirse. Si deseas inspirarte a ti mismo e inspirar a los demás, sé alegre. Diviértete. Ámate. Perdónate. Acéptate. Sé *tú* sin disculparte por ello.
15. **Cambiar con el único fin de impresionar a la gente.** Cambia porque esto te haga ser una mejor persona y porque te lleve a tener un futuro más brillante. Cambia al saber que es lo correcto para *ti*. No es necesario que le gustes a todo el mundo, y a algunas personas no les gustarás hagas lo que hagas. Trata de no tomarte personalmente lo que digan de ti. Lo que piensan y dicen refleja cómo son ellas, no tú.

Cuando alguna parte de la propia vida ha llegado a su inevitable fin, siempre es necesario aceptarlo. El secreto para salir adelante no es concentrar la energía en arreglar lo viejo o luchar contra ello, sino en construir y desarrollar algo nuevo. Lo llames como lo llames (cerrar la puerta, terminar el capítulo, pasar página), lo que importa es que encuentres la fuerza para dejar en el pasado aquellas partes de tu vida que han terminado. Empieza por identificar y soltar uno o dos de los elementos de la lista anterior solamente, y comenzarás a cosechar las recompensas por aceptar la realidad tal como es.

Lo que aprendemos al soltar lo que no podemos controlar

Soltar no es fácil, y en este viaje se avanza día a día. Pero si no desistes, acabarás por aprender algunas lecciones de vida valiosas. Aprenderás que avanzar por un nuevo camino es difícil, pero no más que permanecer en una situación que ya no tiene sentido o ya no existe. Aprenderás que soltar no significa que ya no te importa algo o alguien; solo significa que te das cuenta de que lo único sobre lo que realmente tienes control en este momento eres tú mismo. Y aprenderás que para ser libre, para volver a ser feliz, debes dejar de lado la necesidad de contar con certezas.

Recuerda que lo contrario de la certeza no es la incertidumbre; es la apertura, la curiosidad y la voluntad de abrazar la vida tal como es, en lugar de resistirse a ella. Nosotros dos sabemos lo que es dar paso a nuevos capítulos en nuestra vida, y entendemos que la perspectiva del cambio genere incomodidad. Hemos sufrido pérdidas, hemos luchado contra el desempleo, hemos lidiado con fracasos dolorosos y relaciones tóxicas, y hemos sido padres primerizos. Pero también hemos visto los beneficios –tan enormes que pueden cambiar tu vida– que tiene soltar las situaciones, las ideas, las personas y los hábitos que nos estaban frenando.

Marc está volviendo a aprender esta lección en estos momentos:

> Esta mañana me he encontrado con una vieja amiga, alguien a quien quiero profundamente pero con quien he sostenido una lucha interna durante años porque siempre me ha preocupado su salud. Quiero ayudarla a sanar, porque siento que la estoy perdiendo. Quiero enseñarle las herramientas, de eficacia probada, con las que he enseñado a tantas personas a llevar una vida más feliz, sencilla

y saludable para que pueda abandonar sus hábitos perjudiciales, hacer ejercicio, practicar el *mindfulness*, atender sus necesidades y volver a ser una persona sana.

Pero esta no es la realidad. Quiero controlar algo que me asusta, pero no puedo hacer nada al respecto. Porque no tengo el control de nadie más que de mí mismo. Quiero ayudar a mi amiga, pero a ella no le interesa que la ayuden. De hecho, me lo dijo una docena de veces en el pasado.

Así que hoy he decidido soltarla.

No soltarla en el sentido de «dejar que se vaya». Soltarla en el sentido de dejar de intentar controlarla y cambiarla, y en lugar de ello respirar hondo y aceptarla exactamente tal como es.

Y ¿sabes qué? He descubierto que ella es una bendición. Es alguien tan tremendamente especial y único que me cuesta expresarlo. Es divertidísima, apasionada, compasiva, sabia, salvaje, reflexiva y leal. Solo cuando la he soltado y aceptado en toda su verdad he podido disfrutarla en su totalidad, en lugar de seguir preocupado por perderla o por cambiar su forma de ser.

Y he aprendido que esta es la mejor manera de proceder en la mayor parte de las áreas de la vida. Siempre que una persona no se encuentre en un peligro inminente o haga que otra persona esté en peligro, puedes dejar de intentar cambiarla.

Puedes soltar y disolverte en su presencia, percibir quién es realmente, apreciar cada una de sus peculiaridades. Puedes dejar de quejarte de las circunstancias de tu vida y tus pérdidas, y de cómo es el mundo, y limitarte a soltar y amar las cosas tal como son. Solo sé. Solo acepta. Solo aprecia.

Solo respira.

Solo sé. Solo acepta. Solo aprecia.

Mientras lees estas palabras, estás respirando. Detente por un momento y percibe tu respiración. Puedes controlar la entrada y salida del aire y hacer que sea más rápida o más lenta, o dejar que se comporte como quieras. O puedes inhalar y exhalar de forma natural.

Hay paz en dejar que los pulmones respiren, sin tener que controlar la situación ni hacer nada al respecto. Ahora imagina que dejas que otras partes de tu cuerpo respiren, como tus hombros tensos. Limítate a dejarlos en paz; no los tensiones ni los controles.

Ahora echa un vistazo a la habitación en la que te encuentras y observa los objetos que tienes a tu alrededor. Elige uno y déjalo respirar. También es probable que haya personas en la habitación contigo, o en la misma casa o edificio, o en casas o edificios cercanos. Visualízalos en tu mente y déjalos respirar.

Cuando dejamos que todas las cosas y todas las personas respiren, dejamos que sean exactamente como son. No necesitamos controlarlas, preocuparnos por ellas o cambiarlas. Solamente las dejamos respirar, en paz, y las aceptamos tal como son. En esto consiste soltar lo incontrolable. Esta práctica nos puede cambiar la vida.

La conclusión es que se producirán sucesos inesperados, indeseables e incontrolables. Puedes elegir aferrarte a aquello que no puedes controlar; pero si quieres volver a ser feliz, debes estar dispuesto a soltar algo de esto. No puedes controlar todo lo que te sucede o todo lo que ocurre a tu alrededor. Todo lo que puedes controlar es tu respuesta. El ejercicio con el que se cierra el capítulo te va a brindar la oportunidad de ver cómo estás enmarcando el relato de tu vida y de comprender cómo dar un paso atrás, soltar y seguir adelante.

Ejercicio final

Muchos de los malentendidos más grandes que se producen en la vida podrían evitarse solo con que nos tomáramos tiempo para preguntarnos qué otra explicación podría tener aquello que nos ocupa. Una manera maravillosa de hacerlo es mediante el uso de una herramienta de reformulación que tomamos inicialmente del profesor investigador Brené Brown, que luego adaptamos a través de nuestro trabajo de *coaching* con alumnos y clientes. Llamamos a la herramienta «La historia que me estoy contando». Si bien formular la pregunta «¿qué más podría significar esto?» puede ayudarnos a replantearnos nuestros pensamientos y a ampliar nuestros puntos de vista, usar la frase «la historia que me estoy contando» para introducir los pensamientos problemáticos ha suscitado, sin duda, muchos «momentos ajá» en nuestros estudiantes y clientes en los últimos tiempos.

La herramienta que proponemos se puede aplicar a cualquier situación o circunstancia difícil en la que un pensamiento perturbador se apodere de uno. Por ejemplo, tal vez alguien a quien amas (marido, esposa, novio, novia, etc.) no te llamó en su hora del almuerzo cuando dijo que lo haría, y ahora ha pasado una hora y te sientes molesto porque, obviamente, no has constituido una prioridad lo bastante importante para esa persona. Cuando te descubras sintiéndote así, usa la herramienta con tu pensamiento perturbador; en este caso dirías: «La historia que me estoy contando es que no me ha llamado porque no soy una prioridad lo bastante importante para él/ella».

A continuación, hazte estas preguntas:

- ¿Puedo estar totalmente seguro de que esta historia es cierta?
- ¿Cómo me siento y me comporto cuando me cuento esta historia?
- ¿Qué otra posibilidad hay que pueda explicar lo sucedido?

Date espacio para pensar detenidamente en todo ello. ¡Desafíate a pensar de manera diferente! «La historia que me estoy contando» y las tres preguntas relacionadas te brindan herramientas para revisar y replantear las situaciones problemáticas o confusas que surjan en tu vida diaria. A partir de ahí, puedes cuestionarte las historias que te cuentas inconscientemente y verificar la realidad con una mentalidad más objetiva. En última instancia, esto te permitirá soltar las historias que no te ayudan a volver a ser feliz y a tomar mejores decisiones sobre cada aspecto de tu vida.

CAPÍTULO 4

Amarte: comprométete a ponerte en tu lista de tareas pendientes

La relación más potente que tendrás nunca es tu relación contigo mismo.

Cuando iniciamos nuestro propio negocio, no lo abordamos bien. Nos centramos demasiado en la forma en que nos percibían los demás, nos comprometimos excesivamente con todo y nos vimos abrumados por un estrés y una negatividad autoinfligidos. No había lugar para el amor hacia nosotros mismos; ni siquiera contemplábamos este aspecto. Ambos experimentamos esto de forma muy tangible. Y Angel lo experimentó de nuevo después del nacimiento de nuestro hijo:

> Tras el nacimiento de Mac, trataba de hacer todo. Intentaba ser la mejor madre, la mejor esposa, la mejor ama de casa, la mejor cocinera. Había asumido la responsabilidad en todos los ámbitos, y pensaba: «No puedo hacer esto; no soy lo bastante buena». Iba a desmoronarme totalmente. No podía manejar todo eso, pero no quería reconocerlo; no quería decir esas palabras en voz alta.

Cuando llevaba un par de meses siendo madre, finalmente pude empezar a encontrar tiempo para estar conmigo misma, para respirar, para no dejar que el peso de la responsabilidad de ser madre y esposa me superara.

Necesité tiempo, pero aprendí a sentarme en silencio, amarme a mí misma y sentirme orgullosa de los avances que había efectuado como madre y en la familia que estaba construyendo. Como resultado, me sentía mucho más feliz. No me estaba importunando todo el tiempo diciéndome que no era lo suficientemente buena. Cuando comencé a centrarme más en el amor hacia mí misma, pude estar más presente y aceptar que tengo grandes cualidades para ofrecer y que soy lo bastante buena. Sé que estoy mejorando constantemente y aprendiendo a estar bien con mi manera de ser en este momento.

Con el tiempo, a través de este tipo de experiencias, ambos descubrimos que si no aprendemos a amarnos a nosotros mismos (a abrir nuestro corazón y nuestra mente a nuestras propias necesidades), no creceremos y nunca tendremos la capacidad de amarnos totalmente el uno al otro. Descubrimos que cuando hay amor en nuestro interior, también hay vida.

¿Qué es amarse a uno mismo?

Amarse es aprender a darse espacio; es ponerse a uno mismo en la lista de tareas pendientes y programar tiempo y espacio para practicar una vida espiritual y saludable, tanto en el ámbito físico como en el mental. Amarse es asegurarse de que la propia vida no consista en un ajetreo, un apresuramiento y unas obligaciones constantes, sino en administrar el propio tiempo de una manera lo bastante inteligente como para tener en cuenta que uno necesita descansar lo suficiente, alimentar sus pasiones y apoyarse a sí mismo en todo lo que necesite.

Cuando el amor hacia uno mismo está presente, puedes correr riesgos y experimentar la curiosidad, el asombro, la alegría repentina y todos los demás acontecimientos que revelan la belleza de un alma en crecimiento. Y si las cosas no salen según lo planeado, uno sigue contando con una base de amor y aceptación en su interior a la cual recurrir.

No siempre es fácil. Lo sabemos. Una de las mayores dificultades en la vida es la lucha por aceptarnos, abrazarnos y amarnos a nosotros mismos, con todas nuestras imperfecciones; por ser honestos en cuanto a quiénes somos, cómo nos sentimos y qué necesitamos; por dejar de criticarnos por todo lo que no somos y comenzar a valorarnos por todo lo que somos; y, finalmente, por ser conscientes de que no todos aquellos a quienes amamos estarán de acuerdo con nosotros en cada paso del camino, y aceptar esta realidad.

Si te amas poco a ti mismo, nunca sentirás que estás haciendo lo suficiente por las personas a las que amas, el negocio que diriges, el empresario que te paga el sueldo. Tenemos que aprender a ser nuestros mejores amigos, porque a veces caemos con demasiada facilidad en la trampa de ser nuestros peores enemigos. Nos enamoramos de la idea de que los demás nos quieran y nos olvidamos de querernos a nosotros mismos.

Realmente mereces ser amado.

A pesar de tu autoabandono, realmente mereces ser amado. Solo necesitas encontrar esta verdad en ti mismo y aceptarla. El proceso de descubrimiento comienza ahora.

Pasar del autoabandono al amor hacia uno mismo

Todos vivimos circunstancias infelices en ocasiones, pero hay una gran diferencia entre experimentar episodios de infelicidad y vivir infelices habitualmente. En nuestra experiencia de *coaching* hemos constatado que la inmensa mayor parte de la infelicidad se debe, en gran medida, al abandono personal. (Hay algunos casos en los que esto no es así; por ejemplo, la depresión clínica no puede vincularse al autoabandono).

Incluso si generalmente somos individuos felices, el autoabandono es un hábito, o un ritual, que puede instalarse en nosotros fácilmente. La clave es que nos proporcionemos la atención adicional que necesitamos y merecemos. Resistirse a los propios sentimientos e ignorarlos no es útil. Conduce al estrés, la enfermedad, la confusión, la ruptura de relaciones, la ira y la depresión. Si has experimentado algo de lo anterior, sabes que estos estados pueden ser terriblemente poco saludables; cuando adquirimos el hábito del autoabandono, las condiciones que habíamos impuesto en nuestra vida se resienten drásticamente y cada vez nos es más difícil escapar.

Pregúntate ahora mismo, en este momento: «¿Me amo lo suficiente como para no rebajar nunca las condiciones de mi vida por las razones equivocadas?». ¡Encuentra la fuerza para decir que sí!

La vida hay que vivirla honorablemente. Debes hacer lo correcto *para ti mismo*, pase lo que pase, aunque nadie lo sepa o lo comprenda. Tu reputación es lo que otras personas saben sobre ti, mientras que tu honor es lo que sabes tú de ti mismo.

Tienes que admitir que has pasado gran parte de tu vida subestimándote inconscientemente. Pensando que no eres suficiente. Tratando de ser alguien distinto; alguien que encaje, que sea menos sensible, necesitado e imperfecto. Alguien que sea menos *tú*. Porque te sentías roto y no querías asustar a la gente. Querías causar una buena impresión y tener alrededor a personas afines. Querías que te vieran como alguien digno y merecedor de amor para poder sentirte curado y completo. Durante mucho tiempo, detrás de una fachada de sonrisas falsas, sin querer te has traicionado a ti mismo con el propósito de complacer a los demás. Y durante mucho tiempo te ha estado doliendo el corazón.

Pero ahora estás viendo las cosas de otra manera. Sabes que no tiene sentido que te sigas menospreciando. Y, además, ahora te das cuenta de que hagas lo que hagas o sea cual sea el sentido en el que cambies habrá personas a las que nunca vas a gustar.

Ahora te das cuenta de que debes comenzar a hacer las cosas por los motivos correctos. No porque es lo que crees que todos los demás necesitan, sino porque finalmente sabes que eres digno de tu propio amor y cuidado. No para que otras personas te aprueben, sino porque estás respirando tu propio aire, pensando tus propios pensamientos y ocupando un espacio que nadie más podría ocupar.

Es posible que hayas sido golpeado por la adversidad o que el rechazo te haya despistado, pero no estás destrozado. Así que no dejes que los demás te convenzan de lo contrario. Cúrate negándote a menospreciarte. Elige distinguirte, hacer lo que sabes que es correcto en tu interior. Elige valorarte por lo que eres, aceptando tus peculiaridades totalmente y de forma sincera. Haz del amor a ti mismo un ritual diario. Cuando elijas pasar del autodesprecio al amor hacia ti mismo de esta manera, encontrarás una sanación y un crecimiento profundos en cada área de tu vida. Cada vez que vemos a personas felices y exitosas, sonreímos, pues sabemos que su vida es el resultado de una serie de decisiones que apoyan directamente su amor a sí mismas.

Recuerda que cada segundo que pasas dudando de tu valía y criticándote es una pérdida trágica, un nuevo momento de tu vida desechado. No pierdas más segundos. Hoy es el mejor día para comenzar a amarte a ti mismo.

Cómo te tratas emocionalmente

Podemos ser nuestros críticos más duros. Nuestra mente se convierte en un campo de batalla del autoodio, lo que hace casi imposible despejar espacio para la positividad, la aceptación y la autoestima. *Casi* imposible. Pero uno puede abrir esta posibilidad si está dispuesto. Es por eso por lo que abordar el propio bienestar emocional es el primer punto focal importante en el camino de recuperación e incremento del amor a uno mismo. Una forma en que nos encanta hacer esto es atendernos a nosotros mismos a través de la meditación.

Puedes empezar a mejorar tu bienestar emocional en tan solo cinco minutos al comienzo del día. Justo después de despertarte, percibe los sonidos que hay a tu alrededor y la forma en que se siente tu cuerpo. Efectúa una exploración rápida, comenzando por los pies y después subiendo hacia las espinillas, las rodillas, los muslos, etc. ¿Qué sientes al estar en tu cuerpo durante estos minutos? Observa la luz del sol reflejada en las paredes de la habitación, o enciende una vela y presta atención al parpadeo de su llama.

Pasar unos minutos percibiendo esto puede ayudarte a comenzar el día desde una postura centrada. Nosotros empezamos a realizar esta práctica cuando nos dimos cuenta de que lo primero que hacíamos al salir de la cama, incluso antes de darnos el beso de buenos días, era comprobar nuestros teléfonos. Fuimos conscientes de que si empezábamos el día en un estado mental agitado, esa ansiedad se trasladaba a lo siguiente, y después a lo siguiente, y el día acababa siendo un caos total. Nos encontrábamos en un estado opuesto al de presencia. Teníamos la impresión de que desperdiciábamos cada mañana al no empezarla desde un estado de presencia y paz. Pero establecer una práctica de meditación matutina simple como la anterior puede fijar el tono para el resto del día y marcar una gran diferencia.

Cuando pensamos que no valemos nada, esto afecta negativamente a todos los demás aspectos de nuestra vida. Pero cuando nos tratamos bien mentalmente, el mundo que nos rodea se vuelve más brillante. Y ¿cómo podemos hacerlo? Veamos algunas formas concretas en que puedes tratarte mejor desde el punto de vista mental.

Practica la autoindagación a través de un diario

Utilizamos mucho el proceso de la autoindagación con nuestros alumnos. Está basado en la filosofía budista y oriental y también hemos adaptado las enseñanzas de Alan Watts y Byron Katie. Es una práctica consistente en hacerse una serie de preguntas simples pero reveladoras. Este proceso de autocuidado ha mejorado nuestra vida de forma drástica. Es un ejercicio para esos momentos en los que algo nos está superando y no nos sentimos muy bien con nosotros mismos.

Cuando un pensamiento perturbador te esté pasando por la cabeza, escríbelo. Regresa a él uno o dos días después, cuando te sientas tranquilo y sereno, y trata de verlo de forma más objetiva, desde un espacio de amor, presencia y mentalidad abierta. Pregúntate: «¿Es esto cierto?», «¿Se puede demostrar este pensamiento?», «¿Quién soy yo con este pensamiento en mi cabeza?», «¿Quién sería y qué más vería si pudiera eliminarlo? ¿Cuál es el opuesto absoluto de este pensamiento? ¿Hay al menos algo de verdad en el opuesto?». Realiza esta práctica de escribir tus pensamientos perturbadores a diario. Después dedica al menos un día a la semana a revisar tus pensamientos y hacerte las preguntas de autoindagación.

Al cabo de unas semanas, empezarás a ver patrones. Comenzarás a darte cuenta de que algunas ideas repetidas te preocupan día tras día. Esta toma de conciencia te ayudará a atraparte en el acto. La próxima vez que vuelva a aparecer un pensamiento negativo, junto con la ansiedad que suele acompañar a este tipo de pensamientos, podrás decirte: «He visto esto antes y está bien. Está bien que este pensamiento esté aquí». Y tendrás una historia diferente que contarte sobre ese pensamiento, una historia que podría cambiar tu perspectiva para mejor.

Dite a ti mismo que eres lo bastante bueno

Esto puede parecer demasiado simplista, pero es vital. Dite a ti mismo «¡soy lo bastante bueno!» cada vez que empieces a sentir que no lo eres. A veces, la parte más difícil del viaje es creer que somos dignos de él. ¡Lo eres! Acepta tus defectos. Admite tus errores. No te escondas y no mientas. Lidia con tu verdad y hazte más fuerte gracias a ella. Tu verdad no te penalizará. Siempre eres lo suficientemente bueno tal como eres, y puedes volverte más fuerte que nunca. Los errores que cometas por el camino no te harán daño, pero la negación y el encubrimiento sí te lo harán. Las personas imperfectas son hermosas, pueden gustar a los demás y están abiertas a aprender.

Tú eres *tú* por una razón. Ignora las distracciones. Escucha tu propia voz interior. Métete en tus asuntos. Ten siempre muy presentes tus mejores deseos y tus metas más importantes y dedícales tiempo todos los días. No tengas miedo de caminar solo, y no tengas miedo de que te encante hacerlo. No dejes que la ignorancia, el drama o la negatividad de nadie te desvíen de tu verdad y te priven de amarte tal como eres. Y recuerda que los rechazos no importan a la larga. Acéptalos y vuelve a centrar tu atención en lo que es importante.

Lo importante es cómo te ves a ti mismo. Acostúmbrate a mantenerte fiel a tus valores y convicciones, independientemente de lo que piensen los demás. No te avergüences nunca de hacer lo que te parezca correcto. Para ayudarte a establecer este hábito positivo, empieza por hacer una lista de algunos aspectos que son importantes para ti en cuanto al desarrollo de tu carácter y al hecho de vivir tu vida. Por ejemplo, la lista podría incluir cualidades como la honestidad, la confiabilidad, la autoestima, la autodisciplina, la compasión y la amabilidad. Contar con una lista corta como esta a la que remitirte te dará la oportunidad de invocar y defender conscientemente los rasgos y comportamientos que habrás elegido en lugar de optar por exhibir otros con el solo fin de obtener la aprobación de los demás.

Cree que eres capaz de superar los desafíos a los que te enfrentas

Los grandes retos hacen que la vida sea interesante; superarlos hace que tenga sentido. Las personas que se aman a sí mismas lo saben y viven en consecuencia. La forma en que manejamos los desafíos de la vida determina nuestro grado de éxito y felicidad. Así que ríete de tus errores y aprende de ellos. Bromea sobre tus problemas y obtén fuerzas de ellos. Diviértete con los retos que afrontas y después supéralos.

¿Te sentirás siempre a gusto si haces lo que acabo de indicar? No, de ninguna manera. Pero ¿valdrá la pena? ¡Sin duda alguna! Cuando uno acepta la incomodidad emocional presente en su vida, esta va en aumento, llega a un punto culminante y se estrella en una serie de olas. Cada ola se lleva una vieja capa del individuo y deposita tesoros que nunca había esperado encontrar. Sale la inexperiencia y entra la conciencia; sale la frustración y entra la resiliencia; sale el odio y entra la bondad. Nadie puede decir que estas olas de experiencia emocional sean fáciles de manejar, pero el ritmo de incomodidad que aprendemos a tolerar es natural, útil y necesario. Al final, la incomodidad nos deja más fuertes y saludables de como nos encontró.

Elige la responsabilidad en lugar de la culpa

Cuando sucede algo negativo, las personas que se aman a sí mismas buscan una manera de asumir su responsabilidad en lugar de buscar a alguien a quien señalar con el dedo. Saben que atribuir la responsabilidad y la culpa a algo externo no resuelve el problema, sino que solo genera ansiedad e impotencia. Al elegir asumir toda la responsabilidad, te haces el favor de alentar el cambio positivo y la aceptación en lugar de sumirte en el dolor y el estancamiento.

Y ten presente que asumir la responsabilidad no significa pensar demasiado en los resultados del pasado; significa que eres el dueño de tu decisión en este momento y sacas el máximo partido de ello.

Instrúyete

Mahatma Gandhi dijo en una ocasión: «Vive como si fueras a morir mañana. Aprende como si fueras a vivir para siempre». La vida es un libro, y quienes no se instruyen solo leen unas pocas páginas. Cuando uno tiene un mayor conocimiento, vive mejor y se siente mejor consigo mismo. Las personas que se aman a sí mismas lo tienen claro. Y saben que toda instrucción es autoeducación. Tanto si estamos sentados en un aula universitaria como si estamos en una cafetería, no aprendemos nada que no queramos aprender. Aquellos que se toman el tiempo y toman la iniciativa de buscar el conocimiento por su cuenta son los únicos que obtienen una formación real en este mundo.

Fíjate en cualquier académico, empresario, artista o personaje histórico muy reconocido. Tanto si ese personaje ha recibido una educación formal como si no, descubrirás que es un producto de la autoeducación continua, que invierte grandes cantidades de tiempo y energía en mejorar. Esta actitud es una de las manifestaciones más elevadas del amor a uno mismo.

Alimenta tus pasiones y talentos

Si quieres que tu vida sea significativa, tienes que vivirla tú mismo. Debes elegir el camino que te parezca correcto *a ti*, no el que les parezca correcto a todos los demás. Todos nosotros sentimos el suave tirón de la fascinación con alguna idea o actividad. Y a veces ese tirón no es tan suave. Las personas que se aman a sí mismas reconocen y respetan sus anhelos como algo importante, y dedican su tiempo y energía a cumplir esos deseos. Saben que saciar su hambre interior es mucho más importante que cualquier temor que puedan albergar sobre cómo puede sentar esto a los demás.

El reto que te planteamos es este: vive tu vida en este mundo, este día y todos los que seguirán, no como un espectador sino como un participante activo. Cada mañana, pregúntate qué es realmente importante para ti y luego encuentra la valentía, la sabiduría y la fuerza de voluntad necesarias para hacer orbitar tu día en torno a tu respuesta.

La forma de tratarte físicamente

Es fácil que te olvides de cuidar tu cuerpo y tu salud física, sobre todo si estás enfocado en cuidar tu aspecto mental. Pero el ámbito físico y el mental están intrínsecamente vinculados, por lo que la próxima vez que te encuentres ante la decisión de dar ese paseo o saltártelo, recuerda que no solo tu cuerpo físico se verá beneficiado por el paseo en cuestión, sino que también se verá favorecida tu salud mental.

Una de nuestras prácticas de amor a nosotros mismos es ir juntos al gimnasio cinco días a la semana. Todas las mañanas de lunes a viernes, dejamos a Mac en la guardería alrededor de las ocho y después nos dirigimos al gimnasio para sudar bien. Hacemos esto por nuestra salud, por nuestro cuerpo; para sentirnos fuertes, para sentirnos hermosos. También lo hacemos por el tiempo que compartimos; para reírnos, compartir historias y hablar sobre lo que sea que tengamos en mente mientras levantamos pesas y nos fortalecemos.

Si tratas bien a tu cuerpo, tu mente también se ejercitará. Y ¿sabes qué? No tienes que hacer ejercicio todos los días; hay muchas otras formas de cuidar la salud física. Aquí tienes algunas:

Administra tu energía

Todo lo que te rodea está hecho de energía, así que presta atención a cómo intercambias energía en tu vida. Para atraer lo positivo, comienza enviando energía positiva. Piensa también en el precio energético que pagas por implicarte con ciertas actividades y personas. Y, al contrario, observa cuánta energía obtienes al implicarte con otras actividades y personas. Una vez que te sientas positivo, recuerda que el secreto para salir adelante no es concentrar toda la energía en intentar arreglar lo viejo o luchar contra ello, sino en construir y desarrollar algo nuevo.

Tómate un momento para respirar

Si experimentas temor o ansiedad, relaja la mente y enfócate en la respiración. Concéntrate en incrementar la duración de cada inhalación y exhalación. Toma aire y cuenta hasta seis antes de expulsarlo; después exhala y cuenta hasta seis. Haz este ejercicio de respiración tan sencillo durante uno o dos minutos, y te conectará con tu centro y el momento presente. Aléjate del ordenador, de la conversación o de lo que sea que te esté ocasionando estrés o ansiedad en ese instante. Mantén la calma y recuerda que el momento de respirar profundamente es cuando crees que no tienes tiempo para hacerlo.

Comparte la carga

Renuncia al perfeccionismo y a intentar hacerlo todo solo. Sabemos lo fácil que es caer en la trampa de pensar que si queremos que algo se haga bien, tenemos que hacerlo nosotros mismos. Pero créenos cuando decimos que nadie se beneficia, y menos aún tú, si acabas exhausto. Aprende a delegar. Si no puedes permitirte el lujo de contratar un poco de ayuda, busca efectuar algún tipo de intercambio. Descubre la alegría y la gratificación que se obtienen al ser mentor de alguien que quiera aprender de ti y formarlo. Suelta tu carga y permite que otros se sientan necesarios.

Comprométete a llevar un estilo de vida saludable

El ejercicio nos proporciona energía. No es necesario exponer aquí los beneficios físicos derivados del ejercicio. Sencillamente, hazlo. Y no te saltes las comidas cuando estés bajo presión. Si lo haces, estás privando a tu cuerpo y a tu mente de los nutrientes que necesitan para rendir al máximo. Y elige alimentos reales. Limita el consumo de estimulantes como la cafeína y el azúcar. Si lo haces, ayudarás a que tu nivel de energía se mantenga estable durante todo el día y evitarás el efecto yoyó de los subidones artificiales de la mañana seguidos por los descensos abruptos de la tarde. Finalmente, no duermas menos para hacer más. El sueño aporta salud, concentración y claridad.

Tómate tiempo para conectarte con los demás cara a cara

La vida es más que los mensajes de texto y los tuits. A veces el mensaje se pierde en el medio. Las interacciones en línea pueden darnos una falsa sensación de conexión, la cual es necesaria para vivir una vida sana y vibrante. Todos necesitamos la conexión humana y el contacto físico, y nada puede reemplazar la interacción física entre dos personas, la cual es excelente tanto para la salud física como emocional. Haz descansos digitales y pasa más tiempo conectándote cara a cara con las personas que te importan.

Primero, alimenta la máquina

Encuentra tiempo para desayunar todos los días. No se necesita mucho. Vierte medio vaso de avena y un vaso de agua en un cuenco apto para microondas y caliéntalo en este aparato durante dos minutos. Añade una pizca de canela, un puñado de pasas, un puñado de nueces troceadas y un toque de jarabe de arce o miel.

Entre comidas, elige un refrigerio que estimule la energía, como un puñado de almendras o una fruta. Come bien para energizarte.

Además de las formas más tangibles de cuidarse físicamente, hay otras más sutiles de hacerlo:

Permanece presente e implicado con el único momento que hay: este

Las personas que se aman a sí mismas se valoran y, por lo tanto, valoran cómo pasan su tiempo. También se dan cuenta de que el único momento que en realidad tienen es el momento presente, por lo que lo ocupan totalmente. Las distracciones son muy abundantes en estos días, pero debemos acordarnos de alzar la vista más a menudo. Sonríe a las personas. Pregúntales qué tal el día. Escúchalas.

Uno no puede conectarse realmente con nadie, ni consigo mismo, a menos que se implique por completo en ello. Desconéctate de tus dispositivos y vuelve a conectarte con la energía revitalizadora procedente de experimentar las relaciones reales y la vida real.

Cada día, haz algo que te haga feliz

Hay una gran diferencia entre la fatiga vacía y el agotamiento gratificante. La vida es corta, así que invierte en las actividades que dan sentido a la tuya. Una vida significativa consiste en tomar todos los días la decisión de hacer algo que nos conmueva; cuidar de nosotros mismos realizando actividades que sean importantes para nosotros. Debemos darnos cuenta de que no tiene nada de egoísta cuidar de uno mismo. Porque no podemos dar lo que no tenemos.

No tiene nada de egoísta cuidar de uno mismo.

Tómate tiempo para trabajar en pos de las prioridades personales que te acerquen al cumplimiento de tus objetivos. Desarrollar habilidades que te impulsen hacia delante en una dirección positiva te aportará una maravillosa sensación de satisfacción, mucho más significativa que la que te pueda aportar el hecho de estar ocupado. Tienes que experimentar la vida en tus propios términos antes de poder ser útil a los demás.

No te estanques en la rutina

Recuerda que la moneda más importante de la vida es la experiencia. El dinero va y viene, pero las experiencias permanecen con nosotros hasta nuestro último aliento. Así que no tengas miedo de salir de la rutina y desafiarte con nuevas experiencias vitales. A veces, descansar de la rutina es justo lo que se necesita. El solo hecho de que hayas hecho siempre algo no significa que debas seguir haciéndolo. Y el solo hecho de que nunca hayas hecho algo no significa que no puedas empezar a hacerlo ahora.

Suelta lastre

Cuando algo no esté aportando nada a tu vida, empieza a prescindir de ello. La vida se vuelve más fácil cuando nos liberamos de las cosas y las personas que hacen que sea difícil. Deshazte de ellas y podrás pasar más tiempo con aquellos a los que amas y para hacer en mayor medida lo que te encanta hacer. Esto significa librarte del caos físico y eliminar todo menos lo esencial, de tal manera que te quedes solamente con aquello que te aporte algo.

¿Cómo dejas que te traten los demás desde el punto de vista emocional?

Tal vez te preguntes qué puedes hacer para controlar la forma en que te tratan los demás. La verdad es que no puedes hacer nada al respecto. Bueno, no mucho. Pero no te preocupes. Cuando te das prioridad a ti mismo y cuidas de ti en primer lugar, te conviertes en una mejor persona para quienes están en tu vida y puedes comenzar a entablar relaciones de forma más deliberada y saludable.

Aunque no puedes controlar realmente la manera en que te tratan, hay innumerables formas en que puedes controlar tus propias reacciones a las circunstancias. Actitudes que pueden conducir a unas interacciones más positivas y emocionalmente enriquecedoras con los demás.

Enseña a la gente cómo debe tratarte

No todos los individuos apreciarán lo que haces por ellos. Tienes que descubrir quién merece tu atención y quién se está aprovechando de ti. Si gastas tu tiempo y tu energía en las relaciones incorrectas, solo terminarás en un tedioso ciclo de amistades fugaces y romances superficiales que son tan emocionantes como carentes de sentido, y te preguntarás por qué siempre parece que estás persiguiendo el afecto de los demás.

Es por eso por lo que las personas que se aman a sí mismas abordan las relaciones desde un espacio de autoestima y autosuficiencia. No esperan gustar a todo el mundo, y no necesitan gustar a todos. Saben lo que necesitan para sentirse amadas y respetadas, y saben lo que tienen para ofrecer a los demás. Comunica amablemente a las personas que te rodean cuáles son tus límites, y si los cruzan una y otra vez, ten el sentido común suficiente para apartarte de ellas.

Controla tus pensamientos de autocrítica

Si sientes que los demás no te tratan con amor y respeto, comprueba cuánto te valoras. Tal vez, inconscientemente, no te haces respetar. Las personas que se aman a sí mismas les dicen a las demás lo que valen mostrándoles a qué están dispuestas a dedicar tiempo y atención. Así que sal del «estante de productos en liquidación». Si no te valoras y respetas de todo corazón, los demás tampoco lo harán.

Distánciate de quienes te desanimen

No tener una relación es mejor que tener una incorrecta. No te preocupes demasiado por las personas que no se preocupan por ti. ¡Sé consciente de tu valía! Cuando te entregas a individuos que te faltan el respeto, pierdes. Tus amigos deberían motivarte, inspirarte y respetarte. Tu círculo debe estar bien definido y debe apoyarte. Mantenlo compacto. Valora siempre la calidad sobre la cantidad.

Evita los círculos dramáticos

No participes en críticas y chismorreos. No cedas ante la negatividad y el drama que te rodean. Sé positivo. Dales a los demás un pedazo de tu corazón en lugar de darles un pedazo de tu mente. La vida es demasiado corta para pasarla hablando de personas y promoviendo líos insustanciales. En lugar de ello, sé agradecido y más amable de lo necesario.

Sé consciente del condicionamiento social

Saber quién eres es una cosa, pero creer realmente en ti y vivir siendo tú mismo es otra. Con todo el condicionamiento social que hay en nuestra sociedad, a veces olvidamos ser fieles a nosotros mismos. No te pierdas ahí fuera. No puedes atraer a las personas adecuadas a tu vida si finges ser alguien distinto de quien eres. Así que ámate lo suficiente como para ser tú mismo, y si no puedes encontrar un grupo cuyos valores y conciencia coincidan con los tuyos, inicia uno. Personas que tengan unos valores y una conciencia similares a los tuyos se sentirán atraídas por ti.

Evita la deshonestidad y la falta de sinceridad

En la vida y los negocios, nuestra reputación siempre es más importante que nuestra próxima nómina, y nuestra integridad vale más que nuestra próxima emoción. El castigo de los tramposos es vivir la vida en medio de la desconfianza y la incertidumbre; viven con el miedo constante de que las personas a las que engañaron también los engañen. Y esto es solo el comienzo de una espiral descendente. Cuando nuestra identidad no se basa en la honestidad, nos puede conducir a todo tipo de lugares peligrosos y solitarios en los que buscamos aprobación por las razones erróneas y por parte de las personas equivocadas. No vivas así. Di tu verdad. Sigue adelante. Cumple tus promesas. Pide perdón cuando te equivoques. Sé bondadoso. ¡Sé abiertamente honesto! Y ten en cuenta que tu honestidad abierta no siempre te hará ganar la mayor cantidad de amigos, pero siempre te hará ganar los más adecuados.

No te dejes llevar por la ira

Quien puede hacerte enfadar te controla. A veces pensamos que el odio es un arma que ataca a las personas que no nos gustan, pero el odio es una espada curva, y el daño que hacemos también nos lo hacemos a nosotros mismos. No permitas que otros saquen de ti este sentimiento. Eres más grande y mejor que eso. Tienes el poder de elegir no enojarte y abrazar la paz.

Cuando nos juntamos con personas negativas, nos arrastran hacia abajo. No desperdicies tus palabras con gente que lo que merece es tu silencio. A veces, lo más impactante que se puede decir es nada en absoluto. Aprender a dejar que ciertas personas sean, sin más, es uno de los grandes caminos hacia la paz interior. Perdónalas, no porque merezcan el perdón, sino porque tú mereces la paz. Ámate a ti mismo, libérate de la carga de ser una víctima eterna y sigue adelante, con esas personas o sin ellas. Recuerda que no podemos controlar cómo actúan los demás, pero sí cómo respondemos. Así que suelta los rencores, los resentimientos y la ira, y te sentirás más liviano de como te has sentido en mucho tiempo.

Hay innumerables formas de practicar el amor a uno mismo y cuidar la propia mente, el propio cuerpo y las propias emociones. Estos tres ámbitos están conectados y todos contribuyen a la salud general. Si prestas atención a cada una de estas partes de ti, pronto te darás cuenta de que tu verdadera fuerza reside en tu corazón y tu alma. Se trata de que tengas fe y confianza en quien eres y estés dispuesto a actuar en consecuencia, independientemente de las adversidades y juicios que hayas afrontado.

En este momento, decide que nunca más le rogarás a nadie que te proporcione el amor, el respeto y la atención que debes darte a ti mismo. Hoy, mírate en el espejo y di: «¡Te amo, y de ahora en adelante, lo voy a demostrar!». Cuando practicas el amor a ti mismo y el cuidado personal, te das la oportunidad de ser feliz. Y cuando eres feliz, te conviertes en un mejor amigo, un mejor amante, un mejor miembro de la familia y un mejor *tú*.

Carta abierta a quienes siempre se ponen a sí mismos en último lugar

Ya hemos tratado muchos temas en este capítulo, pero queremos dejarte con una carta abierta que hemos escrito hace poco inspirada en un breve correo electrónico que nos envió una de las últimas alumnas de nuestro curso:

> Apreciados Marc y Angel:
> Tengo poco más de cuarenta años y me enfrento a una realidad inquietante. Soy enfermera y paso literalmente el noventa por ciento de mi tiempo todos los días ayudando a otras personas, pero de alguna manera me he descuidado por completo en el proceso y me siento mal por haber procedido así. Es como si hubiese sonado una sirena en el interior de mi mente y no hubiese respondido a ella. A menudo me siento ansiosa y desgraciada, en mis días libres sobre todo. ¿Qué debería hacer? ¿Cómo puedo motivarme en esos momentos difíciles? Os agradecería muchísimo cualquier idea.
> Cordialmente,
> Una alumna preocupada

Nuestra respuesta abierta a todos aquellos que se ponen en último lugar:

> Apreciada alumna preocupada:
> Había una vez una aldea habitada por personas que vivían en casas de madera hechas a mano. El fuego era siempre un peligro muy real y presente. Una pequeña llama podría reducir a cenizas todo el lugar en unas pocas horas. De manera que los aldeanos concibieron un ingenioso sistema de lucha contra incendios.
> Al primer indicio de humo, un voluntario hacía sonar una ruidosa sirena. En el momento en que sonaba esta, todos los aldeanos dejaban todo y se apresuraban hasta un punto de encuentro para combatir el incendio. Todos jugaban un papel: unos extraían agua

de los pozos accionando una bomba, otros se pasaban los cubos de agua en una cadena humana y otros tiraban el agua al fuego hasta que se extinguía.

Un día, un viajero procedente de un pueblo distante oyó la sirena y le preguntó qué era aquello a una mujer que pasaba por la calle, quien le explicó que cada vez que había un incendio sonaba la sirena y se apagaba el fuego.

El viajero, asombrado, decidió llevar la interesante tecnología de la sirena a su aldea, que también tenía grandes problemas con los incendios. Reunió a todos los habitantes y les dijo: «Ya no tenéis que temer más al fuego, amigos. He encontrado una nueva forma de extinguirlo. Observad y os lo demostraré».

Encendió una gran bala de heno que estaba junto a su propia cabaña. Las llamas no tardaron en acercarse peligrosamente a su hogar. Luego sacó la sirena que había adquirido y la hizo sonar. La intensidad del fuego no hizo sino aumentar, así que volvió a hacerla sonar. El fuego siguió expandiéndose con rapidez.

«¡Tened paciencia! Debería ocurrir en cualquier momento...».

En estado de pánico, hizo sonar la sirena una y otra vez, pero aun así el fuego no dejó de expandirse y arder con más intensidad. En cuestión de horas, toda la aldea había sido totalmente devorada por las llamas, porque, por supuesto, había entendido mal el propósito de la sirena. Los habitantes de la otra aldea no la usaban para apagar los incendios; no era más que una señal que les indicaba que era el momento de tomar medidas positivas.

Deja que esta historia, y el trágico error del viajero, haga que tu mente tome conciencia de esta verdad: cada uno de nosotros tenemos una sirena en nuestro interior. Y al igual que la sirena de la historia, es una llamada a la acción, no una solución mágica para los problemas que requieren nuestra atención inmediata. Si prestas atención a la sirena y dejas que te motive a adoptar medidas positivas, puedes salvar tu propia vida y generar una sensación de propósito, paz y resolución para ti y para quienes dependen de ti.

Los pasos que deberás dar a continuación no serán fáciles, pero valdrán la pena. A veces tenemos que aprender (o volver a aprender) a ser nuestros mejores amigos, porque caemos demasiado fácilmente en la trampa de ser nuestros peores enemigos. Nos encanta la idea de ser amados y escuchados por otros, pero olvidamos amarnos y escucharnos a nosotros mismos.

Es hora de que dejes de ponerte en último lugar.

Hoy, date prioridad.

Ponte el reto de escuchar lo que te dicen el corazón y la mente.

Cordialmente,

Marc y Angel

Ejercicio final

Divide una hoja de papel en dos columnas. En una, escribe todo aquello que te guste de ti: tus puntos fuertes, las situaciones difíciles que has superado, la gente cuya vida has afectado de forma positiva, tus logros personales y los valores que hacen subir tu autoestima. En la otra, escribe una lista de tus debilidades o problemas personales con los que aún tienes dificultades: tal vez seas egoísta a veces, o evites asumir la responsabilidad, o no hayas cumplido con tus compromisos. Sean cuales sean estos problemas, sácalos a la luz del día para examinarlos, y automáticamente te parecerán menos vergonzosos.

Al final del ejercicio, lee en voz alta ambas columnas. Luego, ponte la mano sobre el corazón y dite a ti mismo: «Soy fuerte. Soy débil. Soy defectuoso. Estoy destrozado. Estoy aprendiendo. Soy vulnerable. Soy humano. Y a pesar de todo esto, me doy permiso para amarme incondicionalmente. Soy un ser en proceso de desarrollo y evolución que utiliza los errores del pasado como combustible para mi viaje de crecimiento. Me acepto tal como soy y establezco la intención de convertirme en la mejor versión de mí mismo».

Vuelve a leer este capítulo y haz este ejercicio a menudo. Pasa tiempo meditando en los rituales y patrones de tu vida que te son útiles y aquellos que te detienen. Conéctate con el dolor que ha causado la desconexión contigo mismo y sostenlo suavemente en tu conciencia. Al hacer esto, adquirirás mayor autoconciencia y atención plena y te amarás más. Y una vez que entiendas que basta con que seas tú, también aprenderás a aceptar y amar a los demás de forma más compasiva y menos enjuiciadora.

CAPÍTULO 5

Perspectiva: encuentra la belleza en las dificultades de la vida

¿Recuerdas esa ocasión en la que pensaste que no podías lograrlo? Lo hiciste, y lo volverás a hacer. No dejes que tus dificultades se lleven lo mejor de ti.

Una de nuestras lectoras, Colleen, nos envió un correo electrónico hace varios meses para hablarnos de un momento en el que su perspectiva cambió para mejor: «Esta mañana, casi cinco años después del fallecimiento de mi marido, una hermosa pareja y sus tres hijos llamaron a la puerta de mi casa. El hombre sonrió y dijo: "Su marido fue mi donante de corazón. Él me salvó la vida. No ha pasado un solo día en el que no haya rezado por él y pensado en usted. ¡Gracias!"».

A continuación, Colleen admitió que no había podido ver ningún aspecto positivo en la muerte de su marido, hasta que se encontró frente a uno de esos «aspectos» en la puerta de su casa: «Eso no hizo necesariamente que las cosas fuesen más fáciles para mí, pero ciertamente cambió mi forma de pensar. Siento que un pequeño pedazo de mi corazón roto se ha curado».

Y la verdad es que a veces las cosas ocurren de esta manera. Aunque la experiencia de Colleen es única y bastante extraordinaria, la vida a veces tiene una forma de «abofetearnos» con un buen recordatorio que nos hace cambiar nuestro punto de vista para mejor. Sin embargo, debemos tener presente esto: no necesitamos esperar a que llegue la vida y cambie nuestro punto de vista por nosotros; tenemos la capacidad de hacerlo nosotros mismos, nos demos cuenta o no.

Pero para comprender realmente este poder que todos tenemos, primero debemos cuestionar el mito de que todo lo que experimentamos de primera mano es la realidad.

A una edad temprana, a menudo se nos indica que cuestionemos las historias y los rumores que oímos en boca de otras personas y que aceptemos plenamente, en cambio, lo que experimentamos de primera mano. En otras palabras: si lo vemos con nuestros propios ojos, lo escuchamos con nuestros propios oídos o lo sentimos con nuestras propias manos, entonces eso es sin duda toda la verdad. Aunque este pueda parecer un supuesto lógico, no siempre es preciso.

Nuestro diálogo interior y nuestra mentalidad tienen un efecto drástico en la forma como interpretamos las experiencias de la vida. Las historias que nos contamos inconscientemente no solo cambian la forma en que nos sentimos por dentro, sino que también cambian lo que vemos, lo que oímos, lo que experimentamos y lo que creemos que es verdad en el mundo que nos rodea. Como resultado, las personas pueden tener la misma experiencia pero interpretarla de manera diferente. Cada uno de nosotros podemos tener una experiencia compartida pero una historia diferente puede estar resonando en nuestra mente, la cual altera la manera en que nos sentimos y en que interpretamos las cosas en cada paso del

La perspectiva lo es todo.

camino. La perspectiva lo es todo. Y, en cierto modo, las historias que nos contamos tienden a reducir nuestra perspectiva. Cuando, al tener una experiencia, albergamos una historia sobre cómo es la vida, eso tiende a ser todo lo que vemos. Algunos de nosotros hemos quedado profundamente desconsolados. Algunos de nosotros hemos perdido padres, hermanos o hijos a causa de accidentes y enfermedades. Algunos de nosotros hemos lidiado con la infidelidad. Algunos de nosotros hemos sido despedidos de trabajos en los que confiábamos. Algunos de nosotros hemos sido discriminados por nuestro sexo o raza. Cuando tenemos una nueva experiencia que nos despierta recuerdos destacados de nuestra propia historia dolorosa del pasado, ello cambia nuestra perspectiva en el presente, la reduce.

Cuando una experiencia pasada negativa reduce nuestra perspectiva actual, estamos ante un mecanismo de defensa. Todos los días de nuestra vida se nos presenta cierto grado de incertidumbre, y nuestra mente intenta compensarla aferrándose a historias con las que nos sentimos cómodos. Utilizamos historias antiguas y experiencias pasadas para interpretar el presente. Y aunque este enfoque funciona a veces, en otras ocasiones esas viejas historias y experiencias pasadas son completamente irrelevantes para el momento, y terminan lastimándonos mucho más de lo que nos ayudan.

En este capítulo exploraremos algunas verdades y herramientas que tenemos a nuestra disposición para cambiar nuestra perspectiva por otra más inteligente y encontrar la belleza en las dificultades de la vida, por más que nos sintamos mal por nuestra situación.

Encontrar la belleza en los cambios de la vida

Hay una tradición en el budismo en la que los monjes meditan sobre su propia muerte. Consideran cómo sería su muerte para su familia y su comunidad. Pero no piensan que esta meditación sea morbosa. La practican para cambiar su perspectiva y darse cuenta de todo lo bueno que tienen en su vida, de cuánto tienen por lo que estar agradecidos. Aunque la vida no es perfecta e implica afrontar dificultades, la meditación les permite ver las increíbles posibilidades que siguen existiendo. Al centrarse en algo que podríamos considerar completamente negativo, los monjes pueden cambiar su punto de vista y ver mejor aquello positivo que la vida tiene por ofrecer.

De manera similar, cuando podemos mirar atrás y darnos cuenta de la cantidad de adversidades que hemos superado, podemos aprovechar esto para incrementar la conciencia de nuestra fortaleza personal. El dolor de los cambios de la vida radica en darnos cuenta de que no tenemos el control, de que la realidad evoluciona ahí fuera y de que a menudo no cumple con nuestras expectativas.

En primer lugar y sobre todo, una perspectiva saludable y feliz implica elegir aceptar los cambios que se producen en la vida. Si los cambios son un hecho básico de la existencia, ¿por qué resistirse a ellos? ¿Por qué no aceptar lo que se presente, soltarlo cuando corresponda y vivir plenamente? Con esta actitud podrás ver la belleza que hay en los cambios de la vida. Sabemos que es difícil, pero solo lo es porque todos estamos acostumbrados a resistirnos. Si dejaras de lado tu resistencia habitual y el impulso de juzgar, ¿podrías imaginar tu verdadero potencial?

Efectuar el cambio del subconsciente al consciente

Nuestra perspectiva deriva de nuestras experiencias pasadas: las adversidades que hemos sufrido, las experiencias negativas y positivas que hemos tenido a lo largo de los años, nuestras relaciones anteriores... Todo ello está alojado en la parte posterior de nuestra mente. Cuando abordamos cualquier situación dada, nos remitimos sin saberlo a toda esa información. Si no somos conscientes de nuestra mente subconsciente y de cómo nos afecta, podemos efectuar juicios instantáneos defectuosos a partir de esas experiencias anteriores. Como resultado, la mayor parte de las dificultades que tenemos para cambiar nuestro punto de vista provienen de no darnos cuenta de que nos estamos remitiendo a nuestro subconsciente.

Entonces, ¿cómo podemos replantearnos nuestro punto de vista? Veamos varios ejemplos de situaciones difíciles y dolorosas, y cómo podemos cambiar nuestra forma de verlas.

Alguien a quien respetas te habla con brusquedad y te grita. Esta persona está herida, frustrada o enojada, y se está desquitando contigo porque estás cerca de ella. Se está expresando, queriendo ser salvada de lo incontrolable, y por supuesto no lo está logrando. ¿Puedes empatizar con esto? ¿Alguna vez has estado en sus zapatos? Hay belleza en los paralelismos que hay entre nosotros, en nuestras luchas conjuntas, en la interconexión que nos unifica como seres humanos. Empatiza con este hermoso ser humano que está sufriendo, siente su dolor mientras lidia con el cambio en su vida, bríndale tu compasión y sigue adelante sin tomarte sus conflictos de forma personal.

Tu hija de tres años (o de trece) se niega a escucharte. Tu hija está madurando y afirmando su independencia. Tiene sus propios pensamientos y está demostrando que tiene entidad por sí misma, que no es solo un pequeño secuaz que sigue órdenes. ¿Alguna vez has estado en su lugar, tal vez en el trabajo o antes en la vida con tus propios padres? ¿Alguna vez te ha irritado alguien que intentaba controlarte? Hay belleza en este tipo de crecimiento e independencia, en este espíritu combativo, en esta madurez. Mira esta belleza y sonríe. Apréciala. Dale a tu hija algo de espacio para aprender y crecer.

Te despiden del trabajo. Por más duro que sea perder el trabajo, es un final que conduce al comienzo de todo lo que viene después. Así que deja que la pesadez de ser alguien que tiene éxito sea reemplazada por la ligereza de volver a ser un principiante. Este nuevo comienzo es el principio de una historia diferente, una oportunidad de renovar tu vida, de reinventarte. Contempla la belleza que contiene esta oportunidad, la libertad y la liberación respecto de una rutina fija; es una base sólida sobre la cual puedes reconstruir tu vida y hacer que sea como siempre quisiste que fuera.

Muere un amigo íntimo o un familiar. Esta situación es difícil, porque todos pasamos por el duelo de manera diferente, y lleva tiempo. Cuando alguien a quien amas muere repentinamente, no lo pierdes de golpe. Lo pierdes gradualmente a lo largo de semanas, meses y años, de la misma manera que el aroma de una persona va desapareciendo lentamente de la vieja chaqueta que usaba. Sí, la muerte es quizá el cambio vital más doloroso. Nosotros dos hemos lidiado con la pérdida de hermanos y grandes amigos, por lo que sabemos por experiencia que cuando uno pierde a alguien no se puede imaginar viviendo sin esa persona; el corazón se rompe. Uno nunca llega a superar completamente la pérdida, porque nunca va a olvidar a ese ser. Sin embargo, y extrañamente, esta es también una buena noticia. Ya hemos hablado de esto en el capítulo tres, pero vale la pena repetirlo aquí: la muerte es un comienzo, porque si bien hemos perdido a alguien especial, este final, como ocurre cuando perdemos algo que apreciamos que es importante para nosotros, da lugar a un momento de reinvención. Aunque estemos profundamente tristes, su fallecimiento nos obliga a reinventar nuestra vida, y esta reinvención contiene una oportunidad de experimentar la belleza de formas nuevas que desconocíamos. Y finalmente, por supuesto, la muerte es una oportunidad de celebrar la vida de una persona y agradecer la belleza que nos mostró.

Como ya sabes, nosotros dos hemos conocido la adversidad. Hemos afrontado dificultades emocionales y económicas. En esos tiempos, nuestras ideas sobre lo «buena» que se suponía que era nuestra vida se hicieron trizas, y pasamos a sentirnos enojados, amargados y asustados. Lo relevante es que nuestra forma de contemplar la adversidad nos estaba frenando. No parábamos de decirnos que merecíamos exactamente la vida que habíamos imaginado, pero esto nos impedía seguir adelante. Hasta que no empezamos a abrir la mente a la belleza que había en lo aparentemente terrible no vimos que comenzaban a abrirse caminos nuevos ante nosotros.

En el próximo apartado profundizaremos un poco más en algunas de las verdades más importantes que debemos reconocer para convertirnos en dueños de nuestra propia perspectiva, sea cual sea la situación que afrontemos.

Las cinco verdades que pueden cambiarnos la vida que la mayoría de las personas no están dispuestas a admitir, a causa del miedo o la terquedad

Aunque nos pueda resultar difícil expandir nuestra zona de confort más allá de los límites de aquello con lo que estamos familiarizados y hacer que incluya realidades que aún no nos sentimos preparados para afrontar, hacerlo es a menudo el camino más despejado hacia la libertad mental y emocional. Conseguir esta libertad hace que sea más fácil distanciarse de una situación difícil y verla desde un punto de vista más constructivo.

Pero muchos de nosotros, durante gran parte de nuestra vida, aceptamos medias verdades y falsedades que se interponen en el camino, impidiéndonos crecer, aprender y vivir nuestro mayor potencial. Enfrentarse a estas falsedades puede ser muy incómodo, aterrador e incluso doloroso, pero también es absolutamente necesario. Con esto en mente, queremos destacar cinco verdades increíblemente beneficiosas que tienen el poder de cambiar la vida y que han ayudado a cientos de nuestros alumnos de los cursos y clientes de *coaching* a ver a través de las falsedades que les impedían adoptar una perspectiva nueva y más saludable.

1. La gran mayoría de nuestras dificultades las creamos nosotros mismos, y podemos elegir superarlas en un instante.

Todos tenemos dificultades. Todos sufrimos por dentro. Todos los días nos preocupamos. Posponemos las cosas. Nos sentimos abrumados, enojados, solos y no lo bastante buenos. Desearíamos estar más delgados, tener más dinero, tener otro trabajo u otras relaciones. Pensamos que todo en la vida debería ser más fácil.

Pero cada una de estas dificultades es de creación propia. Son reales, pero solo porque las hemos creado en nuestra mente. Nos hemos apegado a ciertos ideales y fantasías sobre cómo debe ser la vida para que sea lo bastante buena para nosotros. Nos preocupamos porque las cosas podrían no salir como esperamos. Posponemos ciertas acciones porque tememos la incomodidad y el fracaso. Nos sentimos abrumados porque creemos que deberíamos haber avanzado más de lo que lo hemos hecho. Nos sentimos enojados porque creemos que la vida debería ser diferente.

Pero no tiene por qué ser así. Porque todas nuestras dificultades están en nuestra cabeza. En lugar de hacer caso a estos mensajes, respira hondo, deja que todos esos pensamientos y cavilaciones se vayan, y lleva la atención al momento presente. Enfócate en lo que está aquí contigo ahora: la luz, los sonidos, tu cuerpo, el suelo bajo tus pies, los objetos y las personas que se mueven y descansan a tu alrededor. No juzgues todo ello a partir de una idea de cómo debería ser y acéptalo tal como es. Ve la realidad presente, sin contrastarla con ideales y fantasías. Suelta todas las distracciones estresantes y experimenta el momento en el que estás, dándote cuenta de que es lo suficientemente bueno tal como es.

2. Tememos los juicios de los demás, a pesar de que esos juicios rara vez son válidos o significativos.

«¿Qué tiene de malo querer gustar a otras personas?». Esta es una pregunta que nuestros alumnos y clientes nos hacen a menudo. En pocas palabras, vincular nuestra autoestima con las opiniones de todos los demás nos proporciona un sentido erróneo de la realidad que puede perjudicar seriamente nuestra confianza y felicidad. Sin embargo, lo hacemos todo el tiempo. Desde querer que otros piensen que somos atractivos hasta verificar la cantidad de «me gusta» y comentarios que reciben nuestras publicaciones en las redes sociales, a la mayoría de nosotros nos importa mucho lo que piensan los demás.

A medida que crecemos, aprendemos a separar nuestros pensamientos y emociones de los que tienen las otras personas, pero muchos de nosotros seguimos buscando, incluso rogando, la aprobación social. En una encuesta reciente que hicimos a mil doscientos de nuestros alumnos y clientes, dos tercios admitieron que su autoestima estaba fuertemente ligada a lo que los demás pensaban de ellos. Y aunque esta no es una forma saludable de medir la autoestima, no es sorprendente que muchos de nosotros pensemos en estos términos. Respondemos a todo lo que experimentamos, de forma natural, a través de la lente de nuestras expectativas aprendidas, es decir, a través de un conjunto de creencias profundamente arraigadas sobre cómo es el mundo y cómo deberían ser las cosas.

Una de las expectativas más prevalecientes es la validación externa y cómo «deberían» respondernos los demás. Hace más de un siglo, el sociólogo Charles Cooley identificó el fenómeno del *yo espejo*, según el cual «no soy lo que creo que soy, y no soy lo que tú crees que soy; soy lo que pienso que crees que soy». Lamentablemente, este tipo de validación externa se asienta en la inseguridad, y depender de ella, aunque sea por poco tiempo, reduce la autoconfianza y la autoestima.

El mayor problema es que tendemos a olvidar que los otros nos juzgan a partir de un conjunto de influencias que han recibido en su propia vida que no tienen nada que ver con nosotros. Basar nuestra autoestima en lo que piensan los demás hace que seamos vulnerables a perpetuidad; estamos, literalmente, a merced de sus perspectivas poco fiables, sesgadas.

3. Nuestras experiencias pasadas nos han condicionado a creer que somos menos capaces de lo que somos.

Hay una metáfora pertinente para tratar este punto. Los trabajadores de los zoológicos generalmente atan una delgada cadena de metal a la pata de un elefante adulto y luego unen el otro extremo a una pequeña estaca de madera que clavan en el suelo. El animal, de tres metros de altura y cuatro mil quinientos kilos de peso, podría romper fácilmente la cadena, arrancar la estaca y liberarse con un mínimo esfuerzo. Pero no lo hace. De hecho, nunca lo intenta. El animal terrestre más fuerte del mundo, que puede arrancar un árbol grande tan fácilmente como nosotros podemos romper un palillo de dientes, permanece derrotado por una pequeña estaca de madera y una cadena endeble.

¿Por qué? Porque cuando el elefante era una pequeña cría, sus cuidadores usaron estos mismos métodos para domesticarlo. En esa etapa, la cadena y la estaca eran lo bastante fuertes como para contener al pequeño elefante. Cuando intentaba alejarse, la cadena de metal tiraba de él, y no tardó en darse cuenta de que era imposible llegar a escapar. De manera que dejó de intentarlo. Y ahora que el elefante está completamente desarrollado, ve la cadena y la estaca y recuerda lo que aprendió de pequeño: que es imposible escapar de ellas. Por supuesto, esto ya no es cierto, pero no importa. Da igual que la cría de noventa kilos sea ahora un gigante de cuatro mil quinientos kilos. Los pensamientos y las creencias autolimitantes del elefante prevalecen.

Si reflexionamos al respecto, nos daremos cuenta de que todos somos como esos elefantes. Todos tenemos un poder increíble en nuestro interior, y tenemos también nuestras propias cadenas y estacas: los pensamientos y las creencias autolimitantes que nos detienen. A veces derivan de una experiencia de la infancia o un viejo fracaso, otras veces de algo que nos dijeron cuando éramos más jóvenes. El punto clave que debemos comprender es este: necesitamos aprender del pasado, pero también estar dispuestos a cambiar nuestros supuestos, es decir, nuestra perspectiva, sobre cómo son las cosas en la actualidad. La vida no es estática. *Puedes* liberarte.

4. El dolor real, la angustia y el fracaso son experiencias que pueden ayudarnos a crecer.

Muchos de los inventos, las novelas y las canciones más emblemáticos de todos los tiempos fueron inspirados por un dolor, un desamor o un fracaso desgarrador. El lado positivo de esos grandes desafíos es que fueron los catalizadores de la creación de unas obras maestras épicas.

Un campo emergente de investigación psicológica llamado *crecimiento postraumático* ha sugerido que la mayoría de las personas son capaces de usar sus dificultades y traumas para experimentar un desarrollo creativo e intelectual sustancial. Específicamente, los investigadores han descubierto que el trauma puede ayudarnos a desarrollar nuestra satisfacción a largo plazo, nuestra fuerza emocional y nuestra ingenio.

Cuando nuestra visión del mundo se ha hecho añicos, nos vemos obligados a cambiar nuestra perspectiva. De pronto tenemos la oportunidad de mirar y ver las cosas bajo una nueva luz. Esta es una forma saludable de hacer frente a los cambios de cosmovisión. Entonces, en lugar de evitar los cambios inesperados, acepta completamente la realidad y la amplia gama de experiencias que te encuentres en el camino de la vida; acoge tanto lo bueno como lo malo. Esto incluye todas tus emociones, todos tus altibajos, todos tus momentos felices y dolorosos, y todas las experiencias intermedias. La vida es intrincada, complicada y extraordinaria.

Abrazar completamente la vida de esta manera significa abrirte a posibilidades inimaginables, volverte vulnerable a los cambios inesperados, ser compasivo contigo mismo cuando los tiempos son difíciles, darte un poco de amor y amabilidad adicionales independientemente de lo que pase, y estar agradecido por la oportunidad de experimentar todo ello. Significa no esperar ser siempre el ser humano perfecto que vive la vida perfecta, sino aceptar la realidad tal como es, aceptarte a ti mismo como eres y luego sacar el mejor partido de ello.

5. Tenemos que renunciar a algunas cosas para obtener lo que más queremos en la vida.

Esta podría ser una de las verdades más difíciles de asumir, y es por eso por lo que la mencionamos varias veces a lo largo de esta obra. Tenemos que decir no a cosas buenas para poder decir sí a lo importante. Sencillamente, no podemos hacer todo. Así que sé consciente y elige sabiamente. Aquello en lo que elegimos enfocarnos adquiere fuerza en nuestra vida. En cada momento dado, miles de pequeños asuntos compiten por obtener nuestra atención. Todos ellos pertenecen a una de dos categorías: los que son prioritarios y los que no lo son.

Enfócate en las pocas cuestiones clave que son más importantes para tener éxito hoy, para dar otro pasito adelante. Y recuerda que renunciar a ciertas opciones no consiste solamente en realizar pequeños sacrificios inmediatos; también consiste en que obtengas, progresivamente, los recursos que necesitas para hacer algo significativo. Si quieres alcanzar un objetivo o resultado importante en la vida, tienes que renunciar a aquello que está en conflicto con él. Esto no significa que debas sufrir a propósito. Solo significa que no puedes tenerlo todo: debes sacrificar algo que valores menos que aquello que finalmente quieres lograr.

Si no reconoces las cinco verdades anteriores, puedes terminar con una visión distorsionada de tu valía, tus aptitudes y tu capacidad de superar la adversidad. Pero si puedes recordar estos puntos, especialmente al encontrarte cara a cara con una situación difícil, estarás mucho mejor preparado para mantener la perspectiva cuando aparezcan problemas inesperados.

Dominar el arte de la autoindagación

Albert Einstein dijo en una ocasión: «El mundo tal como lo hemos creado es un proceso de nuestro pensamiento. No se puede cambiar sin cambiar nuestra forma de pensar».

La mente es tu campo de batalla. Es el lugar donde residen tus conflictos más feroces y despiadados. Es el lugar donde cientos de resultados negativos que creías que iban a producirse eran solo fantasías. Es el lugar donde tus expectativas obtienen siempre lo mejor de ti. La mente es el sitio donde caes víctima de tu secuencia de pensamientos una y otra vez. Si permites que estos pensamientos permanezcan en ella, lograrán despojarte de la felicidad, de la estabilidad y, al final, de tu vida. A causa de tus pensamientos derramarás lágrimas, experimentarás episodios de depresión y acabarás absolutamente derrotado. ¡Permite que estas palabras sean, para ti, una señal de alerta!

Eres lo que piensas.

Eres lo que piensas. No puedes cambiar nada si no puedes cambiar tu forma de pensar. Un hermoso día empieza con una mentalidad hermosa. Cuando te despiertes, tómate un segundo para pensar qué privilegio tan grande es el solo hecho de estar vivo y tener salud. Exhala en el espejo del baño, solo para ver el aspecto increíble que tiene tu aliento. En el momento en que empieces a actuar como si la vida fuese una bendición, te aseguramos que comenzarás a sentir que lo es.

Una de las estrategias que enseñamos una y otra vez es la autoindagación, que es el arte de hacernos las preguntas correctas. ¿Por qué es tan importante esta estrategia? Porque las preguntas que nos hacemos se convierten en pensamientos. Los pensamientos se convierten en palabras. Las palabras se convierten en actos. Los actos se convierten en el carácter. Y el carácter lo cambia todo. Cuando los tiempos se ponen difíciles y surgen grandes problemas, como acaba por ocurrir inevitablemente, es la fortaleza de nuestro carácter lo que nos ayuda a superarlos.

Y dado que lo que nos preguntamos y decimos a nosotros mismos a diario influye directamente en nuestro carácter, piensa en cómo te has estado hablando a ti mismo últimamente. ¿Has estado usando las palabras fortalecedoras y alentadoras que le dirías a alguien a quien respetas? ¿O te has estado diciendo los mismos comentarios denigrantes que le gritarías a un enemigo si no aplicaras ningún filtro? Durante todo el día, te hablas en silencio a ti mismo, y una parte de ti cree cada palabra. Por eso es importante que permanezcas muy consciente cuando surgen problemas y reflexiones sobre estas cuestiones:

¿Qué debo dejar de pensar y de decirme a mí mismo? Deja de descalificarte por todo lo que no eres y empieza a reconocer todo lo que *eres*. Tenemos que aprender a ser nuestros mejores amigos, porque a veces caemos demasiado fácilmente en la trampa de ser nuestros peores enemigos.

¿Culparé a otros y negaré mi responsabilidad? ¿O concebirás un plan de acción para avanzar en tus propios términos? Imagina lo mucho más feliz y efectivo que serías si en lugar de negar, culpar, temer y combatir ciertas situaciones y tareas te limitaras a manejarlas.

¿Cómo puedo responder desde un espacio de claridad y fuerza y no de reactividad? Cada vez que sientas la tentación de reaccionar de la misma manera, pregúntate si quieres ser un prisionero del pasado o un pionero del futuro. Y recuerda que nuestro carácter a menudo es más evidente en nuestros momentos altos y bajos. Sé humilde en la cima de las montañas, sé fuerte en los valles y sé leal en el medio.

¿Tengo unas expectativas innecesarias en relación conmigo mismo u otras personas? Las expectativas son como la cerámica fina: cuanto más fuerte nos agarramos a ellas, más probable es que se rompan. Recuerda esto. Encontrarás que la vida es mucho más fácil si ajustas tus expectativas. Suelta un poco y aprecia tu vida y tus relaciones por lo que son.

¿Quién o qué necesita mi perdón? El perdón no siempre conduce a la sanación de las relaciones y las situaciones; hay algunas que no están destinadas a continuar. Pero perdona de todos modos, y deja que ocurra lo que tenga que ocurrir. Sigue adelante y libérate. Cuando albergamos un resentimiento, estamos atados a esa persona o circunstancia con un vínculo emocional que es más fuerte que el acero. El perdón es la única forma de disolver ese vínculo y liberarse.

¿Qué he aprendido para la próxima vez? No permitas que tu miedo a los sucesos pasados afecte al resultado de tu futuro. Vive por lo que tiene por ofrecer el día de hoy, no por lo que te quitó el ayer. Siempre habrá obstáculos, pero la mayoría de las veces estamos confinados por los muros que construimos nosotros mismos. Lo que vemos depende de cómo lo miramos. Olvida lo que has perdido y enfócate en lo que has aprendido.

La vida está llena de circunstancias que escapan a nuestro control; lo único que podemos controlar es cómo elegimos responder. Cuando nos tomamos tiempo para pensar al respecto, vemos que todo lo que sucede a nuestro alrededor es neutro y carente de sentido hasta que se lo damos. Y las preguntas que nos hacemos determinan el significado que otorgamos.

A veces las cosas tienen que ir muy mal antes de poder ir bien. A menudo encontramos las oportunidades más importantes en momentos muy difíciles. En una terrible recesión económica, Angel perdió el trabajo, fundamental para la economía familiar, que había conservado durante ocho años. Al principio se sintió consternada, porque no había manera de que pudiese conseguir otro empleo. Sintió que había sido perjudicada, y todos los rechazos le hicieron sentir que no tenía una experiencia que pudiese ser útil a nadie. Se hundió completamente.

Pero después empezó a hacerse las preguntas correctas, y poco a poco se fue dando cuenta de que ella, de que nosotros dos, teníamos la oportunidad de comenzar de nuevo. Dejó de sentirse perjudicada y victimizada, y empezó a ver las oportunidades potenciales que conllevaba el hecho de que la despidiesen. No tardamos en comprender que no teníamos motivos para quedarnos en nuestra ciudad natal, por lo que empaquetamos algunas de nuestras pertenencias y nos mudamos a otra parte del país en la que había más oportunidades laborales. El traslado aceleró el éxito de nuestro blog y nuestro negocio y nos ayudó a hacer frente a nuestras otras adversidades, y Angel comenzó a trabajar en una universidad, donde pudo sacarse su máster sin tener que pagar.

Sin duda estamos omitiendo muchos detalles, pero la idea fundamental es que casi todas las experiencias te ayudan a crecer con el tiempo, incluso si te es difícil verlo en el momento. Las circunstancias te van dirigiendo, corrigiendo y perfeccionando. Hay circunstancias que te derriban, o tal vez sientas que quedarás atrapado en un surco para siempre, pero recuerda esto: *no será así*. Para Angel, mantener la conciencia de que ella tiene siempre el control de su punto de vista es un reto continuo, como lo es para todos nosotros. Pero el hecho de cambiar radicalmente su perspectiva sobre lo que le sucedió acabó por ayudarla a convertir una dificultad en un éxito.

Qué hay que recordar cuando todo sale mal

En nuestro despacho, tenemos enmarcada una entrada del diario de la abuela de Marc, del 16 de septiembre de 1977. Dice así:

> Hoy estoy sentada en la cama del hospital esperando que me quiten los dos senos. Pero, extrañamente, me siento afortunada. Hasta ahora no he tenido problemas de salud. Soy una mujer de sesenta y nueve años que estoy en la última habitación al final del pasillo, antes de la entrada a la sección de pediatría. En las últimas horas, he visto cómo trasladaban a docenas de pacientes de cáncer con sillas de ruedas y camas plegables. Ninguno de ellos podía tener más de diecisiete años.

Esta entrada del diario está visible en nuestro despacho para que siga recordándonos que siempre, *siempre* hay algo por lo que estar agradecido. Y que por bien o mal que nos vayan las cosas debemos despertarnos cada día agradecidos por nuestra vida, porque alguien, en algún lugar, está luchando desesperadamente por la suya.

Hace poco hemos celebrado el trigésimo quinto cumpleaños de Janet, la mejor amiga de infancia de Angel. Hace cuatro años, le diagnosticaron cáncer de pecho en fase 2, una noticia devastadora para cualquiera, y especialmente para alguien tan joven. Por fortuna, hace dos años que no tiene cáncer. En la comida, nos dijo: «Me gustan mucho más mis treinta años que mis veinte. Tengo más confianza, sé lo que quiero de la vida, sé cuáles son mis capacidades. Sé que la vida es limitada y que solo tengo esta, y hago todo lo posible para aprovechar cada día al máximo».

Oírla decir esas palabras fue muy especial, porque vimos cómo su perspectiva de la situación le permitió ver un momento terriblemente difícil como una oportunidad de comprender lo que quería de la vida. Su ejemplo nos recordó que la felicidad no es la ausencia de problemas, sino la capacidad de utilizarlos como oportunidades para mejorar nuestra perspectiva. Piensa en tu propia vida. ¿Qué alegría y oportunidades podrías ver más claramente si tu mente no se aferrara con tanta fuerza a tus dificultades y decepciones? Recuerda que no es lo que el mundo nos quita lo que cuenta; es lo que hacemos con lo que nos queda.

Aquí tienes algunos recordatorios simples que te ayudarán a cambiar la perspectiva cuando más lo necesites:

El dolor forma parte del crecimiento. A veces la vida cierra puertas porque es hora de avanzar. Y eso es bueno, porque a menudo no nos movemos a menos que las circunstancias nos obliguen a hacerlo. Cuando los tiempos sean difíciles, recuerda que no hay ningún dolor desprovisto de propósito. Deja atrás lo que te lastimó, pero no olvides nunca lo que te enseñó. El hecho de que estés luchando no significa que estés fallando. Todo gran éxito requiere algún tipo de lucha digna. Lo bueno requiere tiempo, así que sé paciente y mantente positivo.

Todo en la vida es temporal. Cada vez que llueve, el sol vuelve a salir. Cada vez que te lastimas, te curas. Después de la oscuridad, siempre viene la luz: se nos recuerda esto todas las mañanas, pero aun así a menudo lo olvidamos, y elegimos creer que la noche durará para siempre. Cada momento nos proporciona un nuevo comienzo y un nuevo final. Tienes otra oportunidad cada segundo, y debes aceptarla y aprovecharla al máximo.

Preocuparse y quejarse no cambia nada. Quienes más se quejan son quienes logran menos resultados. Siempre es mejor intentar hacer algo magnífico y fracasar que no hacer nada. La partida no se acaba cuando pierdes; se acaba cuando no haces otra cosa que quejarte. Si crees en algo, sigue trabajando en ello. No dejes que las sombras del pasado oscurezcan la puerta de tu futuro. Pasarte el día de hoy quejándote del ayer no hará que el mañana sea mejor. Empieza por estar agradecido por todos los problemas que no tienes.

Tus cicatrices son símbolos de tu fuerza. Rumi escribió: «La herida es el lugar por donde entra la luz en ti». Nada podría estar más cerca de la verdad. Del sufrimiento han surgido las almas más fuertes; los personajes más significativos de este mundo tienen cicatrices relevantes. No te avergüences nunca de las cicatrices que te ha dejado la vida. Una cicatriz significa que el dolor ha terminado y la herida está cerrada. Significa que conquistaste el dolor, aprendiste una lección, te volviste más fuerte y seguiste adelante. No puedes hacer desaparecer las cicatrices de tu vida, pero puedes cambiar la forma en que las ves.

Cada pequeña lucha es un paso adelante. En la vida, la paciencia no es esperar; es la capacidad de mantener una buena actitud mientras trabajamos duro en nuestros sueños, sabiendo que dicho trabajo vale la pena. Entonces, si vas a intentarlo, dedica a ello el tiempo pertinente y ve hasta el final. Esto puede implicar perder la estabilidad y la comodidad por un tiempo, y tal vez incluso la cordura en ocasiones. Puede implicar estirar tu zona de confort hasta el punto en que se vuelva tan delgada que sientas que no te protege. Puede implicar sacrificar relaciones y todo lo que te resulta familiar. Puede implicar ser objeto de críticas. Puede implicar caminar solo por un tiempo. Pero si lo deseas, lo harás, a pesar de las posibilidades de fracaso, rechazo e incomodidad. Y cada paso te parecerá mejor que cualquier otra cosa que puedas imaginar. Te darás cuenta de que la lucha no se encuentra en el camino; *es* el camino. Y vale la pena.

La negatividad de otras personas no es tu problema. Ten una actitud positiva incluso cuando estés rodeado de negatividad. Cuando otros te traten de forma deficiente, sigue siendo tú. Nunca dejes que la amargura de otro individuo cambie la persona que eres; en lugar de ello, considera que ese individuo te ofrece un recordatorio de cómo *no* quieres ser, y conserva tu entusiasmo y tu enfoque. Sobre todo, nunca cambies solo para impresionar a alguien que diga que no eres lo bastante bueno. La gente va a hablar independientemente de lo que hagas o de lo bien que lo hagas. Si crees firmemente en algo, no tengas miedo de luchar por ello. Se deriva una gran fortaleza del hecho de superar lo que otros piensan que es imposible.

Lo que tenga que ser será. La verdadera fuerza llega cuando tenemos mucho por lo que llorar y quejarnos pero preferimos sonreír y apreciar nuestra vida. Hay bendiciones escondidas en cada dificultad que afrontamos, pero debemos estar dispuestos a abrir el corazón y la mente para verlas. No puedes forzar que ocurran las cosas; solo puedes volverte loco intentándolo. Al final, amar tu vida tiene que ver con confiar en tu intuición, arriesgarte, perder la felicidad y encontrarla de nuevo, apreciar los recuerdos y aprender a través de la experiencia. Es un viaje a largo plazo. Tienes que dejar de preocuparte, hacerte preguntas y dudar a cada paso del camino. Es posible que no termines exactamente donde pretendías ir, pero acabarás por llegar exactamente a donde necesitas estar.

Lo mejor que puedes hacer es seguir adelante. No tengas miedo de volver a levantarte, es decir, de volverlo a intentar, de volver a amar, de volver a vivir y de volver a soñar. No dejes que una lección difícil endurezca tu corazón. Las mejores lecciones de la vida se suelen aprender en los momentos más duros y a partir de los errores más grandes. Habrá ocasiones en las que parecerá que todo lo que podría ir mal está yendo mal. Y acaso sentirás que te quedarás atrapado en esa situación para siempre. Pero esto no será así. Cuando uno quiere dejar de fumar, debe estar dispuesto a aceptar que se va a sentir muy mal antes de sentirse bien. A veces hay que soportar lo peor para acabar obteniendo lo mejor.

No eres el único

En medio de los días malos y los tiempos difíciles, es fácil mirar alrededor y ver un montón de personas que parecen haber encontrado todo. Pero te aseguramos que no lo han hecho. Todos afrontamos nuestras propias dificultades cada día. Y si pudiéramos ser lo bastante valientes como para abrirnos al respecto y hablarnos más a menudo, nos daríamos cuenta de que no somos los únicos que se sienten perdidos y solos con sus problemas.

Muchos de nosotros estamos librando una batalla similar en este momento. Intenta recordarlo. Por más avergonzado o ridículo que te sientas acerca de tu propia situación, hay otras personas que están experimentando las mismas emociones. Cuando te oigas decir «estoy solo», la que está hablando es tu atribulada mente subconsciente, que está tratando de que te creas una mentira.

Siempre hay alguien que podría identificarse contigo.

Siempre hay alguien que te entendería.

Quizá no puedas hablar con estas personas de inmediato, pero están ahí fuera. Estamos ahí fuera ahora mismo.

Aquí tienes algunos recordatorios que a menudo examinamos con los clientes que se están esforzando por sentirse menos solos con sus agobios.

1. Cada cara que pasa por la calle representa una historia tan cautivadora, complicada y disparatada como la tuya.

Cuando mires a otra persona, a cualquier persona, recuerda que todos los individuos tienen una historia. Todos han pasado por algo que, sin darse cuenta, los cambió y los obligó a crecer. Todos a quienes conoces han tenido dificultades y siguen teniéndolas de alguna manera, y les cuesta tanto afrontarlas como a ti.

Marc tuvo la suerte de tener una abuela muy sabia que le mostró esta realidad cuando no era más que un adolescente. Esto fue lo que le dijo cuando él se estaba esforzando por comprender sus ansiedades y estaba desesperado por encajar:

Si crees que conoces a alguien que nunca se siente como te sientes tú ahora mismo (que nunca se siente un poco perdido y solo, o totalmente confuso y desquiciado), es que no sabes lo suficiente sobre esa persona. Cada uno de nosotros albergamos cierto grado de «locura» que nos impele de maneras extrañas, a menudo desconcertantes. Este lado de nosotros es necesario; forma parte de la capacidad que tenemos, como humanos, de pensar, adaptarnos y crecer. Forma parte de nuestra inteligencia. No ha habido ninguna gran mente que no albergase este tipo de locura en cierta medida. Y a veces la forma en que te sientes no coincidirá con la forma en que quieres sentirte. Esta es, principalmente, la forma en que tu mente subconsciente te ayuda a mirar las cosas desde una perspectiva diferente. Estas emociones vendrán y se irán deprisa siempre que las sueltes; siempre que las reconozcas conscientemente y pases por ellas. Al menos eso es lo que aprendí a hacer por mí misma, por necesidad, muy a menudo. Así que tú y yo estamos juntos en la misma lucha, cariño. Y también estoy bastante segura de que no somos los únicos.

2. Eres mucho más que la parte que se ha roto.

Cuando los tiempos son difíciles y una parte de ti está mellada y rota, es fácil que sientas que estás roto todo tú. Pero esto no es cierto.

Todos tenemos en nuestra mente una idea del tipo de persona que somos. Cuando esta idea se ve perjudicada o amenazada, aunque solo sea un poco, reaccionamos poniéndonos a la defensiva y, a menudo, de forma irracional. Los demás pueden cuestionar si hicimos un buen trabajo, y esto amenaza nuestra idea de que somos alguien competente, por lo que nos sentimos enojados o lastimados por la crítica. Alguien nos acusa falsamente de algo y esto daña nuestra idea de que somos una buena persona, por lo que nos enojamos y atacamos al otro individuo, o nos acobardamos y lloramos. Etcétera.

Pero lo más disparatado es que a menudo somos nosotros quienes nos dañamos y amenazamos a nosotros mismos lanzándonos negatividad y falsas acusaciones.

Hace poco, a Marc le estaba costando motivarse para trabajar en un nuevo proyecto creativo que había estado postergando, por lo que su visión de sí mismo como alguien que siempre es productivo y está motivado y tiene grandes ideas se vio repentinamente cuestionada. Cuando se dio cuenta de que no estaba poniéndose manos a la obra, se sintió terriblemente cohibido e inseguro, porque empezó a preocuparle la idea de que no era quien creía que era. Este sentimiento era aterrador y, a su vez, le hizo sentir muy solo por dentro.

Su solución fue darse cuenta de que no es solo de una manera. No siempre es productivo; a veces lo es, pero a veces también es improductivo. Y no siempre está motivado; unas veces lo está, pero otras no. Y obviamente tampoco tiene siempre grandes ideas, porque eso sería imposible. Marc comprendió lo siguiente:

> La verdad es que puedo ser de muchas maneras, y recordar esto me ayuda a expandir mi identidad para que no sea tan frágil; así no se rompe totalmente cuando se le arranca una pequeña astilla. Por lo tanto no importa si alguien ocasionalmente piensa que no hice un buen trabajo, o si a veces yo mismo descubro que no lo estoy haciendo. Porque no siempre hago un buen trabajo.
> Cometo errores.
> Soy menos que perfecto.
> Y esto está perfectamente bien.

Nos gustaría terminar este capítulo dirigiéndonos directamente a nuestras almas compañeras que están cansadas y que se esfuerzan por encontrar la felicidad en este mismo momento, aparentemente solas.

Esto es para ti.

Queremos que sepas que te entendemos. La vida no es siempre fácil. Cada día puede plantear un desafío impredecible. Algunos días tal vez te cueste levantarte de la cama por la mañana, afrontar la realidad y sonreír. Pero queremos que sepas que tu sonrisa, es decir, el solo hecho de saber que estás en algún lugar, nos ha hecho seguir adelante más días de los que podemos contar. No olvides nunca que incluso cuando los tiempos se ponen difíciles, como ocurre a veces, eres increíble; de verdad lo eres.

No siempre serás perfecto y nosotros tampoco. Porque nadie es perfecto y nadie merece serlo. Todo el mundo tiene problemas. Nadie lo tiene fácil. Todos estamos librando nuestras propias batallas. Las batallas de cada uno son únicas, pero las estamos afrontando al mismo tiempo.

Y recuerda que el coraje no siempre ruge como un león. A veces es solo un ronroneo silencioso al final del día que susurra «mañana volveré a hacerlo lo mejor que pueda». Así que mantente firme. Todo mejora siempre para quienes sacan el mejor partido a la forma en que resultan ser las cosas.

Y nosotros estamos comprometidos a sacarles el mejor partido contigo.

Un día tras otro, un pequeño paso tras otro, durante el resto de nuestra vida.

La vida es dura, sí, pero tú también lo eres. Encuentra la fuerza para sonreír todos los días. Encuentra el coraje para sentirte diferente pero hermoso. Encuéntralo en tu corazón para hacer sonreír a los demás también. No te estreses por aquello que no puedes cambiar. Vive con sencillez. Ama generosamente. Habla con sinceridad. Trabaja diligentemente. Y si no acabas de conseguir tu objetivo, sigue adelante, y no dejes de aprender.

Ejercicio final

Como hemos tratado a lo largo de este capítulo, cambiar la perspectiva (o el punto de vista) consiste en encontrar el lado positivo de cualquier situación y partir de ahí para dar el siguiente paso positivo hacia delante. Se trata de encontrar la belleza en lo que ocurra. Si te estás preparando para el fracaso, estás programando tu cerebro para esperarlo. En lugar de ello, practica buscar lo positivo. Puede ser difícil hacerlo; puede requerir tiempo y práctica. La clave es que te enfoques un poco menos en gestionar tus *problemas* y un poco más en gestionar tu *mentalidad*. Aquí tienes tres preguntas simples de las que puedes servirte para que te ayuden a hacer esto y a cambiar tu perspectiva para bien:

Practica buscar lo positivo.

- ¿Por qué podría estar agradecido en este momento si realmente quisiera estar agradecido?
- ¿Por qué podría sonreír ahora mismo si realmente quisiera sonreír?
- ¿Por qué podría emocionarme en este momento si realmente me quisiera emocionar?

Para terminar, queremos insistir en la idea de que hacerse las preguntas correctas puede hacer que cualquier situación difícil sea más manejable y menos aterradora. Es una práctica continua, pero nos enseña que nuestra perspectiva, tanto si elegimos usarla a nuestro favor como si optamos por usarla en nuestra contra, está totalmente bajo nuestro control.

CAPÍTULO 6

Salir del estancamiento: acepta el cambio y toma medidas cuando sea necesario

El cambio es la única constante, así que aprende a aceptarlo.

Durante años, Angel lidió con el hecho de haber sido adoptada. No había visto a su madre biológica desde que era un bebé, y con cada año que pasaba, el miedo subconsciente a no poder llegar a conocerla se fue volviendo más fuerte. En el fondo de su mente había un pensamiento constante: ¿y si su madre biológica moría antes de que tuviese la oportunidad de hablar con ella?

De alguna manera, Angel sentía vergüenza por haber sido dada en adopción, por lo que escondió esa parte de sí misma porque creía que no tenía a nadie con quien hablar de ello o con quien identificarse al respecto. Y no la ayudaba el hecho de que la mayor parte de las historias que oía sobre su madre biológica fueran negativas. Como resultado, las opiniones de los demás dictaban los pensamientos y sentimientos de Angel, lo que le hacía difícil formarse su propia opinión en lo relativo a acercarse a ella. Esta situación pesaba mucho en su corazón y en su mente, y el hecho de no estar haciendo nada para establecer el contacto empezó a carcomerla.

Aunque hacía más de dos años que tenía el número de teléfono de su madre biológica, estaba permanentemente indecisa en cuanto a si debía hacer la llamada. Hasta que se preguntó qué la estaba frenando *realmente*.

Nerviosísima, Angel llamó, esperando lo peor. Pero lo que sucedió estuvo lejos de ser «malo»: hablaron durante una hora, y al final de la conversación se sintió más tranquila y más en paz; finalmente fue capaz de liberarse de la carga de no efectuar la llamada. Al tomar el control de su situación, se dio cuenta del poder que tenía sobre la historia que se contaba. En lugar de esperar a que su madre se acercara a ella, decidió actuar. Acabó con el miedo y la preocupación de muchos años en tan solo una hora; le bastó con tomar una decisión y proceder según esta.

Muchos de nuestros clientes acuden a nosotros con un problema similar al de Angel: se sienten atrapados en su situación actual. Algunos incluso reconocen que no les ha sucedido nada excepcionalmente trágico, pero aun así se sienten infelices o insatisfechos con su vida tal como es y no saben qué hacer para cambiar las cosas. Tienen oportunidades a su disposición, pero no las están aprovechando. Están aplazando su decisión, diciéndose a sí mismos que optar por estas nuevas posibilidades sería demasiado doloroso o laborioso. En otras palabras: evitan tenazmente los cambios que necesitan realizar.

Aunque rehuir la posible angustia asociada al cambio puede proporcionar la ilusión de la comodidad, este tipo de interacción pasiva con la vida acaba por conducir a la infelicidad. Nosotros dos conocemos esta sensación. Sabemos exactamente lo que es mirar una oportunidad y evitarla, solo por el temor a cuál podría ser el resultado. Sabemos que el cambio y el crecimiento pueden ser incómodos. También sabemos que al final nada es tan doloroso como permanecer atrapado en un lugar al que uno no pertenece. Se necesita mucho valor para admitir que algo tiene que cambiar, y mucho más para aceptar la responsabilidad de lograr que el cambio se produzca. Pero hacer esto merece cada esfuerzo que podamos realizar.

En el capítulo anterior hablamos sobre el control que tenemos sobre nuestra perspectiva. La perspectiva es crucial, pero también lo es la acción. A veces, para volver a ser feliz, hay que efectuar cambios reales en la vida, «despegarse» de una situación actual que no es útil. Este capítulo trata sobre por qué es tan importante aceptar el cambio y sobre los pequeños pasos que se pueden dar para materializarlo.

En primer lugar, vamos a hablar de las señales de advertencia que nos indican que estamos estancados y que, por tanto, es hora de que tomemos medidas al respecto.

Las señales de que es hora de cambiar tu situación

En el capítulo cinco desmontamos el mito de que todo lo que experimentamos de primera mano es verdad. Ahora queremos hacer estallar otro mito: el de que hay que esperar el «momento adecuado» para efectuar un cambio en la propia vida. La verdad es que nunca es demasiado tarde o demasiado temprano para ser quienes somos capaces de ser. No hay un límite de tiempo para empezar a vivir la vida que siempre hemos soñado. No hay una puerta mítica que se cierre después de cumplir cierta edad, de tal manera que ello nos impida experimentar lo que queremos hacer.

Los seres humanos somos expertos en tratar de evitar el cambio, pero esta evitación es uno de los factores más importantes que conducen a la infelicidad. Cuando nos encontramos en situaciones que hacen que nos cuestionemos la percepción que tenemos de nosotros mismos, a menudo reaccionamos sintiéndonos atrapados o en guardia. Con frecuencia pensamos que lo peor que podría pasar es que se interrumpiera el actual orden de las cosas. Pero ¿quién quiere pasarse la vida pensando y sintiendo de esta manera?

Por fortuna, la vida tiene una forma de levantar banderas rojas cuando es hora de que hagamos un cambio; solo tenemos que estar atentos a ellas. Con esto en mente, echa un vistazo a la lista siguiente y pregúntate si uno o más de los motivos que se exponen hacen que no estés contento con tu vida tal como es ahora:

1. **El miedo te está frenando.** Cuando tengas miedo de algo, date cuenta de que el miedo es lo peor de la situación; el miedo mismo es tu verdadero enemigo. Así que levántate, sal al clima tormentoso del mundo real y afronta tu miedo. Hazlo mirándolo a los ojos y, a continuación, caminando directamente hacia la tormenta. Deja que la lluvia bese tu piel. Este es el primer paso. Porque nadie que esté mojado teme la lluvia. A partir de ahí, podrás tomar una decisión mucho más inteligente sobre qué hacer a continuación.
2. **Te descubres alimentando lo negativo.** Siempre hay una feroz batalla entre dos fuerzas hambrientas dentro de cada uno de nosotros. Una es negativa (el miedo, la ira, los celos, la codicia, el resentimiento, la deshonestidad y el odio) y la otra es positiva (el amor, la alegría, la paz, la esperanza, la compasión, la bondad y la verdad). La fuerza que gana es la que más alimentamos.
3. **Tu mente está en cualquier parte excepto aquí, ahora.** Algunas personas creen que el pasado es interminable, el futuro es interminable y el presente es un momento. Pero la verdad es que *el pasado es un momento, el futuro es un momento y el presente es interminable*. Asegúrate de vivir en él y aprovechar al máximo este momento presente que llamamos vida.
4. **Te sientes presionado a ser alguien que no eres.** A algunos sencillamente no les gusta que seas tú mismo. Siempre se sentirán más cómodos con la persona que imaginaban que eras. Cuando estos individuos te desaprueben, ignóralos. Porque lo que te hace feliz invalida lo que ellos creen que te hará feliz. No rechaces tu verdad. No temas tu originalidad. No vivas según sus opiniones. Decide que eres importante y que no hay nada de malo en que seas tú mismo.

5. **Sientes que estás compitiendo contra todo el mundo.** No compites con nadie más que contigo mismo. Estás corriendo tu propia carrera. No necesitas implicarte en el juego de ser mejor que nadie en ningún sentido. Solo intenta mejorar, ser mejor de como eras ayer. Esta es la mentalidad que te hará libre.
6. **Una relación te está haciendo sufrir.** No puedes cambiar a todos quienes te rodean, pero puedes elegir estar con otras personas. Ninguna relación merece que te sientas desgraciado todos los días de tu vida. A veces es necesario distanciarse una temporada, y en ocasiones hay que borrar los mensajes, el número de teléfono y seguir adelante. No tienes que olvidar qué significaron para ti esas personas, pero sí tienes que aceptar que han cambiado, y que tú también lo has hecho.
7. **Te sientes aburrido.** No digas que estás aburrido con tu situación; no sirve de nada decir esto. Vives en un vasto mundo del que solo has visto una pequeña parte. E incluso el interior de tu propia mente es interminable; literalmente, se extiende sin cesar hasta profundidades que nunca has explorado. El hecho de que estés vivo es increíble, por lo que no tienes ninguna razón para estar aburrido. Si lo estás, ahí tienes un indicio de que es hora de cambiar algo.
8. **Te has estado resistiendo al cambio.** El cambio no forma parte del proceso; es el proceso. La mala noticia es que nada es permanente. La buena noticia es que nada es permanente. ¡*Nada* es permanente, de veras! Si entiendes esto, podrás hacer casi todo lo que desees, porque ya no estarás tratando de aferrarte a nada.
9. **Otras personas están escribiendo tu historia por ti.** Tu vida es una historia y tú eres el protagonista. Todas las otras personas, y queremos decir *todas*, son personajes secundarios. Ningún personaje tiene el poder de estresarte a menos que dejes que lo haga. Este no es más que un recordatorio amigable para ayudarte a despegarte y avanzar en tu historia. Vívela de la forma en que quieras vivirla y no dejes que otros escriban el final por ti.

Si algo de lo anterior te resuena, ciertamente no estás solo. Muchas personas tienen miedo de dar un paso adelante y cambiar su situación por el solo hecho de que no saben cómo hacerlo o porque temen fracasar. Pero recuerda que siempre es mejor dar un paso imperfecto hacia delante que no dar ningún paso en absoluto.

Cómo cambiar tu situación para mejor

Como hemos dicho, esperar el «momento adecuado» para cambiar tu situación no hará más que frenarte. El mito del momento perfecto nos impide a muchos de nosotros avanzar y alcanzar nuestro verdadero potencial, solo porque creemos que no somos lo bastante buenos o que no estamos lo suficientemente preparados en un momento dado. Esta creencia no solo es perjudicial para nuestro crecimiento como seres humanos; es una excusa que ponemos para no intentar algo nuevo. Rara vez la vida dispondrá todo perfectamente, y rara vez estarán bien alineados todos los astros. Si estás esperando reunir todos los recursos que crees que necesitas para dar el siguiente paso, antes de que te des cuenta habrás perdido todo el tiempo del que dispones.

Entonces, ¿cuál es la alternativa? Reconocer que cambiar tu situación requiere tomar medidas en el presente. Debes preguntarte qué puedes hacer para mejorar tu situación *ahora*. Debes «llegar a un acuerdo» con las ideas y los pensamientos que hay en tu cabeza que te están frenando. Debes decidir que vas a dejar de esperar, dejar de inventar excusas y comenzar a efectuar cambios, por pequeños que sean. Para cambiar tu situación debes ser muy consciente de qué es lo que quieres cambiar, y después encontrar lo que puedes hacer primero, una sola cosa, para ir en esa dirección. Es posible que ese acto no lo cambie todo, pero habrás empezado a encaminarte hacia algo mejor.

Volver a ser feliz requiere dar muchos pasos pequeños

Aunque la idea del momento perfecto es un mito que puede evitar que emprendamos la acción, esto no debe ser óbice para que actuemos de forma inteligente. Y una forma de comenzar a realizar acciones más inteligentes es proceder poco a poco. Vamos a ilustrar lo que queremos decir con un ejemplo.

Supongamos que estás cansado del empleo agotador en el que trabajas de ocho a cinco y quieres emprender tu propio negocio. Si no tienes una familia que dependa de ti o muchas responsabilidades económicas, tal vez te será más fácil empezar a dar pasos grandes e inmediatos en el sentido de dejar tu empleo y montar ese negocio. Por otro lado, si hay personas que dependen de ti económicamente, dejar tu trabajo de repente y empezar a dedicarte por completo a tu nuevo emprendimiento probablemente sería irresponsable.

Pero si este cambio de situación (dejar atrás la competencia feroz que vives en tu empleo para convertirte en propietario de un negocio) es importante para ti, no hacer nada también sería irresponsable, y esa es la clave: no esperes indefinidamente a que algo cambie por sí solo por el mero hecho de que estén presentes unas limitaciones. En lugar de dar un salto de gigante, habrá pequeños pasos que puedas dar hacia tu objetivo que no van a suponer un cambio drástico en tu vida ni a causar aún más dolor. Enfócate en adaptar tu estilo de vida de forma progresiva y en incorporar un poco de flexibilidad para acomodar mejor las oportunidades que surjan. Al dar pequeños pasos estarás tomando medidas y preparándote para emprender, con el tiempo, un camino totalmente nuevo.

¿Qué podrías hacer en el contexto de este ejemplo? Una excelente manera de comenzar a dar esos pequeños pasos sería preguntarte cómo podrías empezar a configurar tu estilo de vida para ir efectuando esos cambios. Desde el punto de vista económico, podrías ahorrar una cantidad de dinero que os permita vivir uno o dos años, o pagar alguna deuda. También podrías compartir tus planes con tu familia y tus amigos, para obtener su orientación y ayuda. Recuerda que tu red de apoyo tiene un valor incalculable; asegúrate, eso sí, de que su actitud sea realmente de apoyo.

La conclusión es esta: tanto si se trata de construir un negocio como de realizar cualquier otro cambio vital, la clave para pasar de la postergación al avance es darse cuenta de que no es necesario tener todo resuelto para empezar. Al dar pequeños pasos, podrás aprender a medida que avanzas, recopilando poco a poco información que te ayudará a comprender si ese es realmente el camino correcto para ti o si te conviene cambiar de dirección. Establecerás así un ciclo de retroalimentación que te irá proporcionando la información que te ayudará a corregir el rumbo mientras navegas hacia la vida que deseas.

Después de todo, hay muchas posibilidades de que la persona que quiere montar un negocio complementario se dé cuenta, transcurrido un año, de que se ha equivocado, y de que ahora quiere otra cosa. Tal vez desea algo un poco diferente, o algo muy distinto; en cualquier caso, no sigue queriendo lo mismo. Pero los pequeños pasos que ha dado para llegar a ese punto la han ayudado a obtener esta comprensión crucial de una manera inteligente. También ha llegado a darse cuenta de que incluso si cambiase de dirección, o si cambiase totalmente de parecer, toda la pasión y el esfuerzo que ha puesto en el camino no han dejado de suponer un avance que la ha acercado a estar en paz con una vida que está explorando y viviendo bien.

Por supuesto, dar pequeños pasos y adaptarnos a medida que avanzamos puede hacernos entrar en contradicción con «la forma en que se hacen las cosas». Por ejemplo, en nuestra sociedad, a menudo les decimos a los adolescentes que vayan a la universidad y elijan una carrera que los vaya a satisfacer durante los próximos cuarenta años de su vida. Esto es una broma, porque este no es necesariamente el objetivo de sacarse un título. Es formarse y estar preparado para dar pequeños pasos hacia delante. El título puede usarse para probar las aguas de un océano de posibilidades, y luego efectuar cambios a medida que uno se va comprendiendo mejor a sí mismo y va sabiendo cuál es la vida que quiere crear para sí.

La verdad es que nadie gana una partida de ajedrez solo avanzando; en ocasiones hay que retroceder para situarse en posiciones que permitan vencer. Esta es una metáfora perfecta para la vida. A veces, cuando parece que vamos de un callejón sin salida a otro, ello es indicativo de que no estamos en el camino correcto. Tal vez se suponía que debíamos girar a la izquierda y giramos a la derecha, lo cual está perfectamente bien. Poco a poco, la vida nos va enseñando que los cambios de sentido están permitidos.

Cambiar la propia situación requiere hacer sacrificios y experimentar molestias

Dar pequeños pasos puede ser absolutamente significativo, pero no hay forma de evitar que cambiar la propia situación resulte incómodo. Es por eso por lo que muchas personas, incluidos nosotros, no nos ponemos manos a la obra, al menos al principio. Pero tenemos que tomar conciencia de que nos estamos reteniendo y recordarnos que el hecho de que no sea fácil no significa que no valga la pena. La clave es recordar que está bien sentirse incómodo, porque este es el punto de partida del desarrollo humano.

Para obtener algo en la vida, a menudo es necesario renunciar a algo. Para cambiar nuestra situación, tenemos que tomar algunas medidas que no necesariamente serán fáciles o divertidas. La vida es lo opuesto a la perfección. Puede ser hermosa, por supuesto, pero también es desordenada y caótica. Con demasiada frecuencia evitamos perseguir nuestras pasiones porque tememos que no valen la pena las molestias asociadas al cambio. Es aterrador e incómodo alterar la forma como son las cosas, aunque sea para ir en pos de algo mejor.

La pregunta básica es una: ¿por qué vale la pena sufrir? El cambio que estás a punto de efectuar (poner fin a una relación, dejar un trabajo, etc.) ¿te ayudará realmente a avanzar hacia la vida que quieres llevar? Si es así, probablemente valga la pena soportar un poco de dolor e incomodidad. También puedes reformular la pregunta para ayudarte a pensar qué importancia tiene para ti ese objetivo o esa pasión, y qué estás dispuesto a sacrificar, a corto y largo plazo, para ser más feliz a largo plazo.

Al abordar tu situación de esta manera, te darás cuenta de que hay buenas razones por las que salir de tu zona de confort y exponerte al sufrimiento. Los cambios de esta magnitud no son fáciles para nadie, y lo entendemos. Pero cuando empieces a tener una conversación honesta contigo mismo sobre lo que quieres cambiar en tu vida, te será más fácil dirigir toda tu energía hacia la consecución de esos objetivos y superar los obstáculos. Cuando te enfoques en todo lo bueno que resultará de efectuar el cambio que deseas, los sacrificios que tendrás que hacer no te parecerán tan importantes. Pero si los sacrificios te parecen demasiado significativos, quizá ese cambio no sea adecuado para ti.

Hay algunas cosas por las que vale la pena sufrir.

En cualquier caso, adaptarse al cambio y liberarse de una situación infeliz implica, fundamentalmente, sentirse cómodo con las molestias. Se trata de elegir aceptar esa incomodidad, no porque queramos hacer que nuestra vida sea demasiado complicada o difícil, sino porque hay algunas cosas por las que vale la pena sufrir. Se trata de pasarlo un poco mal en el momento, o en parcelas no demasiado importantes de la vida, para sufrir mucho menos a la larga. Se trata de renunciar a ciertas cosas para obtener en mayor medida lo que realmente queremos en la vida.

Sin duda, si quieres marcar abdominales, también debes querer los entrenamientos duros y las comidas saludables. Si quieres tener un negocio que vaya bien, también debes querer las largas jornadas, los tratos y decisiones estresantes, y la posibilidad de fallar veinte veces para aprender lo que necesitas saber para tener éxito a largo plazo. Tienes que renunciar a ciertos ideales y a ciertas comodidades, rutinas, etc., para obtener lo que deseas en última instancia.

Y recuerda también que renunciar a algo no significa solamente hacer pequeños sacrificios inmediatos. También significa ir obteniendo los recursos necesarios para hacer algo significativo. Al renunciar a algo, automáticamente dejamos espacio en nuestra vida para otra cosa. Al decir no a todo lo que no es coherente con nuestras prioridades, estamos haciendo sitio a lo que sí lo es.

En el capítulo tres dijimos que si quieres alcanzar un objetivo o resultado significativo en tu vida, debes renunciar a lo que está en conflicto con ello. Esto no significa que tengas que hacer que tu vida sea innecesariamente penosa; solo significa que no puedes tenerlo todo: debes sacrificar algo que valores menos que aquello que deseas lograr. Por ejemplo, puedes sacrificar cierto grado de comodidad en el presente para tener más posibilidades de obtener unos logros futuros. Aquí te mostramos algunos ejemplos más, sacados del mundo real:

- El año pasado, una de las alumnas de nuestro curso renunció al salario considerable que recibía por un trabajo de oficina para ser empleada de ventas en un sector que la apasiona. En este nuevo empleo, iba a cobrar en función de las ventas que lograse. Tardó mucho tiempo en cambiar de trabajo por el miedo a no percibir un sueldo estable. De hecho, durante los primeros seis meses su sueldo, basado en las comisiones, fue menor, pero ahora sus ingresos casi duplican lo que ganaba en su empleo de oficina, y le encanta lo que hace para ganarse la vida.
- Otra de nuestras alumnas del curso decidió, como propósito de Año Nuevo, perder once kilos, por lo que pasó a

dormir un poco menos y a prescindir de la comida basura. Empezó a ir al gimnasio por las mañanas, aceptó los dolores musculares derivados de ello y optó por comer de forma saludable. Con un poco de apoyo y seguimiento por nuestra parte, fue capaz de alcanzar el peso que se había propuesto en menos de seis meses.

- Angel y yo dejamos de vivir en la playa de San Diego, en un vecindario realmente agradable y lleno de calles peatonales. Aunque al principio éramos reacios a irnos, ahora vivimos en el sur de Florida, donde vemos la alegría en los ojos de mis padres a diario mientras juegan en el patio con nuestro hijo, Mac, que es su único nieto. Realmente no se puede poner un precio a esto.

Si quieres algo en la vida, tienes que asumir los costos de conseguirlo; tienes que estar dispuesto a realizar ciertos sacrificios. Y tú, y solo tú, puedes decidir si los beneficios merecen que pagues ese precio.

Aquello a lo que tal vez tengas que renunciar para avanzar

Cuando murió nuestro gran amigo Josh, a pesar de lo difícil que nos resultó aceptar la noticia de su fallecimiento, sabíamos que nada lo traería de vuelta. Aun así, nos resultó emocionalmente más asumible perdernos en nuestro dolor y reflexionar sobre la idea de no perderlo nunca; esto era mucho más fácil que afrontar lo que significaba su pérdida para nosotros. Así que eso fue precisamente lo que hicimos durante un tiempo; fantaseamos con no perderlo y traerlo de regreso, hasta que sufrimos un ataque de depresión moderada. Por fortuna, en medio de nuestro luto no saludable, nos dimos cuenta de lo que estábamos haciendo, y supimos que teníamos que hacer algo para cambiar nuestra forma de ver la tragedia de perder a Josh. Nos pusimos en contacto con Cami, su viuda, una persona de la que podríamos haber elegido fácilmente distanciarnos para acallar el dolor de la pérdida. A decir verdad, no sabíamos qué era apropiado decir o hacer, así que decidimos ir a verla y escucharla, sin más. Nos dimos cuenta de que eso sería incómodo para nosotros, pero comprendimos que esa incomodidad no sería nada en comparación con lo que estaba pasando ella.

De manera que, una tarde, Cami, su hermana Tina y nosotros dos nos sentamos alrededor de una mesa. Cuando empezó a anochecer, comenzamos a hablar abiertamente sobre Josh. Ninguno de nosotros tenía ni idea de cómo iría la conversación. Derramamos lágrimas cuando nos sentamos allí, con la oscuridad cayendo a nuestro alrededor, pero esa era nuestra forma de afrontar la pérdida y aceptarla.

Cuando tomamos la decisión de tener esa conversación sobre Josh, sabíamos a lo que nos exponíamos. Afrontar nuestra pérdida no fue fácil, pero ese momento surgió de la decisión intencionada de no rehuir el pensamiento de Josh. ¿A qué renunciamos al acercarnos a nuestra amiga Cami? Abandonamos lo fácil, que era fantasear e intentar negar totalmente su muerte, y entramos en un espacio en el que nos sentimos inseguros. Pero ahí es donde se forja el cambio, en la inquietud y la incomodidad. A partir de esa visita, construimos una excelente relación con alguien que le importaba más que nada en el mundo a Josh. Actualmente, Cami trabaja para nosotros como auxiliar ejecutiva.

Cambiar la propia situación requiere no eludir el problema o evitar al elefante que hay en la habitación. Hay que entrar en la incertidumbre con franqueza y honestidad, y darse cuenta de que esta elección puede traer ansiedad, incomodidad e incluso dolor. Hay que estar dispuesto a aceptar lo que viene, a ser vulnerable. Al estar abiertos a este tipo de honestidad y vulnerabilidad, nosotros, Angel y Marc, también nos abrimos a una sensación de libertad, paz y riqueza emocional que de otro modo nunca habría aparecido en nuestra vida.

Tienes el poder de cambiar tu situación para mejor, sí o sí. Pero antes de poder hacerlo, es posible que tengas que renunciar a algunas de las historias, ideas y suposiciones a las que te has aferrado relativas a ti mismo y a tu situación actual. Entonces, cuando los tiempos sean realmente difíciles, recuérdate que rendirse no siempre significa ser débil o estar equivocado. A menudo, solo significa que uno es lo bastante fuerte e inteligente como para soltar y seguir adelante con su vida.

Con esto en mente, aquí hay algunas cuestiones clave que debes plantearte abandonar si quieres empoderarte para realizar un cambio y liberarte de una situación que te esté frenando.

Renuncia a las excusas que sigues recitándote

Hazlo, porque todas las excusas y explicaciones del mundo no te servirán de nada. No aportarán ningún valor ni mejorarán la calidad de tu vida en lo más mínimo. Atender la llamada actual y llegar a donde queremos ir en la vida requiere algo más que pensar y hablar. Esta hazaña precisa una acción enfocada y sostenida. La buena noticia es que eres perfectamente capaz de emprender cualquier acción que sea necesaria. Solo tienes que elegir hacerlo.

Tarde o temprano te darás cuenta de que no es lo que pierdes por el camino lo que cuenta; es lo que haces con lo que aún tienes. Cuando sueltas el pasado, perdonas lo que necesita ser perdonado y sigues adelante, de ninguna manera estás cambiando el pasado: estás cambiando el presente y el futuro.

Cuando hayas superado las excusas, abandona la idea de que no tienes lo que se necesita

Tienes exactamente lo que hace falta. ¿Será fácil? ¡No, de ninguna manera! Parafraseando unas palabras de Rocky Balboa, nadie te tomará por sorpresa y te golpeará tan fuerte como lo hará la vida. Pero lo relevante no es lo fuerte que puede golpearnos la vida; lo relevante es lo duro que puede golpearnos sin que por ello dejemos de avanzar. Esta es la verdadera fuerza, y en esto consiste ganar el juego de la vida.

Al final, la suma de lo pequeño acaba siendo muy significativa. Cada paso es crucial. La vida no consiste en un solo momento en el que se obtiene un gran triunfo y un gran logro. Consiste en las pruebas y los errores que nos van conduciendo ahí poco a poco; en la sangre, el sudor, las lágrimas y los actos pequeños e intrascendentes que realizamos a diario. Al final, todo importa: cada paso, cada arrepentimiento, cada decisión, cada pequeño revés y cada ínfima victoria.

Los sucesos aparentemente irrelevantes contribuyen a algo: el trabajo que tuviste en el instituto por el que te pagaban el salario mínimo. Las tardes en las que socializaste con compañeros de trabajo a los que ya no has vuelto a ver. Las horas que pasaste escribiendo pensamientos en un blog personal que nadie lee. Las consideraciones sobre elaborados planes futuros que nunca llegaste a materializar. Todas esas noches solitarias que pasaste leyendo novelas, columnas de noticias y tiras cómicas, y poniendo en duda tus propios principios sobre la vida, el sexo y la religión y si eres o no lo bastante bueno tal como eres.

Todo esto te ha fortalecido. Todo esto te ha llevado a cada éxito que has tenido. Todo esto te ha hecho ser quien eres hoy. Y todo esto demuestra que tienes la fuerza necesaria para abordar los retos que tienes por delante.

Deja de centrarte en lo que está mal y empieza a advertir lo que está bien

A menudo, lo que vemos depende totalmente de lo que estamos buscando. Hazlo lo mejor que puedas y olvídate del resto. Cuando somos presa del arrepentimiento por la vida que creemos que deberíamos haber tenido, acabamos perdiéndonos la belleza de lo que tenemos realmente. Lo tendrás difícil para ser feliz si no estás agradecido por lo bueno que hay en tu vida en este momento.

No necesitas que las circunstancias sean ideales para seguir adelante. Las personas más felices y exitosas no viven en determinadas circunstancias, sino con determinadas actitudes. Elegir tener una actitud positiva y estar agradecido por lo que tienes ahora determinará cómo vas a vivir el resto de tu vida. Por lo tanto, en lugar de esperar hasta que todo esté bien, busca algo positivo hoy. Aunque te cueste un poco más de lo habitual encontrarlo, está ahí.

Renuncia a la tendencia a quedar atrapado en los juicios y las opiniones perjudiciales de los demás

La principal prisión en la que probablemente vivirás es el miedo a lo que piensen otras personas. No puedes dejar que otros te digan quién eres o qué es lo que quieres; tienes que decidirlo por ti mismo. Cuando debas tomar decisiones importantes, recuerda que lo que piensas de ti y de tu vida es más importante que lo que piense la gente de ti. No dejes que otras personas te hagan sentir culpable por vivir tu vida. Mientras no hagas daño a nadie, vívela a tu manera.

Está bien escuchar a los demás en ocasiones, pero no a expensas de nuestra autenticidad o cordura. A lo largo de tu vida, habrá muchas ocasiones en las que habrá un gran silencio y lo único que te quedará será el pulso resonante de tu propia intuición. Aprende a reconocer cómo suena o nunca entenderás lo que te está diciendo.

¡Estate preparado para defender tus decisiones!

Y recuerda que, por más determinación y fuerza de voluntad que tengas, si permaneces en una relación o un entorno social que esté en contra de tus mejores intenciones, acabarás por sucumbir a ese entorno. (Trataremos este punto en detalle en el capítulo nueve).

Renuncia a la postergación y a las pérdidas de tiempo absurdas

Para tratar este punto, parafrasearemos unas palabras que siempre nos han encantado de Marc Levy, de su novela *Ojalá fuera cierto*: eres cliente de un banco llamado Tiempo. Cada mañana, te da un crédito de 86.400 segundos. Todas las noches cancela, como pérdida, cualquier cantidad que no hayas invertido con un buen propósito. No lleva ningún saldo. No permite descubiertos. Cada día, abre una nueva cuenta para ti con el mismo depósito de ochenta y seis mil cuatrocientos segundos. Cada noche, cancela el remanente del día. Si no utilizas el depósito de la jornada, la pérdida es tuya. No hay vuelta atrás. No puedes dejar ninguna cantidad para el día siguiente.

El tiempo no es un recurso que puedas pedir prestado o tomar de tus reservas cuando lo necesites; está restringido. Debes vivir en el presente con el depósito de hoy solamente. Invierte ese tiempo en favorecer al máximo tu salud, tu felicidad y tu éxito. Estás efectuando extracciones de la cuenta en este momento, así que haz que sirva para algo.

Finalmente, deja de elegir no hacer nada

No puedes escoger cómo vas a morir o cuándo vas a hacerlo. Solo puedes decidir cómo vas a vivir ahora mismo. Cada día te da una nueva oportunidad de elegir. Elige cambiar tu perspectiva. Elige cambiar tu chip mental; haz que pase de ser negativo a ser positivo. Elige encender la luz y dejar de preocuparte presa de la inseguridad y la duda. Elige hacer un trabajo del que estés orgulloso. Elige ver lo mejor en los demás y mostrar lo mejor de ti a los demás. Elige *vivir* verdaderamente tu vida ahora mismo.

Cuando dejas de hacer lo incorrecto, le das a lo correcto la oportunidad de «reunirse contigo». Por lo tanto, tómate un momento para pensar en un mal hábito o patrón de pensamiento que te haya mantenido infeliz y atrapado en tu situación actual; puede ser uno de los elementos anteriores o algún otro. ¿A qué puedes renunciar hoy para reemplazarlo por algo útil, algo que te ayudará a cambiar tu situación y a volver a ser feliz?

Muchos de nosotros no acabamos de tener claras nuestras prioridades. Llenamos nuestro calendario, nuestras redes sociales y nuestros días con diversos tipos de distracciones y ocupaciones, a menudo solo para evitar hacer las pequeñas cosas que deben hacerse o para evitar estar un poco incómodos con la carga de trabajo que tenemos por delante. En el instante en que sentimos un poco de incomodidad, salimos corriendo en dirección al objeto brillante más cercano que nos llama la atención. Y este hábito va desarticulando progresivamente nuestras mejores intenciones y nuestro verdadero potencial. Nuestros sueños y prioridades se quedan en la cuneta, y lamentamos haber perdido otro día.

Pero no tiene por qué ser así.

Podemos efectuar otras elecciones.

Podemos aceptar los cambios que sabemos que tenemos que realizar.

De hecho, aceptar todos los tipos de cambio es la única opción viable que tenemos.

Por qué es fundamental aceptar el cambio

El cambio es constante. No hay ninguna fuerza lo bastante potente como para detenerlo. Depende de ti adaptarte a los altibajos de la vida, pero una vez que comiences a tomar medidas para aceptar el cambio, cosecharás los beneficios de maneras que tal vez no anticipaste: te sentirás orgulloso, porque estarás efectuando progresos. Sentirás alivio, porque finalmente estarás avanzando. Y lo más importante es que sentirás la libertad derivada de dar esos pequeños pasos.

La verdad es que vivir es un riesgo. La felicidad es un riesgo. Si a veces no estás un poco asustado, no lo estás haciendo bien. No te preocupes por los errores y los fracasos; preocúpate por aquello a lo que estás renunciando cuando ni siquiera lo intentas. Preocúpate por la vida que no estás viviendo y las oportunidades que te estás perdiendo al elegir habitar en la seguridad de tu zona de confort. Date permiso para ser una de las personas que sobrevivieron haciéndolo mal, que cometieron errores pero se recuperaron de ellos y se volvieron más fuertes. Eso es lo que deseamos para nosotros mismos, y es también lo que deseamos para ti.

El camino que tenemos por delante está despejado. Siguen a continuación algunas buenas razones para que todos aceptemos el cambio y avancemos.

Todo cambia, tanto si aceptamos el cambio como si no

La mayoría de nosotros estamos cómodos donde estamos, a pesar de que todo el universo está cambiando constantemente a nuestro alrededor. Aprender a aceptar esto es vital para nuestra felicidad y nuestro éxito en general. Porque solo cuando cambiamos crecemos y empezamos a ver un mundo que nunca supimos que era posible. Y no olvides que aunque en estos momentos tu situación sea muy buena o muy mala, cambiará. Esto es lo único de lo que puedes estar seguro. Así que acéptalo y apunta al cambio que quieres ver en tu vida. Al principio no siempre será fácil u obvio, pero al final valdrá la pena.

Queda mucha vida por vivir

Tenemos una oportunidad en el presente, y podemos hacerlo genial. No hay límite de edad para cambiar de rumbo, y acomodarse y quedar atrapado en una vida que no es auténtica es un despilfarro trágico. Nunca es demasiado tarde o demasiado temprano para convertirte en quien eres capaz de ser. Depende de ti, así que aprovecha la oportunidad al máximo. Haz cosas que te sorprendan. Experimenta emociones que nunca antes habías experimentado. Pasa tiempo con personas que te ayuden a crecer. Vive una vida de la que estés orgulloso. Y si descubres que no estás orgulloso de ella, encuentra el valor para volver a efectuar cambios.

No podemos crecer si permanecemos siempre en el mismo lugar

Cuando hay elementos que no le aportan nada significativo a tu vida, es hora de que te vayas desprendiendo de ellos. Como hemos mencionado, a veces debemos soltar para seguir creciendo. No podemos descubrir nuevos océanos a menos que acumulemos suficiente valor para perder de vista la costa. Así que sé valiente. Procede según tus valores. Escucha tu intuición. Y recuerda que ninguna iniciativa es una pérdida de tiempo: las que no funcionan te enseñan lecciones que te preparan para las que sí van a funcionar.

A veces debemos soltar para seguir creciendo.

El pasado nunca cambia

Puedes pasar días, semanas, meses o incluso años sentado solo en una habitación oscura, estrujándote el cerebro, retorciendo todo en tu cabeza, tratando de hacer encajar todas las piezas del puzle, mientras te asfixias a ti mismo contándote las razones por las que todo no fue como se suponía que debía haber ido. O puedes limitarte a dejar las piezas del puzle en la oscuridad y salir por la puerta hacia la luz del sol para tomar aire fresco y dar un paso adelante.

Aferrarse al viejo dolor es una forma de maltratarte a ti mismo

Tu pasado te ha dado la fuerza y la sabiduría que tienes hoy, así que celébralo. No dejes que te persiga. Reproducir un recuerdo doloroso una y otra vez dentro de la propia cabeza es un tipo de automaltrato. Los pensamientos tóxicos generan una vida tóxica. Haz las paces contigo mismo y con tu pasado. Cuando uno sana sus pensamientos, crea un espacio en el que puede florecer la felicidad. Así que deja de enfocarte en los viejos problemas y los viejos contenidos que no quieres en tu futuro. Cuanto más piensas en ello, más atraes lo que temes a tu experiencia cotidiana.

Los pensamientos tóxicos generan una vida tóxica.

Seguir adelante da lugar a un cambio positivo

Puedes culpar a todo el mundo y pensar: «¡Pobre de mí! ¿Por qué me siguen pasando todas estas cosas horribles?». Pero lo único que tienen en común todos estos escenarios eres *tú*. Y esta es una buena noticia, porque significa que solo tú tienes el poder de cambiar las cosas, o al menos de cambiar tu forma de pensar sobre ellas. Hay algo muy potente y liberador en rendirse al cambio y aceptarlo, porque aquí es donde residen el crecimiento personal y la evolución.

Hay nuevas oportunidades esperándote

Nadie pasa por la vida sin atravesar dificultades y problemas, del mismo modo que nadie pasa por la vida sin perder a alguien a quien ama o algo que necesita, o sin experimentar la frustración de que no pase lo que se suponía que tenía que pasar. Pero son estas pruebas lo que nos hace más fuertes y acaban por conducirnos a las oportunidades futuras. Aprovecha estas oportunidades. Empieza nuevas relaciones y aborda nuevas situaciones sabiendo que te estás aventurando en territorio desconocido. Prepárate para aprender, prepárate para un desafío y prepárate para experimentar algo o conocer a alguien que podría cambiar tu vida para siempre.

Recuerda esto: al fin y al cabo, tú eres tu mayor activo. Tienes toda la fuerza y determinación que necesitas dentro de ti; solo tienes que acudir a ellas para sacar el máximo partido al cambio que está en el aire, esperando a que lo encauces para crear algo mejor.

Ejercicio final y cómo encender tu pasión

Como dijo Nelson Mandela en una ocasión, «siempre parece imposible hasta que se hace».

Cualquier objetivo que tengas te parecerá imposible de abordar, tal vez, si lo contemplas en conjunto. El truco consiste en reconocer que no hay que hacerlo todo de golpe. Los pequeños actos realizados con una intención positiva te ayudarán a fortalecer tu resolución y a reavivar tu pasión por vivir; y, en última instancia, facilitarán que puedas cambiar tu vida para mejor.

Es importante que recuerdes que ningún acto que lleves a cabo para cambiar tu situación provocará un retroceso, siempre que ese acto sea positivo e intencionado. Con esto en mente, algo sencillo con lo que empezar cuando aparece el estrés y la pasión por la acción se debilita es dar un paseo de diez minutos para despejar la cabeza. Un paseo corto hace maravillas. Nos da algo nuevo que mirar, hace que el cuerpo se mueva y es una forma rápida de salir físicamente de la situación del momento.

A lo largo de la década que llevamos impartiendo *coaching* de vida hemos descubierto que las personas que hace poco han experimentado acontecimientos vitales estresantes (como una enfermedad grave, la muerte de un ser querido, la separación matrimonial o la pérdida del trabajo) y están luchando para salir adelante siempre experimentan una mejoría inmediata de su estado de ánimo después de un breve paseo al aire libre, sobre todo si lo efectúan en un parque o una zona verde. Es posiblemente la forma más efectiva de reducir instantáneamente la ansiedad que experimenta una mente agotada y preocupada.

Dar un pequeño paseo es una estrategia engañosamente simple. En realidad, si das este paseo estás haciendo algo concreto para cambiar algo de tu vida que no te gusta. Los diez minutos del paseo constituyen la prueba de que tienes el poder de cambiar tu situación, aunque todo lo que hagas sea dejar tu silla y tu escritorio y salir fuera un ratito. Este breve esparcimiento representa un pequeño viaje que puede ser muy significativo: puede ayudarte a inyectar un poco de pasión adicional en el momento presente. ¡Y esto es realmente maravilloso!

Permite que este pequeño paseo y la pasión renovada que vas a sentir por el momento te recuerden que la pasión no es algo que uno encuentre en la vida; es algo que uno crea. Si quieres encontrar la pasión y la fuerza interior necesarias para cambiar tu situación, debes forzarte a dar un paso adelante.

Muchos de nosotros todavía estamos tratando desesperadamente de «encontrar nuestra pasión», algo que creemos que nos acercará más a la felicidad, al éxito o a la situación vital que deseamos. Y decimos «desesperadamente» sobre todo porque la pasión realmente no se puede encontrar. Cuando afirmamos que estamos tratando de encontrar nuestra pasión, esto implica que nuestra pasión está escondida, de alguna manera, detrás de un árbol o debajo de una roca, en algún lugar. Pero esto está lejos de ser verdad. La verdad es que nuestra pasión proviene de hacer las cosas bien. Si estás esperando de algún modo «encontrar tu pasión» en algún lugar fuera de ti mismo, para tener por fin una razón para poner todo tu corazón y tu alma en tu vida y en los cambios que necesitas llevar a cabo, es probable que estés esperando una eternidad.

Por otro lado, si estás cansado de esperar y prefieres vivir más apasionadamente a partir de hoy y experimentar pequeños cambios positivos, es hora de que insufles pasión, de manera proactiva, a lo próximo que hagas. Reflexiona acerca de estas cuestiones:

- ¿Cuándo fue la última vez que te sentaste y mantuviste una conversación con alguien a quien amas sin experimentar distracciones y enfocado completamente en la charla?
- ¿Cuándo fue la última vez que hiciste ejercicio y te esforzaste al máximo?
- ¿Cuándo fue la última vez que intentaste, *realmente* intentaste, hacerlo lo mejor posible?

Como la mayoría de nosotros, es probable que estés dedicando un esfuerzo poco entusiasta a casi todo lo que haces a diario. Porque todavía estás esperando. Aún estás esperando «encontrar» algo por lo que sentirte apasionado, alguna razón mágica para ponerte a crear la vida que quieres para ti. ¡Pero debes hacer exactamente lo contrario!

Cuando Marc era un niño, su abuela solía decirle: «Deja de esperar mejores oportunidades. La que tienes delante de ti es la mejor oportunidad». También le dijo: «Demasiado a menudo pasamos demasiado tiempo haciéndolo perfecto en nuestra cabeza antes de ponernos manos a la obra. Deja de esperar la perfección; hazlo lo mejor que puedas con lo que tienes hoy y mejóralo mañana».

Lo creas o no, las investigaciones recientes en el ámbito de la psicología apoyan indirectamente las opiniones de la abuela de Marc. Durante muchos años, los psicólogos creyeron que nuestra mente podía afectar de manera directa a la forma como nos sentimos físicamente, pero que nunca ocurría lo contrario. Hoy en día, sin embargo, está ampliamente documentado que nuestro cuerpo (por ejemplo, nuestras expresiones faciales momentáneas y nuestra postura) también puede afectar a nuestro estado mental. Entonces, si bien es cierto que cambiamos de dentro hacia fuera, también cambiamos de fuera hacia dentro. Y tú puedes sacar partido a esta realidad. Si quieres más pasión en tu vida en este momento, actúa en consecuencia ahora mismo.

¡Da un pequeño paseo y a continuación pon tu corazón y tu alma en algo!

No en las oportunidades de mañana, sino en la oportunidad que tienes delante.

No en las tareas de mañana, sino en las tareas de hoy.

No en la carrera de mañana, sino en la carrera de hoy.

No en las relaciones de mañana, sino en las relaciones de hoy.

Estamos seguros de que hay mucho en tu vida en este momento que merece que le dediques tu tiempo y energía. Hay personas y circunstancias en tu vida que te necesitan tanto como tú las necesitas. Tienes una enorme reserva de pasión potencial dentro de ti que te está esperando. Pon tu corazón y tu alma en lo que tienes justo delante. Tu pasión perdida hace mucho tiempo aparecerá para saludarte. Y tu situación empezará a cambiar para mejor.

CAPÍTULO 7

Motivación: canaliza tu impulso interior y no dejes de avanzar

Agárrate a tu motivación, ponte en marcha y luego sigue.

Hace más de una década que creamos el blog que acabaría por convertirse en *Marc & Angel Hack Life*. En esos momentos, no teníamos ni idea de cómo diseñar un sitio web. Apenas sabíamos qué era un blog. Todo lo que sabíamos era que nos apasionaba escribir y que necesitábamos dar salida a esta vocación. Había cosas que queríamos decir y personas a las que queríamos llegar, pero no estábamos seguros de cómo comenzar.

Un amigo había muerto una semana antes (nos referimos a otro amigo, no a Josh). Estábamos acurrucados alrededor de la mesa de la cocina, contemplando esa pérdida y lidiando con el concepto de empezar algo que siempre habíamos querido hacer. En la universidad habíamos pensado en tener un blog, sobre todo cuando reflexionábamos sobre las ideas que nos habían enseñado en las clases de psicología. En ese momento, consideramos que había un centenar de blogs dedicados a la superación personal. ¿Qué podríamos decir que fuera diferente?

En esa mesa, vimos que estábamos experimentando algunos de los problemas psicológicos que habíamos aprendido años antes, y que estábamos juzgándonos una vez más. Nuestros pensamientos negativos eran el mayor enemigo; nos inducían a dudar de nosotros mismos y a autoconvencernos de que nuestras ideas y palabras no eran lo bastante buenas.

De manera que pusimos en marcha el blog. Fuimos descubriendo los pormenores poco a poco, cometiendo errores en el camino. Al principio, solo nuestra familia y nuestros amigos leían nuestros artículos. Un mes escribimos varios *posts* sobre nuestras luchas personales con la pérdida, y gracias a ellos conseguimos más lectores. Después, lamentablemente, experimentamos una pérdida aún más profunda. Así que continuamos escribiendo sobre nuestras pérdidas, nuestra tristeza y cómo estábamos luchando para crecer como personas en medio de las circunstancias. Antes de darnos cuenta, cada día cientos de personas estaban leyendo nuestro pequeño blog, y después miles. Los lectores conectaban con nosotros, y nosotros a su vez conectábamos con ellos. Les dábamos esperanza, y ellos a su vez nos daban esperanza. Este fue el comienzo de un hermoso recorrido de una década que aún hoy sigue ganando fuerza.

Fue atemorizante emprender algo que nunca habíamos hecho antes. Nos costó exponernos, sobre todo a causa de la voz negativa que parloteaba en nuestra cabeza para decirnos que no podíamos o no debíamos hacerlo, que no podríamos soportar contar nuestras historias, que aún no estábamos preparados. Pero ocurrió algo muy potente cuando empezamos a publicar en el blog incluso antes de sentirnos listos. Descubrimos nuevas formas de conseguir lo que antes parecía estar fuera de nuestro alcance. Curamos nuestro corazón roto. Desarrollamos nuestra propia voz. Cultivamos nuestro propio estilo de escritura. Conectamos con miles de personas increíbles de todo el mundo. Y al centrarnos no en las razones por las que deberíamos parar, sino en las razones por las que debíamos continuar, nuestro blog fue mejorando cada vez más. Hoy, más de tres millones de personas lo leen cada mes.

Nos habría sido fácil escuchar las voces negativas. Podríamos habernos demorado una vez más, por el solo hecho de que era más sencillo escuchar las mentiras que nos estábamos diciendo que reunir la motivación necesaria para dar el paso.

La motivación no siempre es fácil de encontrar, sobre todo en los momentos difíciles. La vida tiene formas de poner barreras que nos impiden avanzar hacia las metas e ideas que más nos importan. Y muy a menudo perdemos la motivación, o no tenemos la suficiente, porque nosotros mismos nos interponemos en nuestro propio camino. Afortunadamente, la motivación también se puede cultivar de muchas maneras. En este capítulo nos gustaría compartir contigo varias formas potentes en las que puedes cultivar y canalizar tu propia motivación interna con el fin de obtener el impulso que te permita dar, cada día, los pasos hacia delante que sabes que debes dar.

¿Qué es la motivación?

En su nivel más básico, la motivación es lo que nos estimula a actuar a partir de un deseo; es la determinación y el impulso de hacer realidad ese deseo. La motivación hace que estemos disponibles para nuestro proyecto y que tomemos las medidas pertinentes para materializarlo. Es la fuerza que desplaza una idea desde el punto A (en el que solo vive en nuestra cabeza) hasta el punto B (en el que la hemos convertido en una realidad).

Hay dos grandes tipos de motivación: la que nos impulsa a *comenzar* y la que nos impele a *perseverar*. Idealmente, una lleva a la otra: una vez que hemos encontrado la motivación para empezar, nuestro avance hace que perseveremos; vamos generando y sosteniendo nuestro impulso. Por ejemplo, supongamos que quieres escribir un libro. Empiezas escribiendo a diario, tal vez solamente quinientas palabras al día para comenzar. Con el paso de los días, vas viendo que el libro va tomando forma; cada vez más palabras se convierten en capítulos y apartados. Esto hace que tu impulso también se vaya acumulando. ¡Hasta que de repente te das cuenta de que lo has escrito todo!

Pero en el mundo real a menudo es más fácil proponerse algo así que hacerlo. Con mucha frecuencia iniciamos un nuevo proyecto solo para dejarlo de lado unos días después. La inercia y el miedo se inmiscuyen, y el anhelo de un camino fácil prevalece sobre nuestro deseo de ver que nuestra idea se convierte en realidad.

Nuestro propósito es evitar que caigas en esta trampa. Vamos a proporcionarte algunas herramientas, estrategias a las que recurrir cuando la pereza amenace con devorar toda tu motivación. En los próximos apartados te presentaremos varios métodos de eficacia comprobada que te ayudarán a reactivarla.

Motívate con un gran *porqué*

Si eres como nosotros, puedes motivarte para hacer cualquier tarea pequeña. Pero cuando se trata de cumplir un objetivo mayor, a menudo se necesita una fuerza de voluntad importante, y la mejor forma de conseguir esta es contar con un gran motivo. Este nos conecta de forma significativa con el objetivo, y es lo que finalmente será nuestra salvación, aquello a lo que recurriremos cuando todo lo demás falle.

Para encontrar nuestro motivo, razón o porqué, basta con que nos preguntemos por qué queremos hacerlo, cuál es la gran razón que hay detrás de nuestro deseo de alcanzar esa meta. Cuando conectamos con nuestro objetivo y vemos el panorama general, es mucho más fácil que *queramos* conseguirlo. Por ejemplo, piensa en el objetivo tan habitual que es ponerse en forma. Decir que quieres volver a estar en forma porque quieres estar sano es un buen comienzo, pero este no es el porqué que te sacará del agujero cuando hayas perdido la motivación. Debes echar una mirada un poco más profunda para descubrir lo que hay realmente detrás de este motivo. Estar más saludable es un buen objetivo, pero ¿por qué, concretamente, quieres gozar de mejor salud?

Cuando nosotros dos nos hicimos justamente esta pregunta, visualizamos nuestra vida y cómo queríamos que fuese nuestro futuro. Queríamos estar sanos porque esperábamos tener una larga vida en la que pudiéramos ver a nuestro hijo criar a sus propios hijos; nos dimos cuenta de que algún día queríamos ser abuelos y experimentar todo lo que nos deparase la vida hasta ese momento. Esta es una razón potente para nosotros.

Cuando el porqué es sustancial y significativo, tenemos incorporada la fuente de una gran motivación; esta se manifiesta de forma automática. Si te has puesto una meta ambiciosa, te encontrarás muchas veces con que no sentirás la motivación que te impulse a hacer lo necesario para alcanzar esa meta. En esos momentos, recordar tu porqué podrá ayudarte a restablecer tus prioridades y reavivar tu motivación para seguir adelante.

Cuando tengas claro tu motivo, la meta de tu elección adquirirá un gran significado. Saber que tu objetivo es algo que vale la pena te ayudará a mantenerte en el camino cuando tu dedicación esté flaqueando. Ahora que tienes claro este principio fundamental, te mostraremos algunas formas más de cultivar la motivación para que avances hacia el cumplimiento de tus objetivos y los hagas realidad.

Motívate eliminando las distracciones

Hay muchas maneras de motivarse para alcanzar la meta apetecida, y pueden variar mucho según el individuo. Pero un método de eficacia comprobada consiste en erradicar tantas distracciones como sea posible.

Es fácil definir qué es una distracción: una tarea que no está directamente relacionada con la consecución del motivo. De nuevo, el motivo (la razón, el porqué) es muy útil aquí, porque puede ayudarnos a determinar qué es o no una distracción. Una vez que hayas identificado *por qué* estás haciendo algo, te será mucho más fácil saber si te estás centrando o no en las tareas apropiadas.

Por ejemplo, si tu objetivo es terminar de escribir un libro, no te interesará llenar el día con tareas que sean irrelevantes para tu proyecto. No querrás que haya elementos distractores al acecho (como el buzón de correo electrónico o los comentarios de las redes sociales) que puedan desviar tu atención de la tarea que tiene una conexión significativa con tu objetivo: escribir.

Para asegurarnos de identificar nuestras distracciones con antelación, nosotros dos nos sentamos todas las noches y planificamos el día siguiente; apuntamos lo que tenemos que hacer. Esta lista de tareas es meditada, porque nos preguntamos *por qué* debemos hacer eso. Y tachamos aquello que nos distraería de nuestras necesidades u objetivos reales.

Nos tomamos el tiempo para hacer esto principalmente porque es fácil realizar tareas que no tienen importancia. No todo lo que hagas en la vida será divertido y emocionante, pero si puedes identificar si está presente tu motivo detrás de cada una de tus tareas pendientes, te costará mucho menos prescindir de las distracciones divertidas y fáciles que te despistarían. A continuación podrás ver lo que queda en tu lista y preguntarte qué hay en ella que no necesitas hacer, qué hay en ella que solo interferiría en tu intención de hacer lo pertinente, qué estás haciendo con el único fin de mantenerte ocupado.

Recuérdate que te convertirás en el auténtico dueño de tu vida cuando aprendas a dirigir tu atención a voluntad. Da importancia al hecho de poner tu energía en una cosa o en otra. Haz todo lo posible por poner fin a todo el desorden carente de sentido, los dramas y las pérdidas de tiempo estériles que se interponen en tu camino. ¡Es hora de que te enfoques en lo importante!

Es más fácil decirlo que hacerlo, por supuesto, y hay tareas inútiles que pueden *parecer* productivas. Antes de que te des cuenta, es posible que hayas pasado un día entero efectuando tareas de poca monta, en general absurdas. Y ¿por qué ocurre esto? ¿Por qué siempre es más fácil que realicemos las pequeñas actividades que no tienen importancia? Porque no requieren tanta entrega. Aquello que es importante requiere más de nosotros. En tu caso, más de tu tiempo, de tus pensamientos, de tu energía. De *ti*, en definitiva. Por fortuna, tu conexión significativa con tu objetivo, con tu porqué, es tu forma de pasar por esta situación; te proporciona la motivación que necesitas para erradicar las distracciones y prestar atención a lo que importa, y para hacer aquello que te ayudará a crecer y avanzar en la dirección correcta.

Motívate haciendo el seguimiento de tus avances

Un paso crucial a la hora de establecer cualquier objetivo es dividirlo en pasos pequeños, asumibles. Esta es otra forma valiosa de mantenerse motivado, si bien es fácil olvidar la importancia que tiene medir los avances y los éxitos, y hacer el seguimiento de ellos. La verdad es que esta es una estrategia simple que puede aportar grandes beneficios. El solo hecho de observar lo que hemos logrado en un día determinado y compararlo con el punto en el que estábamos el día anterior hará que el avance quede patente, lo cual podemos utilizar como combustible para motivarnos en mayor medida.

Si estás trabajando en un proyecto que consta de varias partes, ver cómo avanza lentamente tal vez te parezca desalentador. Pero si observas dónde empezaste y lo comparas con el punto en el que te encuentras ahora, comprobarás lo lejos que has llegado. Tal vez no te encuentres exactamente donde quieres llegar a estar, pero ver ese avance te ayudará a motivarte a dar el siguiente paso, y el siguiente.

A la hora de hacer el seguimiento de tu progreso, intenta establecer muchos hitos pequeños a lo largo del camino. ¡Cada pasito cuenta! Nosotros hicimos esto a lo grande cuando renovamos nuestro blog. Al ir aumentando la cantidad de lectores, sabíamos que debíamos hacer que tuviera un aspecto más profesional. En lugar de intentar abordar todo de una vez, nos enfocamos en realizar cambios progresivos y hacer un seguimiento de nuestro avance. Primero, hicimos que el sitio se viera un poco más despejado. Después nos enfocamos en organizar y archivar adecuadamente nuestros artículos pasados. Con cada nuevo paso nos tomamos tiempo para reflexionar sobre nuestro progreso y evaluarlo. Tomamos nota de lo que estaba teniendo éxito y lo que no.

Sea lo que sea lo que pretendas conseguir, efectuar el seguimiento de tu avance es como poner «puntos kilométricos» en tu camino hacia la felicidad y el éxito. Tendemos a sonreír cuando vemos pruebas de que estamos avanzando. Pero acuérdate de no caer en la trampa de comparar tu avance con el de los demás, pues todos necesitamos nuestro propio tiempo para recorrer nuestra propia distancia. Enfócate solamente en el paso que estás dando y compara tu avance con el paso anterior.

Utiliza las dificultades como trampolín

En una soleada mañana de abril, hace seis años, Angel se torció el tobillo y se le rasgaron todos los ligamentos y tendones del pie. No pudo caminar durante diez semanas. Experimentó mucha negatividad como resultado de ese accidente, incluida la incapacidad repentina de hacer muchas de las cosas que podía hacer físicamente antes de sufrirlo. Pero también experimentó las emocionantes posibilidades que pueden surgir cuando uno se enfrenta a la adversidad. De hecho, no poder caminar o correr hizo que sintiera una gran dosis de motivación.

Cuando hubo superado la consternación inicial por haber sufrido el accidente, Angel empezó a considerar que había muchas personas en una situación peor que la suya; algunas tal vez nunca podrían volver a caminar. Aunque necesitaría tiempo para curarse y recuperarse, también sabía que probablemente no tardaría mucho en tener la oportunidad y la capacidad de volver a usar sus piernas.

Pero se preguntó por qué se arriesgaría a desperdiciar esa oportunidad, ese don de poder recuperarse. Así que usó el accidente como trampolín para establecer una meta audaz y se desafió a correr una media maratón.

Al fijarse este objetivo, determinó un fuerte porqué: se recuperaría para poder correr la media maratón. Primero vino la terapia física para poder volver a ponerse de pie y después caminó a paso rápido un kilómetro y medio dos veces al día, hasta que recuperó la fuerza para volver a correr. Una vez que pudo correr, ideó un sistema para realizar un seguimiento de sus avances. Su objetivo para la media maratón era correr toda la distancia, de manera que planificó sus progresos. Para empezar corrió tres kilómetros diarios, la semana siguiente cuatro kilómetros y medio diarios, etc., hasta que pudo correr unos dieciséis kilómetros sin detenerse. Cada semana se basó en el progreso de la semana anterior. Combinó diversas estrategias de motivación (encontrar su porqué, superar las dificultades y hacer el seguimiento de sus avances) para incrementar al máximo sus posibilidades de éxito.

En el capítulo cinco nos referimos al crecimiento postraumático, es decir, a la idea de que las dificultades y los traumas pueden conducir a un gran desarrollo creativo e intelectual. Cuando sobreviene una adversidad (cuando nuestro cuerpo sufre un daño físico, o cuando perdemos el empleo, etc.), nuestra reacción inicial puede ser lamentarnos e incluso deprimirnos. Pero cuando los contextualizamos y aprovechamos de la manera correcta, nuestros contratiempos y traumas pueden ayudarnos a motivarnos; pueden volvernos emocionalmente más fuertes, más ingeniosos y, en última instancia, más felices.

Tenemos que recordar que todos podemos sanar a través de las dificultades, y muchos de nosotros incluso somos catapultados a un camino más significativo y en el que pasamos a experimentar una mayor motivación después de pasar por un episodio duro. El crecimiento con origen en los tiempos difíciles es mucho más habitual de lo que la mayoría de nosotros creemos. El reto es tomar conciencia de la oportunidad que presentan este tipo de sucesos inesperados e indeseables. A continuación, necesitamos esperanza. Después de un dolor intenso, necesitamos saber que hay algo mejor, y casi siempre lo hay. Una situación traumática no es solo una experiencia dolorosa que hay que soportar; puede cambiarnos increíblemente la vida al motivarnos a evolucionar de la mejor manera posible.

No es un camino fácil, pero la mayoría de nosotros tenemos la capacidad mental y emocional de salir de nuestras dificultades –incluso las más graves– más fuertes, más enfocados y con una visión mejor de la vida. En numerosos estudios psicológicos centrados en personas que han sufrido dificultades traumáticas, alrededor del cincuenta por ciento de estas afirman que ha habido cambios positivos en su vida de resultas de sus experiencias negativas. Algunos cambios son pequeños (pasan a apreciar más los días corrientes, por ejemplo), mientras que otros son tan sísmicos que las impulsan hacia caminos vitales totalmente nuevos y gratificantes. La conclusión es que los sucesos más dolorosos que podamos vivir pueden ser circunstancias fundamentales que abran la puerta a una gran oportunidad. Las dificultades a menudo nos empujan a afrontar la realidad de la impermanencia de la vida, a valorar nuestros límites y a comprender más profundamente quiénes somos y cómo queremos pasar el resto de nuestra vida.

El episodio del tobillo de Angel es muy poca cosa en comparación con muchas de las dificultades a las que se enfrentan las personas en este mundo, e incluso en comparación con muchas de las otras dificultades con las que nosotros mismos nos hemos enfrentado. El caso es que en una situación como la de su accidente también podemos usar el poder del crecimiento postraumático para inspirarnos a avanzar hacia el cumplimiento de unos objetivos significativos. Casi nunca elegimos voluntariamente sentir dolor o estar incapacitados. Pero usar estas situaciones para motivarnos hacia la consecución de un objetivo más grande puede contribuir a impulsarnos a ir en direcciones en las que nunca habríamos pensado que iríamos.

Motivarse superando la escasez

Justo antes de que naciera nuestro hijo, teníamos el objetivo de crear un curso en línea que cada uno pudiese seguir a su propio ritmo, basado en nuestros diez años de amplia experiencia con el *coaching* a clientes. Sabíamos que sería un recurso muy valioso para quienes necesitaban el apoyo del *coaching* pero también querían trabajar sin estar sujetos a unos horarios. ¿Nuestro obstáculo? Construir un recurso de enseñanza en línea valioso como este requiere enfocarse y esforzarse mucho. Así que lo fuimos dejando para más adelante... hasta que descubrimos que Angel estaba embarazada y dejamos de tener lo que parecía una cantidad infinita de tiempo para lograr nuestro objetivo. Sabíamos que nuestro tiempo sería escaso cuando naciera Mac, lo que a su vez hizo que concediéramos más importancia a nuestro tiempo. Así que establecimos los plazos y elaboramos el curso. El solo hecho de tener una fecha límite (el curso tenía que estar acabado antes de que Angel diese a luz) hizo que, por fin, cumpliésemos ese objetivo.

Cuando uno empieza a experimentar algún tipo de escasez, es sorprendente lo rápido que puede motivarse. La escasez es un recurso motivacional útil, y el tiempo es uno de los recursos escasos más útiles del mundo. La escasez de tiempo se utiliza como una potente estrategia de motivación en muchos contextos, incluso en redes sociales populares como Snapchat e Instagram. Estas plataformas te permiten crear «historias» (secuencias de imágenes y videos) diseñadas para existir solamente veinticuatro horas. Si te pierdes una historia, desaparecerá y nunca la verás. Esto hace que las personas permanezcan pegadas a sus dispositivos todo el rato, comprobando instintivamente las actualizaciones.

Este ejemplo muestra que la escasez es un agente motivador que se puede usar de maneras posiblemente negativas, pero también se puede aprovechar en sentido positivo si se usa con cuidado y de forma reflexiva. Siempre queremos tener más tiempo, y cuando este amenaza con desaparecer solemos darnos cuenta, de pronto, de lo importante que es. Por lo tanto, cuando te des cuenta de esto en un momento dado aprovecha para ponerte en marcha. Establecer una fecha límite y decidir que debes cumplir tu objetivo en un determinado plazo incrementará en gran medida tu capacidad de alcanzarlo y de conservar la motivación.

Motívate al REMAR de forma inteligente*

Es posible que nosotros dos nunca hubiésemos advertido el poder motivador que tiene superar la escasez si no hubiésemos conocido los objetivos SMART ('inteligentes'). Esta es una herramienta simple que hemos utilizado durante años para ayudarnos a establecer unos objetivos sensatos y para motivarnos a lograrlos. Las siglas del acrónimo SMART corresponden a *specific* 'específico', *measurable* 'mensurable', *attainable* 'realizable', *relevant* 'relevante' y *timely* 'anclado en el tiempo'. [Para conseguir un acrónimo que tenga sentido en castellano, estas palabras se han reordenado en esta obra para obtener REMAR]. Repasemos brevemente lo que significa cada uno de estos elementos:

- **Realizable**: para que un objetivo sea realizable, debes estar dispuesto a trabajar para su consecución y debes poder hacerlo. En otras palabras, el objetivo debe ser realista. La gran pregunta aquí es: *¿cómo* se puede alcanzar el objetivo?

* En inglés, el acrónimo resultante de las iniciales de las palabras que definen el objetivo deseable (*specific, measurable, attainable, relevant* y *timely*) es SMART, que significa 'inteligente'. Por lo tanto, en el original inglés el título de este apartado es, traducido literalmente, 'Motívate siendo INTELIGENTE'. (N. del T.)

- **Específico**: un objetivo específico tiene muchas más posibilidades de alcanzarse, porque cuenta con unos parámetros y unos límites definidos.
- **Mensurable**: cuando mides tus progresos, te mantienes en la senda, cumples con los plazos y experimentas la euforia del logro, lo cual te impulsa a realizar los continuos esfuerzos necesarios para alcanzar tu objetivo.
- **Anclado en el tiempo**: el objetivo debe estar sujeto a un marco temporal; conviene determinar la fecha en la que debe alcanzarse. Comprometerte con una fecha límite te ayuda a enfocar tus esfuerzos en el cumplimiento de la meta en la fecha establecida o antes.
- **Relevante**: el aspecto de la relevancia subraya la importancia de elegir un objetivo que sea importante. Por ejemplo, si un aspirante a empresario de Internet se plantea hacer setenta y cinco sándwiches de atún antes de las dos de la tarde, este objetivo puede ser realizable, específico, mensurable y anclado en el tiempo, pero carece de relevancia en relación con el objetivo general del emprendedor de crear un negocio en línea rentable.

Asegurarte de que todos tus objetivos sean SMART ('inteligentes') aumenta enormemente la probabilidad de que tengas éxito con ellos. Entonces, si tienes dificultades para avanzar hacia una meta, pregúntate si estás remando de forma inteligente hacia su consecución.

Motívate con recompensas y consecuencias

Otro conjunto potente de factores de motivación son las recompensas y las consecuencias. Piensa en ellas como el sistema de motivación del policía bueno y el policía malo: puedes optar por recompensarte por finalizar una tarea, o encontrarte con una consecuencia no tan divertida si no lo haces. Puedes usar estas estrategias conjuntamente o por separado; la clave es que descubras qué combinación te motivará mejor: una recompensa, una consecuencia o ambas.

La motivación basada en las recompensas es muy sencilla: si terminas las tareas que te has propuesto dentro de un período de tiempo determinado, puedes recompensarte con algo que te guste y que normalmente no harías durante el día. En nuestro caso, nos gusta asegurarnos de que la recompensa sea un regalo inusual que desaparecerá con el tiempo. Si realizamos todo nuestro trabajo, la recompensa que nos damos a menudo es ver una película en el cine con nuestro hijo. Pasar tiempo con nuestro hijo y relajarnos es un gran factor motivacional; funciona todas las veces. También puedes usar la televisión como recompensa; por ejemplo, puedes ver el último episodio de tu programa favorito para premiarte por terminar una determinada tarea. Depende de ti lo que elijas como recompensa, siempre que sea algo que realmente te haga ilusión.

En el otro extremo está la motivación basada en las consecuencias, un método que nuestros clientes también han utilizado con éxito. Si algo negativo va a suceder sí o sí como consecuencia de no acabar una tarea, tienes una razón bastante motivadora para terminarla. Como humanos, de hecho estamos programados para experimentar las pérdidas negativamente más de lo que lo estamos para experimentar las ganancias positivamente; este fenómeno se conoce como *aversión a la pérdida*. Los estudios han demostrado, por ejemplo, que a la mayoría de las personas las motiva mucho más evitar perder cien dólares que ganar esta misma cantidad.

Pero puedes usar esta tendencia a tu favor convirtiéndola en un tipo de motivación. Por lo tanto decide, por ejemplo, que si no cumples con tu objetivo en el tiempo previsto, deberás donar cien dólares a una organización sin ánimo de lucro de tu elección. Mejor aún, para motivarte incluso más, decide que donarás este dinero a una organización sin ánimo de lucro con cuyos objetivos no comulgues. Cuando sumamos el riesgo de perder dinero y el de hacer algo que va en contra de nuestros puntos de vista y nuestras preferencias, ¡la mayoría de nosotros nos ponemos las pilas!

Motívate con la responsabilidad

Hemos hablado de la responsabilidad en capítulos anteriores, pero también es increíblemente importante a la hora de motivarse y mantenerse motivado. En el capítulo uno hablábamos sobre no romper la cadena (hacer un seguimiento de los avances en un soporte todos los días, asegurándonos de que no se interrumpa la línea de marcas del progreso) como una forma de comprometernos con nuestros rituales. Al decidir que no romperás la cadena, te haces responsable de tu avance utilizando una señal visual evidente (por ejemplo, miras el calendario de tu escritorio y ves el trazo de una X en todos los días de las dos últimas semanas, lo cual es indicativo de que no has dejado de avanzar).

Los recordatorios visuales como este pueden ser útiles si uno es el único responsable de su progreso. Pero también puede ayudar que otra persona juegue este papel: se ha demostrado una y otra vez que contar con un «compañero de responsabilidad» (alguien que pueda controlar nuestros avances y mantenernos en la brecha) es una táctica motivadora útil. En varios estudios, se asignó el mismo conjunto de tareas a dos grupos de personas, y se vio que el grupo al que se hizo un seguimiento regular tuvo más éxito.

También se pueden añadir consecuencias a la responsabilidad para estimular más la motivación. Por ejemplo, puedes establecer reglas y estipulaciones con tu compañero de responsabilidad que deberás obedecer si no cumples con tu objetivo. Una manera simple de hacer esto es aceptar que le darás a este compañero cierta cantidad de dinero si fallas, o hacer que él done este dinero a esa organización sin ánimo de lucro con la que no estás de acuerdo. De esta manera, acumulas tres factores en favor de tu éxito.

Cuando la motivación falle, confía en tus rituales

Recuerda que no puedes levantar mil kilos de golpe, pero puedes levantar fácilmente un kilo mil veces. Los esfuerzos pequeños, repetidos y progresivos te llevarán a la meta. No sucederá en un instante, pero sucederá gradualmente. Este tipo de esfuerzos nos remiten a algo de lo que hemos hablado mucho hasta ahora en este libro: el poder de los rituales.

Recuerda lo que veíamos en el primer capítulo: los objetivos no hacen que se produzcan los cambios positivos; los rituales diarios sí. Con demasiada frecuencia nos obsesionamos con un objetivo, un resultado, pero estamos completamente desenfocados en relación con el ritual (los pasos recurrentes) que acaba por hacer que el cumplimiento del objetivo sea una realidad. Así, el peso del objetivo no realizado recae sobre nuestros hombros y nos ralentiza hasta que acabamos arrastrándonos.

La clave vuelve a ser centrarse en lo pequeño; los pequeños rituales son más fáciles de emprender y sostener. Efectuar un gran cambio de una vez requiere no solo mucho coraje y determinación, sino también mucho tiempo y energía. Y recuerda que los cambios pequeños y progresivos pueden dar lugar a cambios enormes mucho más rápido que si no se hace nada.

Para recordar el poder de los rituales, vuelve a leer el capítulo uno.

Siete recordatorios más para ayudarte a conservar la motivación

Al fin y al cabo, sabemos lo difícil que puede ser mantener la motivación. Está bien sentirse frustrado, y es normal querer ver resultados de inmediato. Desafortunadamente, no obtenemos todo lo que queremos en la vida; al menos, ¡no hasta que estamos dispuestos a trabajar por ello! Cuando te sientas desanimado o derrotado, aquí tienes siete ideas útiles para ayudarte a avanzar y redescubrir tu motivación.

1. No eres el centro del universo, así que deja de pretender que todo tiene que ver contigo.

Todos tenemos la tendencia a ponernos en el centro del universo y ver todo desde el punto de vista de cómo nos afecta. Pero esta actitud puede tener muchos efectos adversos, desde sentir pena por nosotros mismos cuando las cosas no van exactamente como habíamos planeado hasta dudar de nosotros mismos cuando no somos perfectos.

Encontrar pequeñas maneras de ayudar a los demás nos saca del pensamiento egocéntrico; entonces ya no nos revolcamos en la autocompasión, sino que empezamos a pensar en lo que necesitan otras personas. No dudamos de nosotros mismos, porque la cuestión de si somos lo bastante buenos ya no es la pregunta central. La pregunta central ahora es qué necesitan los demás. Por lo tanto, pensar en el prójimo en lugar de pensar en ti mismo puede ayudarte a acabar con tus sentimientos de desánimo y derrota.

2. Es tu resistencia a la forma en que son las cosas lo que ocasiona tu sufrimiento, así que permanece presente.

La felicidad es permitirse estar perfectamente de acuerdo con las cosas tal como son en lugar de desear que sean como no son y preocuparse por ello. Lo que no sea esta actitud es discutir con la vida. Esto significa que solo experimentas sufrimiento cuando te resistes a cómo son las cosas en el presente. Si bien no puedes controlar todo lo que te sucede, sí puedes controlar la forma en que respondes a ello. Tu poder reside en tu respuesta a la situación. Tu poder se encuentra en tu presencia y tu aceptación.

3. No eres solo de una manera, así que relájate y expande tu identidad.

Todos tenemos en nuestra mente la imagen del tipo de persona que somos. Cuando esta idea se ve amenazada, reaccionamos a la defensiva. Tal vez la idea que tienes de ti mismo es que eres alguien motivado y productivo y que tienes grandes ideas. Pero luego, cuando no estás motivado y no eres productivo, puedes sentirte derrotado, porque te preocupa no ser quien creías que eras. La solución es darte cuenta de que no eres de una sola manera. A veces eres productivo, a veces eres improductivo. A veces estás motivado, otras veces te sientes flojo. Puedes ser de muchas maneras, y recordar esto te ayudará a expandir tu identidad para que no sea tan frágil. Cometes errores. Eres menos que perfecto. Y esto está perfectamente bien.

4. El día de hoy sigue siendo un regalo de un valor inestimable, así que aprovéchalo al máximo.

Solo estarás en la Tierra cierta cantidad de días. Toma conciencia de que cada uno de estos días limitados es un regalo, una bendición, un milagro. Por eso, nosotros dos nos recordamos todas las mañanas que ese día cuenta y que debemos aprovecharlo al máximo, incluso cuando los tiempos son difíciles. Esto no significa que debamos ser hiperproductivos o trabajar hasta la extenuación, sino que debemos hacer algo que valga la pena para aprovechar al máximo nuestro tiempo.

5. Quejarse solo empeora las cosas, así que encuentra una solución.

Nunca llegarás a donde quieres ir si te quejas de dónde estás ahora. Todos tenemos un tiempo y una energía limitados. Es poco probable que cualquier tiempo que pasemos quejándonos nos ayude a lograr algo que valga la pena. Y tampoco nos hará más felices. Si tomaras el diez por ciento de la energía que inviertes en quejarte y la aplicases a resolver tus problemas actuales, te sorprendería ver lo bien y lo rápido que pueden salir las cosas. Cuando dejes de quejarte y te niegues a verte como una víctima indefensa, encontrarás que eres mucho más poderoso de lo que creías.

6. Sentirse desanimado y derrotado es una señal de que es hora de realizar un cambio. Por lo tanto, efectúa ese cambio.

Puede ser un cambio de actitud, un cambio de perspectiva o un cambio en los rituales. El tema en cualquier caso es que la forma en que haces las cosas ya no funciona. Cuando nos sentimos desanimados y derrotados, generalmente nuestra primera reacción es buscar fuera de nosotros mismos a alguien o algo a quien culpar. En realidad, deberíamos estar observando cómo nos sentimos, qué estamos pensando y cómo planeamos responder. Tu vida es responsabilidad tuya. Y cuando cambias la forma en que miras las cosas, estas cambian, lo cual allana el camino para la acción positiva.

7. Incluso el paso más pequeño posible es un avance. Por lo tanto, da un pasito minúsculo *ahora*.

Puede costarte mucho ponerte en marcha si estás muy bloqueado. Es posible que hayas perdido tu trabajo o hayas sufrido la pérdida de un ser querido. O tal vez pienses que tu vida no está yendo en la dirección que querrías y te sientes atrapado.

Así se sintió Marc hace una década cuando se encontró en un callejón sin salida tras perder simultáneamente a dos seres queridos, y después la estabilidad económica de su familia. Realmente le costó motivarse al no creer que tuviera la fuerza para seguir adelante, al sentirse terriblemente mal y al experimentar pena por sí mismo. Pero dio un pequeño paso todos los días (una entrada en el diario, una sesión de ejercicio, una conversación honesta, etc.), lo cual le sentó bien, y se fortaleció.

Y lo creas o no, eso es básicamente lo que volvió a hacer esa mañana. Estaba luchando para motivarse a sí mismo después de que una oportunidad de negocio significativa se fuera al traste. En palabras de Marc:

> Me sentía desanimado y derrotado, por decir algo. Pero sabía que tenía trabajo que hacer. Así que di el paso más pequeño posible.

Encendí el ordenador, abrí la aplicación de procesamiento de texto y escribí una sola frase. Esta acción es tan pequeña que parece insignificante, pero fue la que pude realizar, debido a su sencillez, en unos momentos en los que me sentía completamente abatido. Me mostró que el siguiente paso era posible, y el siguiente. El resultado es esta pequeña parte del capítulo que estás leyendo ahora.

Si te encuentras en una situación similar, puedes hacer lo mismo: limitarte a dar el paso más pequeño posible. Haz una respiración profunda y relajante. Toma un pequeño vaso de agua y percibe cómo te refresca, y cómo te recuerda que siempre es posible dar un paso en la dirección correcta, aunque sea muy pequeño, en este momento.

Carta abierta a quienes han perdido su motivación

Ya hemos tratado muchos puntos en este capítulo, pero queremos dejarte con otra carta abierta que escribimos hace poco, inspirada en un breve correo electrónico que recibimos por parte de uno de nuestros últimos alumnos del curso:

> Apreciados Marc y Angel:
> Hay muchas cosas que quiero crear y fomentar en mi vida, y aun así me siento totalmente derrotado. Siento que no me queda nada con lo que trabajar. He pasado por mucho en mi trayecto hasta este punto, y ahora estoy en un momento en el que he perdido toda mi motivación; no puedo encontrar las fuentes de motivación externas e internas a las que acudía antes. ¿Tenéis algún consejo que podáis compartir?
> Cordialmente,
> Un estudiante desanimado

Nuestra respuesta (una respuesta abierta a todos quienes han perdido su motivación):

Apreciado estudiante desanimado:

Es hora de contar una historia rápida sobre la vida...

Había una vez una mujer de unos sesenta años que se dio cuenta de que había vivido toda su vida en el mismo pueblo. Y aunque había pasado décadas soñando con entusiasmo con viajar y ver mundo, nunca había dado un solo paso para hacer realidad este sueño.

Finalmente, se despertó en la mañana de su sexagésimo quinto cumpleaños y decidió que había llegado el momento. Vendió todas sus pertenencias, excepto algunos artículos esenciales que necesitaba, puso esos artículos en una mochila y salió al mundo. Los primeros días de marcha se sintió maravillada; con cada paso adelante sentía que por fin estaba viviendo la vida que había soñado.

Pero al cabo de unas pocas semanas, los días que llevaba en el camino comenzaron a afectarla. Se sentía fuera de lugar y echaba de menos las comodidades familiares de su antigua vida. A medida que los pies y las piernas le fueron doliendo más con cada nuevo paso, su estado de ánimo también fue empeorando.

Finalmente, dejó de caminar, se quitó la mochila, la dejó caer en el suelo y se sentó a su lado mientras las lágrimas empezaron a rodar por sus mejillas. Contempló desesperada el camino largo y sinuoso que la había conducido a un mundo asombroso, pero que ahora parecía llevarla solamente a la incomodidad y la infelicidad. «¡No tengo nada! ¡No me queda nada en la vida!», gritó con todas sus fuerzas.

Casualmente, un reconocido gurú y consejero de vida de un pueblo cercano descansaba en silencio detrás de un pino cercano al lugar donde estaba sentada la mujer. Cuando esta gritó, el gurú oyó cada palabra y sintió que era su deber ayudarla. Sin pensárselo dos veces, saltó de detrás del pino, agarró la mochila de la mujer y corrió hacia el bosque que había junto al camino. Aturdida e incrédula, la mujer comenzó a llorar aún más fuerte que antes, hasta el punto de quedarse casi sin aliento.

«¡Esa mochila era todo lo que tenía! –gritó–. ¡Y ya no la tengo! ¡Ahora, todo lo que tenía en la vida ha desaparecido!».

Después de soltar durante diez minutos unas lágrimas muy necesarias, la mujer fue recomponiendo sus emociones, se volvió a levantar de nuevo y comenzó a tambalearse lentamente por el camino. Mientras tanto, el gurú se desplazó por el bosque y colocó sigilosamente la mochila en mitad del camino, a poca distancia de la mujer. Cuando sus ojos llorosos la vieron, casi no pudo creerlo: tenía justo delante todo lo que pensaba que acababa de perder. No pudo evitar dibujar una amplia sonrisa. «¡Oh, gracias a Dios! –exclamó–. ¡Qué agradecida estoy! Ahora sí que tengo lo que necesito para continuar».

Recuerda que a medida que avanzamos en nuestra vida personal y profesional experimentaremos, inevitablemente, períodos de una frustración y una desesperación increíbles. Durante esos tiempos difíciles, a veces nos parecerá que hemos perdido todo, y que nada ni nadie podría motivarnos a seguir adelante en pos de nuestros sueños. Pero al igual que la mujer que se topó con el gurú, todos tenemos una mochila de apoyo, que puede manifestarse de muchas formas: como un sencillo correo electrónico o mensaje de texto de alguien a quien respetamos, un artículo inspirador en un blog, un libro profundo, un vecino servicial, un recordatorio tangible y un largo etcétera.

Cuando nos sentimos desanimados y desmotivados, tenemos una doble oportunidad:

- Reconocer y agradecer nuestra mochila de apoyo (nuestras fuentes externas de motivación) antes de que un gurú que pase por ahí (o alguien con intenciones mucho más aviesas) tenga que robárnosla para que finalmente podamos ver lo que siempre hemos dado por sentado.
- Estar presentes y acudir a nuestro propio corazón y nuestra propia mente (nuestras fuentes internas de motivación), que tienen

el poder de hacer que volvamos a ponernos de pie y guiarnos por el camino hacia nuestra mochila de apoyo, incluso cuando tenemos la sensación de que la hemos perdido para siempre.

Sean cuales sean tus circunstancias, siempre tienes lo que necesitas para dar el siguiente paso diminuto. Como dijo Epicuro, «no estropees lo que tienes deseando lo que no tienes; recuerda que lo que tienes ahora es una de las cosas que antes solo esperabas tener». Permanece muy atento. Permanece presente. Y sigue adelante, pasito a pasito.

Cordialmente,

Marc y Angel

Ejercicio final

Como hemos tratado en este capítulo, hay pocas cosas buenas que acudan fácilmente, y cuando vienen tiempos difíciles, a menudo tomamos la salida fácil, a pesar de que esta, generalmente, nos lleva en la dirección equivocada. Para combatir esta tendencia, las personas que tienen éxito disponen unos recordatorios tangibles que las mantienen alejadas de sus debilidades. Quizá recuerdes a nuestro amigo del capítulo uno que se motivó a pagar una tonelada de deuda acumulada en su tarjeta de crédito pegando una copia del saldo de su tarjeta en el monitor de su ordenador. O la amiga que pone una foto de cuando tenía sobrepeso en la nevera para motivarse a mantenerse saludable. O el hombre que guarda una pila de fotos de la familia en el cajón de su escritorio para que esto lo ayude a concentrarse en lo que es importante cuando el trabajo se pone realmente difícil.

Piensa en los momentos en los que es más probable que cedas a los impulsos que hacen flaquear tu motivación y te alejan de tus objetivos finales. A continuación emplea recordatorios visuales de esos objetivos para interrumpir el impulso y mantenerte encaminado. Aquí tienes algunos ejemplos:

- Si sabes que eres propenso a consultar tu teléfono cuando debes permanecer enfocado en la tarea, pon una nota adhesiva encima de este, en la que habrás trazado una X gigantesca.
- Si estás tratando de escribir un libro y te encuentras con que tu mente divaga durante el tiempo que le dedicas, coloca un tablero de anuncios junto a ti con recortes y citas que te recuerden de qué trata tu libro y por qué quieres escribirlo.
- Si intentas comer de manera más saludable, cuelga un calendario en la nevera. Pon una estrella en cada día en que no has dejado de comer sano por el bien de tu mente y tu cuerpo. Verás este recordatorio y sabrás que tienes el poder de continuar.

CAPÍTULO 8

Relaciones: fomenta las conexiones amorosas que mereces

Uno de los mayores regalos que podemos hacernos a nosotros mismos es fomentar las relaciones que importan.

Marc creció como hijo único. Sus padres eran profesionales con unas carreras impresionantes. Su padre tenía dos másteres, uno en el ámbito de la educación y otro en el ámbito empresarial, y su madre era enfermera psiquiátrica para niños.

Sin embargo, cuando era más joven, Marc se dio cuenta de que sus padres habían comenzado a abandonar su relación; la ignoraban mientras sus carreras prosperaban. Le asombró que dos seres humanos inteligentes y amorosos pudieran pasar a estar tan obsesionados con su carrera que se olvidaran de tomarse tiempo para nutrir su relación.

Lo más importante fue que cuando las discusiones en el hogar estaban llegando a su punto álgido, los padres de Marc reconocieron el problema y ambos se comprometieron a solucionarlo. Puede ser difícil aceptar que se está viviendo una realidad que no se había previsto, y los padres de Marc no son diferentes de la mayoría.

Ambos se comprometieron sinceramente el uno con el otro. Por el camino, la vida se volvió agitada, se cometieron errores, las prioridades se torcieron y apareció la negligencia involuntaria. Pero estaban dispuestos a llevar a cabo el esfuerzo necesario para hacer que la relación funcionase y reparar lo que se hubiese roto.

Acudieron a terapia, y en un período relativamente corto pudieron resolver sus diferencias y empezar a entenderse. Hoy siguen felizmente casados, y su relación es más sólida que nunca. No es que su relación fuera mala; solo ocurrió que se perdieron la pista el uno al otro en medio de todo el ajetreo de la vida. El hecho de ser testigo del conflicto que hubo entre sus padres hizo que Marc se diera cuenta de lo fácil que es que una relación empiece a ir mal, pero también pudo ver que se puede sanar si las personas implicadas están dispuestas a trabajar en ella.

Puede ser difícil advertir que una relación necesita que se trabaje en ella. En nuestras relaciones más cercanas, anhelamos honestidad y fortaleza. Y nos convencemos de que estas relaciones siempre estarán ahí para nosotros, pase lo que pase. Ahí es donde aparece la negligencia. Comenzamos a dar por sentadas estas relaciones. Nos implicamos con otras pasiones. No tenemos tiempo para todo, e inevitablemente tenemos que sacrificar algo. Desafortunadamente, a veces, o a menudo, lo que termina siendo sacrificado es lo más importante: nuestra conexión con las personas que más amamos.

Las duras verdades sobre nuestras relaciones que nadie quiere admitir

Todos anhelamos tener relaciones auténticas, pero pueden ser difíciles de encontrar, incluso en el contexto de un estilo de vida en el que estamos ultraconectados. Conocemos a gente en persona y socializamos en línea, pero estas conexiones a menudo carecen de la dosis de intimidad necesaria. Trabajamos junto a otros individuos en edificios de oficinas abarrotados, pero la comunicación que tenemos con ellos generalmente está orientada al trabajo y no a las relaciones. Puede ser que tengamos la suerte de tener amigos y familiares en nuestra vida, pero cuando estamos distraídos por las redes sociales y ocupados con el trabajo, esas relaciones se ven afectadas.

Entonces, ¿qué se necesita para crear y nutrir unas relaciones auténticas? Esta es una pregunta que ayudamos a responder a diario a nuestros alumnos del curso y a nuestros clientes de *coaching*. Después de una década asesorando a individuos y parejas e investigando cómo las personas construyen relaciones auténticas, hemos aprendido mucho sobre lo que se necesita, y también hemos aprendido mucho sobre los errores que comete la gente en el proceso. Reconocer estos errores es ganar la mitad de la batalla. Una vez que los veas por lo que son, estarás en mejores condiciones de fomentar el tipo de relaciones amorosas que mereces.

Uno de los mayores errores que cometemos es negar la verdad sobre cómo actuamos en nuestras relaciones: lo condescendientes que somos, lo poco disponibles que estamos, el escaso esfuerzo que dedicamos a la relación con el otro. La buena noticia es que podemos cambiar. Aquí mismo, ahora mismo, podemos empezar por reconocer algunas verdades duras sobre nuestras relaciones.

Nuestras relaciones están llenas de juicios innecesarios. Cuando juzgamos, no aprendemos nada. Abre la mente y el corazón. No juzgues a los demás solo porque se comportan de manera diferente a ti. Cambias el mundo con tu ejemplo, no con tus juicios. Acuérdate de ser amable, de preguntar sobre los sentimientos y las historias de las personas, de escuchar, de ser humilde, de estar abierto. Sé un buen amigo y vecino.

Menospreciamos a los demás cuando no estamos de acuerdo con ellos. Cuando alguien te disgusta, a menudo es porque no se comporta de acuerdo con tu fantasía de cómo «debería» comportarse. Haz una respiración profunda. Está bien no estar de acuerdo con las opiniones de los demás, pero esto no te da derecho a negar cualquier sentido que estas puedan tener. El solo hecho de no estar de acuerdo con otro tampoco te da derecho a acusarlo de mentir. Aprende a valorar diferentes perspectivas, estilos de vida y opiniones, incluso si eso significa trascender tu orgullo y abrir tu mente a lo que hay más allá de lo que inicialmente te hace sentir a gusto.

Tendemos a ahondar en las debilidades de las personas. Permanece presente. Sé compasivo. Haz cumplidos. Resalta los puntos fuertes de los demás, no los débiles. Este es el modo más sencillo de influir positivamente de forma real y duradera en todas las relaciones.

Hay muchas cosas que no sabemos sobre las personas que hay en nuestra vida. Por más que se conozca a alguien, es imposible saber exactamente cómo se siente o qué tipo de batallas emocionales está librando. Cada sonrisa o señal de fortaleza esconde una lucha interna tan compleja y extraordinaria como la tuya.

Chismorreamos descuidadamente sobre nuestras relaciones. No cedas ante la negatividad, los dramas y los chismes innecesarios que te rodean. Sé positivo. Da a los demás un pedazo de tu corazón más que un pedazo de tu mente. Y escucha con atención cómo alguien te habla acerca de otras personas; así es precisamente como hablará de ti a los demás.

Nuestra dinámica ajetreada a menudo se interpone en el camino de nuestras relaciones más importantes. Las personas que das por supuesto que siempre van a estar ahí pueden ser las únicas que necesites mañana. Nunca estés tan ocupado como para no tener tiempo para quienes más importan. Verdaderamente, el mejor regalo que le puedes hacer a alguien hoy es la pureza de toda tu atención. Solo debes estar presente con esa persona y prestarle atención.

Tratamos de ocultar nuestros defectos, incluso a las personas más cercanas. Por más imperfecto que puedas ser, por más pequeño que te sientas a veces y por más fuera de lugar que imagines que estás, no tienes que esconder las partes defectuosas de ti mismo. Recuerda que atraemos a otros por las cualidades que les mostramos, pero que las conservamos gracias a las cualidades que realmente poseemos. Los defectos personales son parte de la vida de todos. Si intentas ocultarlos, no les das a quienes se preocupan por ti la oportunidad de conocerte y amarte de verdad.

Nuestras relaciones no son tan fáciles como queremos que sean. Las buenas relaciones requieren trabajo, sacrificio y compromiso. Son increíbles, pero rara vez fáciles. Oponerte a los momentos difíciles y verlos como pruebas inmediatas de que algo está mal o de que estás en una relación equivocada solo agravará las dificultades. En cambio, estar dispuesto a ver las dificultades como oportunidades de aprender te proporcionará la mentalidad que necesitas para llevar tu relación a un nuevo nivel.

Tratamos de «arreglar» a las personas que nos importan. El acto de preocuparnos sinceramente por otra persona se basa en el amor y el respeto. Esto significa que la escuchamos de todo corazón y le hacemos saber, con nuestra total presencia, que es vista, escuchada y valorada. No se trata de intentar arreglar al otro; se trata de ser testigos de la belleza y la totalidad que caracterizan a esa persona realmente.

Nos resistimos al cambio dentro de nuestras relaciones. Las relaciones sanas y auténticas fomentan el crecimiento personal, en cuanto a la relación y en cuanto a las personas que la integran. El crecimiento y el cambio son parte de la vida, y debes aceptarlos. Incluso cuando te preocupa que una relación se disuelva si las cosas cambian, debes asumir el hecho de que puede ser que vuestros caminos se separen por buenos motivos.

Nuestras relaciones fallidas son mucho más importantes de lo que creemos. Cada persona tiene algo importante que enseñarte. Cada relación se basa en las lecciones de las que la preceden. La vida no siempre nos da la gente que queremos; nos da la gente que necesitamos para aprender, crecer y, finalmente, enamorarnos.

Nos tomamos demasiadas cosas personalmente. Hay un tipo de libertad interior que nos cambia la vida cuando nos desapegamos de los gestos y comportamientos negativos de otras personas. La forma en que te tratan los demás es su problema; cómo respondes es el tuyo. Tú lo sabes. Sencillamente, no puedes tomarte las cosas de forma demasiado personal, incluso cuando parezca justificado hacerlo. En raras ocasiones los demás se comportan de determinada manera por tu causa; normalmente tiene que ver con ellos mismos.

Nos gusta ajustar cuentas con quienes nos han perjudicado. Por más que alguien parezca merecerlo, los actos de venganza nunca aportan nada bueno. Vengarte no te ayuda a salir adelante. Si sientes dolor, no tomes medidas que generen aún más dolor. No intentes tapar la oscuridad con oscuridad. Encuentra tu luz. Actúa por amor. Haz algo que te permita crear una realidad más satisfactoria. Perdona. Deja de lado el resentimiento, aprende del incidente y sigue adelante con tu vida, y con suerte también podrás seguir adelante con la relación.

Sin saberlo, tenemos una relación emocional profunda con cualquier persona a la que odiemos. Odiar a alguien es aferrarse a ese individuo con fuerza, dedicarle un espacio de por vida en nuestro corazón y en nuestra mente. Por lo tanto, haz que hoy sea el día en que dejes de permitir que los fantasmas del ayer te persigan. Haz que hoy sea el día en que dejes de envenenarte con el odio. Olvídate de vengarte de quienes te han lastimado; en lugar de ello, compensa a quienes te han ayudado.

Raramente somos tan amables con los demás como podríamos ser. Todas las personas más difíciles y frías que has conocido fueron una vez tan inocentes como un bebé. Esta es la tragedia de vivir. Cuando la gente sea grosera, da lo mejor de ti; sé más amable de lo necesario. Nadie se ha hecho fuerte mostrando lo pequeño o débil que es otro individuo. Recuerda esto y comunícate en consecuencia.

Culpamos demasiado a nuestras relaciones. No es tarea de nadie llenar tu espacio interior vacío. Es trabajo tuyo, y solo tuyo, y mientras no aceptes la responsabilidad de tu vacío y tu dolor, tus mayores problemas seguirán estando ahí.

Al leer esta lista, probablemente te hayas identificado con algunos de los puntos. También es posible que te preguntes por qué es tan fácil quedar atrapado en este tipo de comportamientos. Esto se debe a que, como hemos dicho, fomentar una relación saludable puede ser un trabajo duro y, a menudo, es más fácil enfocarse en lo negativo que en lo positivo.

Hemos descubierto que las mejores relaciones rara vez lo son porque siempre hayan sido las más felices; lo son porque se han mantenido fuertes y resistentes durante las tormentas más virulentas. A lo largo de los años, hemos trabajado con cientos de personas y parejas que buscaban arreglar sus relaciones fallidas, y hemos aprendido mucho sobre lo que es necesario para poder lograrlo.

Ya sea que estés trabajando para arreglar tu matrimonio, una relación de noviazgo o una amistad, por suerte hay muchas medidas que puedes adoptar para mantener tus relaciones bien encaminadas. Este proceso empieza con la comprensión de qué es exactamente lo que hace que una relación sea saludable.

¿Qué es una relación sana?

Ahora que hemos aprendido las verdades difíciles relativas a cómo a menudo no damos la talla en nuestras relaciones, hablemos sobre cómo son las relaciones saludables y cómo puedes comenzar a fomentarlas hoy mismo. Es importante aclarar que el concepto de relación sana no incluye solamente las relaciones íntimas y románticas, sino también las familiares, las de amistad y las laborales.

Entonces, ¿qué hace que una relación sea saludable? Una relación sana es mutuamente beneficiosa; nos hace sentir renovados y satisfechos la mayor parte del tiempo: obtenemos algo de la relación, le damos algo y queremos seguir dando y recibiendo. Sentimos que podemos ser nosotros mismos en este contexto; podemos ser honestos sobre nuestros verdaderos sentimientos y crecer como personas.

Una relación sana es aquella en la que dos personas entran juntas en un espacio y se apoyan de forma honesta y abierta. Estas personas no necesariamente se *necesitan* la una a la otra, pero su vida es mejor con esta compañía. Cada uno es lo bastante fuerte, desde el punto de vista mental y emocional, como para sostenerse por sí mismo, pero también puede levantar al otro cuando es necesario.

En una relación saludable, cada uno de sus miembros se encuentra con el otro a mitad de camino. No hay uno que lo esté tomando todo mientras el otro lo está dando todo. Ahora bien, hay que indicar que los seres humanos no necesariamente se apoyan mutuamente al cincuenta por ciento en todo momento. Una relación sana tiene que poder adaptarse a los cambios. Cuando uno solo puede dar el veinte por ciento, el otro debe estar dispuesto a dar el ochenta. Una relación saludable consiste en dar un poco más cuando la otra persona no puede dar tanto.

Construir este tipo de relación requiere esfuerzo e intencionalidad, pero no es imposible. Tómate unos minutos para familiarizarte con algunas de las cualidades clave que se encuentran en las relaciones conscientes y saludables para poder reconocer y fomentar estos comportamientos.

Las siete cualidades de una relación consciente y amorosa

Durante la última década, entre los dos hemos leído cientos de libros sobre relaciones, hemos asesorado a cientos de alumnos y clientes que se esforzaban por encontrar la felicidad en sus relaciones, y hemos interactuado con miles de lectores que siguen haciéndonos preguntas y contándonos historias a diario sobre sus relaciones. Todo esto nos ha dado una idea de cuáles son los comportamientos y los hábitos que hacen que las relaciones funcionen bien a largo plazo. En nuestro trabajo, a menudo los denominamos las «cualidades de las relaciones conscientes y amorosas».

Así pues, ¿qué es exactamente una relación consciente y amorosa? Es una relación, íntima o platónica, que tiene estas características:

1. Ambas personas son autosuficientes emocionalmente.

Si tu felicidad depende del reconocimiento y la aprobación constantes de otra persona, estás cediendo demasiado poder. Es natural desear ser querido y admirado, desear ser incluido, pero es perjudicial para tu autoestima y tu fortaleza emocional si es algo por lo que tienes que luchar constantemente.

La clave es nutrir tu propia fuerza interior e incorporarla después a tus relaciones.

Piensa que una relación es análoga al hogar en el que vives. Si te gusta o no tu hogar no depende de cómo estén dispuestos los muebles, sino de cómo dispones tu mente. Tienes que decidir amarte a ti mismo en él y luego irradiar este amor interno hacia fuera.

Todo el amor y el reconocimiento que necesitas debes dártelos a ti mismo. Por lo tanto, la próxima vez que te sientas impulsado a impresionar a alguien, respira hondo y recuerda que no le debes a nadie estar justificándote todo el rato. Deléitate con la realidad que puedes elegir. Tienes autoridad para decidir cómo gastar tu tiempo y tu energía. Lo hermoso de todo esto es que cuando no le debemos nada a nadie, cuando somos autosuficientes, somos libres de dar y recibir amor desde el corazón, sin cargas.

Acude a este espacio de completitud, de fuerza interior e independencia, y luego ama a los demás. No porque necesites que te amen, no porque ansíes que te necesiten, sino porque amarlos es algo milagroso.

2. Hay una base sólida de aceptación mutua.

Sobre todo, la aceptación significa que dos personas están de acuerdo en estar en desacuerdo sobre algunas cosas, y se sienten perfectamente bien con este trato. Las diferencias de opinión, incluso las de calado, no destruyen la relación: lo que cuenta es cómo lidian con sus inevitables diferencias quienes la integran.

Algunos amigos y algunas parejas pierden años tratando de hacer que el otro cambie de opinión, pero esto no siempre se puede lograr, porque muchos de sus desacuerdos tienen sus raíces en diferencias fundamentales relativas a cómo ven el mundo y cómo se ven a sí mismos. Al luchar sobre la base de estas diferencias profundamente arraigadas, todo lo que logran es perder el tiempo y arruinar su relación.

Entonces, ¿cómo lidian los amigos y las parejas conscientes y amorosos con los desacuerdos que no se pueden resolver? Se aceptan mutuamente tal como son: entienden que los problemas son una parte inevitable de cualquier relación a largo plazo, de la misma manera que las dificultades físicas crónicas son inevitables a medida que nos vamos volviendo más viejos y más sabios. Estos problemas son como una rodilla débil o un dolor de espalda: es posible que no los queramos, pero podemos hacerles frente, evitar situaciones que los exacerben y desarrollar estrategias que nos ayuden a aliviar el dolor. El psicólogo Dan Wile lo expresó así de bien en su libro *After the Honeymoon* [Después de la luna de miel]: «Al elegir un compañero o amigo a largo plazo, inevitablemente estarás eligiendo un conjunto específico de problemas irresolubles con los que tendrás que lidiar durante los próximos diez, veinte o cincuenta años».

Por lo tanto, recuerda que la base del amor es dejar que quienes nos importan sean ellos mismos sin que tengan que disculparse por ello, y no pretender modificarlos para que se ajusten a nuestras propias ideas egoístas en cuanto a cómo deberían ser. De lo contrario, solo estamos enamorados de nuestras propias fantasías y, por lo tanto, nos perdemos totalmente su verdadera belleza. Deja que este sea tu baño de realidad. En lugar de tratar de cambiar a las personas que te importan, bríndales tu apoyo y creced juntos como individuos.

3. La comunicación intencional se practica con mucha convicción.

Nadie en este planeta lee las mentes. Comparte tus pensamientos de forma abierta. Dales a quienes te importan la información que necesitan en lugar de esperar que lo sepan todo. Cuantas más cosas haya que no se digan, mayor será el riesgo de problemas. Empieza a comunicarte con la mayor claridad posible. No intentes leer la mente de nadie, y no hagas que nadie intente leer la tuya. La mayor parte de los problemas, grandes y pequeños, que hay en el seno de una relación empiezan con la interrupción de la comunicación.

> **Escucha para entender.**

Además, no escuches para poder responder; escucha para entender. Abre tus oídos y tu mente a las preocupaciones y opiniones de las personas sin juzgarlas. Contempla las situaciones desde su perspectiva y desde la tuya. Intenta ponerte en su lugar. Incluso si no comprendes bien por qué piensan de esa manera, puedes respetarlas; puedes guardar tu teléfono, girarte hacia ellas y mirarlas directamente a los ojos.

Hacer esto demuestra que realmente quieres comunicarte y escuchar lo que tienen que decir. Este comportamiento refuerza el tipo de entorno propicio que es crucial para el desarrollo de cualquier relación. (Más adelante en este capítulo veremos qué sucede cuando falla la comunicación).

4. Se lidia de forma positiva con los desacuerdos.

Cuando surgen desacuerdos en una relación, lo más fácil es huir, especialmente si no se tiene un temperamento combativo. Si es tu caso, deberás hacer un esfuerzo, porque no se trata solo de *ti* y de si tienes o no ganas de lidiar con vuestras diferencias. Se trata de lo que necesita tu relación para desarrollarse y prosperar a largo plazo. Tienes que poner las necesidades de tu relación por delante de las tuyas por un momento. Ambos debéis comprometeros a lidiar con los desacuerdos abiertamente, porque huir de ellos solo hará que sean más difíciles de tratar en el futuro.

Una de las herramientas más simples y efectivas que se pueden usar para facilitar el proceso de lidiar con los desacuerdos que se producen en las relaciones es el lenguaje positivo. Las relaciones prosperan cuando dos personas pueden compartir sus sentimientos y pensamientos más íntimos de una manera positiva. Una forma efectiva de hacer esto en el contexto de un desacuerdo es hacer todo lo posible para evitar el uso de la segunda persona y usar la primera en su lugar. Esto hace que sea mucho más fácil expresar los verdaderos sentimientos y evita la posibilidad de atacar verbalmente al otro. Entonces, en lugar de decir «estás equivocado», di «no te entiendo», y en lugar de decir «tú siempre...», di «a menudo siento que...». Es un cambio sutil que puede tener una gran repercusión.

5. Ambas personas pueden preservar su dignidad.

La abuela de Marc le dijo en una ocasión: «Cuando alguien a quien amas se mete en un rincón, mira hacia otro lado hasta que salga y luego actúa como si nada hubiera pasado». Permitir que alguien salve su reputación así, y no recordarle lo que ya sabe que no fue su comportamiento más inteligente, es un acto de gran bondad, el cual es posible cuando uno se da cuenta de que las personas generalmente se comportan de estas maneras porque están sufriendo momentáneamente. Reaccionan a sus propios pensamientos y sentimientos, y su comportamiento a menudo no tiene nada que ver con la otra persona.

Todos tenemos cambios de humor irrazonables a veces. Todos tenemos días malos. Darles a tu pareja y tus amigos espacio para salvar su dignidad, y no tomarte las cosas de forma personal cuando ocasionalmente están molestos, malhumorados o tienen un mal día, es un regalo inestimable. Incluso si tú estás sin duda en lo cierto y el otro está sin duda equivocado, cuando las emociones están a flor de piel y lo fuerzas a quedar mal, solo estás lastimando su corazón y su ego. No logras nada más que rebajar su valía ante sus propios ojos.

Haz todo lo que puedas para que las personas que hay en tu vida preserven su dignidad. Dales espacio, deja que las emociones se calmen y después mantened una conversación racional utilizando las tácticas de comunicación positiva tratadas en el punto anterior.

6. El crecimiento personal se busca y se apoya habitualmente.

¿Sabes cómo se puede saber si algo está vivo y bien? Buscando indicios de crecimiento. En las relaciones conscientes y amorosas hay dos personas comprometidas con el aprendizaje y el crecimiento a lo largo de toda la vida. Sienten curiosidad. Están ansiosas por aprender del mundo y la una de la otra. Y debido a su amor por el aprendizaje, se conceden mutuamente la libertad de desarrollarse como individuos dentro de la relación.

A lo largo de una década formando a alumnos y asesorando a clientes, hemos visto muchas relaciones infelices causadas principalmente por el hecho de que una de las dos personas, o ambas, se aferraban tercamente a lo conocido. En pocas palabras, estas personas «tercamente aferradas» no querían que su amigo o su pareja cambiara. Pero la pura verdad es que el cambio forma parte del universo, y los seres humanos no somos la excepción. Si quieres tener éxito en una relación, debes acoger con los brazos abiertos el crecimiento personal y todos los cambios derivados de este.

7. El amor prevalece.

Este último punto abarca los seis anteriores y algo más. En una relación consciente y amorosa, dos personas se aman más de lo que se necesitan. Por esta razón, la relación en sí se convierte en un refugio seguro para practicar el amor. Y el amor, en última instancia, es una práctica: un ensayo diario de honestidad, presencia, comunicación, aceptación, perdón y sincera paciencia.

El amor es una práctica.

Lamentablemente, demasiado a menudo nos olvidamos de la parte de la práctica y tratamos el amor, por defecto, como un destino garantizado al que podemos saltar siempre que tengamos tiempo. Queremos llegar a ese sentimiento de amor «perfecto» en una relación sin ponernos a trabajar. Y cuando esta pretensión no da el fruto apetecido, asumimos que la relación en sí está acabada. Pero esta actitud no tiene en cuenta lo que es una relación, y tampoco lo que es el amor.

Lo volvemos a decir: el amor es una práctica. Es el compromiso diario de acoger las cualidades inesperadas e incómodas de una relación, respirar profundamente y preguntarse: «¿Qué parte del amor debe practicarse aquí?». La respuesta variará de un encuentro a otro, en un continuo flujo de ternura, afecto y sabiduría que nunca podríamos haber soñado o planeado.

Observa siempre tu respuesta

Cuando ocurre algo estresante en un contexto social, ¿cuál es tu respuesta predeterminada? Algunas personas pasan directamente a la acción, pero a menudo la acción inmediata es perjudicial. Otras se enojan o se entristecen. Otras comienzan a sentir lástima de sí mismas y a sentirse víctimas; se preguntan por qué otras personas no pueden comportarse mejor.

Las respuestas como estas no son saludables ni útiles. De hecho, cada vez que tu respuesta carezca de un grado consciente de aceptación, es probable que te estés tomando las cosas de forma demasiado personal. No eres el único; todos cometemos este error a veces. Si alguien hace algo con lo que no estamos de acuerdo, tendemos a interpretar eso como un ataque personal.

- ¿Nuestra pareja no nos muestra afecto? No se preocupa por nosotros tanto como debería.
- ¿Nuestros hijos no ponen orden en su habitación? Nos están desafiando a propósito.
- ¿Nuestros compañeros de trabajo actúan desconsideradamente con nosotros? Seguro que nos odian.
- ¿Alguien nos lastima? Todo el mundo debe salir para apoyarnos.

Hay quienes llegan a pensar que la vida misma está personalmente en contra de ellos. Pero la verdad es que casi nada en la vida tiene un carácter personal: las cosas suceden o no, y rara vez tienen que ver con alguien específicamente. La gente está lidiando con problemas emocionales, y a veces esto hace que se muestre desafiante, grosera e irreflexiva. A menudo lo están haciendo lo mejor que pueden, o ni siquiera son conscientes de sus problemas. En cualquier caso, puedes aprender a no interpretar sus comportamientos como ataques personales, sino verlos como encuentros impersonales (como un perro ladrando en la distancia o un abejorro zumbando) a los que puedes responder con una mentalidad apacible, o a los que puedes no responder en absoluto.

Pero ¿y si los actos del otro están realmente dirigidos a ti por algo que hiciste? Tal vez cometiste un error que molestó a esa persona y ahora está reaccionando de forma grosera a propósito contra ti. Una situación como esta puede parecer personal, pero ¿lo es realmente? ¿Tiene que ver toda la magnitud de su reacción grosera contigo y con un único acto inconveniente que realizaste? Probablemente no. De nuevo, el comportamiento de la otra persona refleja principalmente su forma de reaccionar, sus juicios bruscos, sus problemas con la ira y las expectativas que ha depositado en el universo. Eres una pequeña parte de una historia mucho más larga.

Pero debido a que nosotros, como seres humanos, vemos todo a través de la lente de cómo nos afecta (una lente a la que se le da muy mal ver el panorama general), tendemos a reaccionar a los actos de todos los demás como si fueran un juicio personal sobre nosotros. Por lo tanto, la ira de los demás suscita nuestro enojo. Su falta de respeto nos hace sentir que no valemos. La infelicidad de los demás nos hace infelices. Etcétera.

Date cuenta de esto, ahora y en el momento. Es hora de que dejes de reaccionar y empieces a observar tus respuestas.

Los comportamientos tóxicos que destrozan las relaciones

¿Qué sucede cuando no se siguen los consejos que se dan en este capítulo? Que las relaciones son o se vuelven tóxicas. Y lo creas o no, aproximadamente el noventa por ciento de las relaciones fallidas que hemos presenciado y en las que hemos asesorado a través de los años estaban marcadas por –por lo menos– uno de los seis comportamientos siguientes. (Nota: Hemos encontrado varios libros y trabajos del psicólogo John Gottman útiles para nuestra evaluación, aclaración y clasificación de los comportamientos propios de las relaciones tóxicas que vamos a describir).

1. Usar las quejas y desacuerdos como una oportunidad para condenarse mutuamente.

Está bien quejarse. También está bien que haya desacuerdos. Son reacciones naturales y honestas frente a las decisiones o el comportamiento de la otra persona. Pero cuando las quejas y los desacuerdos se vuelven incontrolables y se convierten en ataques generales contra el otro, en lugar de constituir reacciones centradas en sus decisiones o en su comportamiento, aparecen los problemas. Por ejemplo: «No me llamó cuando dijo que lo haría, no porque estuviera ocupado y se olvidase, sino porque es una persona horrible, miserable y malvada». Pero recuerda que hay una gran diferencia entre quién *es* alguien y lo que *hace* a veces.

Hay una gran diferencia entre quién *es* alguien y lo que *hace* a veces.

2. Usar expresiones de enojo en sustitución de la comunicación honesta.

Bajo cualquier forma, acciones tales como los insultos frecuentes, las amenazas, girar los ojos hacia arriba, el menosprecio, las burlas y las bromas hostiles son venenosas para la relación porque transmiten desprecio. Y es prácticamente imposible resolver un problema de relación cuando la otra persona recibe todo el rato el mensaje de que es odiada.

Además, recuerda que si alguien a quien amas comete un error y eliges perdonarlo, tus actos deben apoyar tus palabras. Es decir, deja que lo pasado sea pasado. No utilices las malas acciones anteriores del otro para justificar que tienes razón ahora. Cuando usamos una y otra vez las transgresiones pasadas de alguien para parecer «mejores» que esa persona («soy mejor que tú porque, a diferencia de ti, no hice equis cosas en el pasado»), nadie sale ganando.

Sustituye tus pensamientos negativos por la comunicación positiva. Porque la verdad es que si le lanzas gestos de odio a alguien en lugar de comunicarte, es muy probable que ni siquiera sepa por qué lo haces. Recuerda que cuando la comunicación entre dos personas no es abierta y honesta, nunca se dicen muchas cosas importantes.

3. Negar la propia responsabilidad.

Cuando negamos nuestra responsabilidad en las disputas que aparecen en las relaciones, todo lo que estamos haciendo es culpar a la otra persona. Estamos diciendo, en efecto, que el problema no somos nunca nosotros, sino que es siempre el otro. Esta negación de la responsabilidad no hace más que intensificar cada discusión, porque la comunicación está totalmente rota.

El aspecto clave que debes entender es que tienes dos opciones: o eliges tener una relación con otra persona o eliges no tenerla. Si escoges tenerla, eres responsable de la relación. Negar esto significa que estás cediendo todo tu poder al otro: eres su víctima, independientemente de cómo sean las circunstancias (positivas o negativas), porque le has dado el cien por cien de la responsabilidad de la relación.

Por lo tanto, recuerda que incluso cuando el comportamiento que ha originado una disputa en la relación lo ha tenido la otra persona, la única forma de encontrar puntos de acuerdo, o al menos de crear un espacio más saludable para ti, consiste en que comiences por aceptar que eres un cincuenta por ciento responsable de la relación en todo momento. Cuando hayas hecho esto, tendrás el poder de efectuar avances de una forma u otra.

4. Hacer el vacío.

Desconectar del otro, ignorarlo, desentenderse de él, negarse a reconocerlo, etc., son comportamientos que constituyen modalidades de hacer el vacío. No solo quitan a la otra persona de la discusión que se mantenía con ella, sino que también la sacan emocionalmente de la relación. Cuando ignoras a alguien, en realidad le estás enseñando a vivir sin ti. Si eso es lo que quieres, manifiéstalo claramente. Si no, abandona este tipo de comportamientos.

5. Hacer chantaje emocional.

El chantaje emocional consiste en aplicar un castigo emocional contra alguien si no hace exactamente lo que queremos que haga. La clave aquí es que esa persona cambie su comportamiento, en contra de su voluntad, como resultado del chantaje emocional. En otras palabras: en ausencia del chantaje emocional, esa persona viviría de otra manera, pero teme el castigo (o el maltrato) y cede. Este es un comportamiento extremadamente dañino en una relación.

La solución en este caso también es, en gran medida, una mejor comunicación. No debería haber ningún castigo, solo una conversación honesta. Si dos personas se preocupan la una por la otra y quieren mantener una relación saludable, es absolutamente necesario que puedan hablar entre sí con franqueza de *todos* sus sentimientos, no solo los agradables y positivos. Si una de las personas que están en la relación, o ambas, no permiten esto (si una o ambas temen ser castigadas por su honestidad), las mentiras y el engaño irán reemplazando poco a poco al amor y la confianza, lo que acabará por conducir a una desconexión emocional absoluta.

6. La codependencia y el «tener derecho».

La codependencia consiste en que los propios actos y pensamientos giran en torno a la otra persona a expensas de la propia individualidad. Y «tenemos derecho» cuando creemos que la otra persona nos debe algo inherentemente. Ambas posturas son extremadamente perjudiciales en las relaciones.

Una relación saludable nunca te limita.

Recuerda que una relación saludable nunca te limita, ni te restringe, ni trata de cambiarte, y no os da derecho a nada ni a ti ni al otro.

Las personas a veces desarrollan el sentimiento de tener derecho porque creen erróneamente que se les debe algo sobre la base, únicamente, del papel social que han elegido. Por ejemplo, si alguien ha aceptado el papel de amiga, amigo, novia, novio, esposa o esposo de alguien, se siente con derecho a obtener ciertos «favores» de esa persona. Si uno ha aceptado el papel de padre, siente que tiene derecho a que sus hijos le muestren respeto. Si uno ha aceptado el papel de cliente, siente que tiene derecho a que se atiendan sus necesidades únicas.

Pero no hay derechos garantizados en la vida. Y esto es especialmente aplicable al amor presente en una relación sana.

Con demasiada frecuencia asociamos el amor con las limitaciones:

- «Si él me ama, cambiará».
- «Si ella me ama, hará lo que yo le diga».
- «Si me aman, sabrán lo que necesito».

Pero el amor verdadero y saludable no es esto, ni mucho menos. Esto es el caldo de cultivo de la codependencia y el «tener derecho».

Lo que necesitamos es una dosis saludable de autosuficiencia. Como dijo el orador motivacional Jim Rohn en una ocasión: «El mejor regalo que puedes hacerle a alguien es tu propio desarrollo personal. Yo antes decía: "Si cuidas de mí, yo cuidaré de ti". Ahora digo: "Cuidaré de mí por ti, si tú cuidas de ti por mí"».

La importancia de la química

Por desgracia, incluso si estás haciendo todo lo posible para practicar todas las cualidades de una relación consciente y amorosa, y evitar los comportamientos tóxicos mencionados anteriormente, hay un factor clave que puede dificultar o incluso imposibilitar la construcción de una relación saludable, no tóxica: la química. En el ámbito de nuestras relaciones importantes, hay algunas personas que aportan energía a nuestra vida y otras que nos la quitan. Así funciona la química. A menudo nos vemos tan atrapados en un aspecto único y potente de la atracción o conexión que sentimos respecto a otra persona que perdemos de vista las formas en que no somos del todo adecuados para ella, y viceversa.

Es importante tener en cuenta que es posible que dos personas sean tóxicas entre sí sin ser necesariamente tóxicas como individuos. Cada una de ellas, como ser humano único e increíble, puede tener la capacidad de hacer cosas maravillosas y tener excelentes relaciones con otras personas. Pero cuando se juntan entre sí son como el aceite y el agua; tienen ciertas características y cualidades que hacen que no sean compatibles.

Hemos visto este fenómeno varias veces en nuestras sesiones de *coaching*. Ha habido maridos y mujeres que nos han dicho: «Admiro a mi pareja o mi expareja. Es una gran persona. Pero cuando estamos juntos, la cosa no va bien». La química es real, y es crucial reconocer el papel que juega en nuestras relaciones. Por lo menos, es algo que debes tener en cuenta si te encuentras con unas dificultades enormes a la hora de cultivar una nueva relación íntima o una nueva amistad con alguien.

Lo que puede ayudar en cualquier caso, independientemente de los elementos incontrolables de la química, es la honestidad sincera y una mejor comunicación.

El poder de la comunicación

Recientemente, una abogada muy ocupada llamada Valentina (una de nuestras exalumnas) y su hijo de diez años, Marco, se mudaron a su nuevo hogar en Nueva Inglaterra. El invierno ya estaba plenamente instalado y una gran tormenta de nieve azotó la zona la mañana después de que se hubieron instalado. Las escuelas no pudieron abrir.

Marco tuvo un día de nieve, pero Valentina necesitaba ir a su despacho durante un par de horas para terminar un trabajo importante para un nuevo cliente. Por lo tanto, a pesar de la tormenta, condujo hasta el trabajo, y dejó a su hijo en la casa, que estaba casi cubierta por la nieve, para que trabajase en sus deberes escolares.

Poco después de llegar a su despacho, Valentina recibió un mensaje de texto de Marco que decía: «*Windows completely frozen. Will not open*». Ella entendió: «Ventanas completamente congeladas. No se van a abrir».

Valentina miró su teléfono confundida, porque no pudo imaginar por qué querría Marco abrir alguna de las ventanas. Pero estaba ocupada y a punto de entrar en una reunión, por lo que no tuvo tiempo de ponerse a averiguar los detalles. Rápidamente le envió un mensaje de texto a Marco con una solución simple que había aprendido cuando, de niña, creció en las montañas: «Calienta una taza de agua en el microondas, viértela uniformemente sobre los bordes y después golpea ligeramente los bordes con un mazo».

A continuación, se apresuró a entrar en la reunión. Cuando hubo acabado, vio que tenía varios mensajes de texto de su hijo.

El primer mensaje de Marco decía: «¿Qué? ¿Estás segura de que esto funciona?». Después: «¡Por favor, date prisa! ¡Tengo que entregar mi ensayo pronto!». Y finalmente: «¡El [ordenador] portátil está muerto!».

Confundida por los mensajes, Valentina llamó a Marco, que contestó a la llamada, irritado y angustiado.

–Para empezar: ¿qué pasa con el portátil? –preguntó Valentina.

–No lo sé –respondió Marco–. He vertido agua caliente a lo largo de los bordes y los he golpeado con un mazo, tal como me dijiste. Pero ahora ni siquiera se enciende.

Valentina de pronto cayó en la cuenta de que el mensaje de texto inicial de su hijo de diez años no hacía referencia a las ventanas de su nuevo hogar, sino al sistema operativo del ordenador. Tuvo que haber leído: «Windows completamente bloqueado. No se va a abrir». El ordenador de Marco se había colgado, pero ahora, debido a una taza de agua caliente y al ligero golpeteo de un mazo, ¡estaba realmente acabado!

Cuando Valentina compartió esta historia con nosotros, nos reímos junto con ella. Fue un magnífico recordatorio de que en la vida, en los negocios y especialmente en nuestras relaciones los errores más grandes pueden surgir de los malentendidos más pequeños. Afortunadamente, podemos evitar estos malentendidos con una estrategia simple: reducir la velocidad, escuchar a los demás y pedirles aclaraciones sobre lo que quieren decir. Hacer esto requerirá un poco más de tu tiempo, sí. Pero también te salvará de dolores y quebraderos de cabeza más adelante.

Mantras para acabar con los malentendidos

A decir verdad, gran parte de la infelicidad que hay en el mundo es el resultado de una comunicación incompleta o confusa. Sabemos que los malentendidos pueden separarnos. Sabemos que una comunicación más saludable conduce a unas relaciones más saludables. Y aun así, a menudo lo olvidamos. Nos olvidamos de liberar tiempo para dedicarlo al otro. Nos olvidamos de estar presentes. Nos olvidamos de escuchar *realmente*. Día tras día, nos malinterpretamos mutuamente, como colectivo, y ello da lugar a cientos de dolores de cabeza innecesarios y errores desgarradores.

Como tú, nosotros dos solo somos humanos: seguimos comunicándonos mal y entendiendo mal, sobre todo cuando tenemos prisa. Así que hemos establecido una estrategia simple para apoyar la práctica de prestar una atención mejor a las personas que hay en nuestra vida. En pocas palabras, nos recordamos proactivamente algunas verdades simples que ya conocemos pero que a menudo olvidamos. Cada vez que nos descubrimos evitando una conversación que sabemos que debemos tener con alguien, hacemos una pausa y leemos los siguientes mantras. Después nos es más fácil sintonizar con la persona con toda nuestra presencia.

1. El mayor problema de la comunicación es la ilusión de que ha tenido lugar.
2. Con demasiada frecuencia no escuchamos para entender; escuchamos para responder. No hagas esto. Presta atención. Ten curiosidad. Cuando escuchamos al otro con verdadera curiosidad, no lo escuchamos con la intención de replicarle; escuchamos lo que hay realmente detrás de sus palabras.
3. Cuando oímos solo lo que queremos oír, realmente no estamos escuchando. Escucha también lo que no quieres oír. Así es como nos hacemos más fuertes juntos.
4. Nunca sabemos por lo que ha pasado alguien hoy. Así que, fruto de la pereza, no emitas juicios vacíos sobre esa persona o su situación. Sé amable. Permanece dispuesto a aprender. Sé un buen amigo. Sé un buen vecino. Sé un buen escuchador.
5. A veces, todo lo que necesita una persona es un oído empático, saber que alguien la escucha. El solo hecho de escucharla y acoger con ternura su sufrimiento puede ser increíblemente curativo.
6. No hagas suposiciones a menos que sepas toda la historia. En caso de duda, pregúntale directamente a la persona hasta que te quede claro.
7. Cuando nos tomamos tiempo para escuchar con humildad lo que tienen que decir los demás, es sorprendente lo que podemos aprender; especialmente si las personas que hablan son aquellas a las que amamos.

Si hubiésemos recibido un dólar por cada vez que nos hemos enterado de una situación vital desafortunada causada directamente por una combinación de exceso de trabajo y mala comunicación, podríamos enviar a todos quienes conocemos una placa dorada con la historia de Valentina y Marco grabada a modo de llamada de atención. La historia de Valentina y Marco se inscribe en una relación entre madre e hijo, pero piensa en cómo esta misma falta de comunicación podría fácilmente traer toxicidad a una relación íntima o una amistad. A veces, la razón por la que no hay química no es otra que el hecho de que no hay comunicación.

El entorno y el gran alcance del poder de quienes tenemos alrededor

Cambiemos de tema por un momento y analicemos detenidamente cómo nos afectan quienes nos rodean. Jim Rohn afirmó que somos el promedio de las cinco personas con las que pasamos más tiempo. Y nada podría estar más cerca de la verdad.

Es difícil negar el hecho de que aquellos que están cerca de nosotros de forma regular influyen drásticamente en el tipo de persona que seremos. No son solamente nuestros amigos más cercanos quienes pueden tener este efecto; solo por el hecho de estar cerca de otros individuos regularmente comenzamos a absorber sus características, comportamientos e intenciones.

Si estás tratando de vivir una vida más feliz y satisfactoria, te conviene estar rodeado de gente interesada en el crecimiento positivo que tú también deseas. Las personas que están cerca de otras que ganan más dinero suelen ganar más dinero. Las que están cerca de otras que comen de forma saludable también tienden a comer de manera saludable. Por lo tanto, debes intentar elegir entornos en los que abunden las personas que encarnen lo que quieres lograr (lo cual no quiere decir que todos los que te rodean deban ajustarse a esta máxima).

Por ejemplo, nosotros dos asistimos a un gimnasio en el que se ejercitan muchos culturistas y modelos de *fitness*. Nada más entrar en ese gimnasio nos sentimos inspirados. Personas de todas las edades, sexos y orígenes están trabajando duro, sudando, levantando pesas. En ese entorno, uno no puede evitar pensar: «Voy a poner un poco más de peso en esta barra. ¡Sé que puedo hacerlo!».

No hay duda de que estamos en mejor forma ahora porque estamos haciendo ejercicio en ese gimnasio. Cuando llegamos ahí, nos sentimos más inspirados a esforzarnos de lo que nos sentiríamos si no contásemos con esa inspiración visual. Ahora bien, ¿todas las personas que hay en nuestra vida deben esforzarse para tener una buena forma física? No. Pero cuando acudimos a ese entorno, vemos a personas que están trabajando más duro que nosotros, y esto nos empuja a dar lo mejor también.

Por más determinación y fuerza de voluntad que tengas, si permaneces en un entorno que incide en contra de tus mejores intenciones, acabarás por sucumbir a ese entorno. A causa de ello, muchos de nosotros damos pasos en falso que nos alteran la vida. En lugar de trabajar en un entorno favorable que nos empuje hacia delante, gastamos toda nuestra energía tratando de cargar con el peso de un entorno perjudicial. Y al final, a pesar de nuestros mejores esfuerzos, nos quedamos sin energía.

Si te encuentras en esta situación en la actualidad, deberás establecer unos límites claros, dedicarte al resultado que pretendes lograr y reconfigurar tu entorno para que sea posible la consecución de este objetivo. Aquí tienes algunos otros ejemplos:

- Si quieres perder peso, tu mejor opción es pasar más tiempo en entornos sanos con personas que coman de forma saludable y hagan ejercicio de manera regular.
- Si deseas convertirte en un comediante profesional remunerado, un objetivo que logró uno de los asistentes a una de nuestras conferencias recientes, rodéate de comediantes profesionales: actuad juntos, compartid experiencias y reconfigura tu entorno vital y laboral en consecuencia.
- Si quieres superar tus dificultades y vivir una vida más feliz, pasa más tiempo comunicándote con personas que tengan estas mismas intenciones.

La verdad es que la determinación y la fuerza de voluntad solo te llevarán hasta cierto punto. Nos adaptamos a nuestro entorno. Por lo tanto, si quieres dirigir intencionadamente tu propio crecimiento y tu propia evolución, es imperativo que elijas o crees entornos enriquecedores en los que estés rodeado de personas que te influyan en favor de la consecución de los resultados que deseas.

El delicado arte de habérselas con personas difíciles

Por más que tratemos de rodearnos de personas que nos apoyen, seguirá habiendo individuos difíciles en nuestra vida. Sea cual sea nuestra edad o nuestro estatus social, siempre hay alguien que no quiere hacer otra cosa que intimidarnos y menospreciarnos. A veces son colegas del trabajo, a veces son vecinos, a veces son niños malos en el patio de recreo. Y así como siempre habrá personas difíciles en este mundo, también tenemos siempre el poder de elegir cómo responderles. ¿Hacemos nuestro su dolor? ¿O elegimos transformarlo en crecimiento y fortaleza personal? ¿Les permitimos ganar u optamos por ganar nosotros?

Es difícil tomar decisiones acertadas en el calor del momento. Pero cuando elegimos ganar y transformar el dolor en crecimiento personal y fortaleza, no solo estamos mejorando nuestra propia vida; también estamos mejorando la vida de las personas a las que amamos y de aquellas que nos admiran.

De todos modos, a veces manejar a las personas difíciles y «ganar» no es nada fácil. Hemos trabajado con cientos de alumnos y clientes durante la última década que se han enfrentado precisamente a este desafío. Aquí tienes cinco estrategias inteligentes pero simples que obran maravillas:

1. Deséale a la persona que le vaya bien y sigue adelante con tu vida.

No rebajes tu nivel de exigencia de base, pero recuerda que no tener expectativas en relación con los demás es la mejor manera de evitar decepcionarse. Ten en cuenta que no hay ninguna razón para esperar que los demás te traten de la misma manera en que tú los tratas, porque no todo el mundo tiene el mismo corazón que tú. Reflexiona al respecto y deja que esta idea cale en ti. En última instancia, la verdadera prueba es ser amable con las personas desagradables. Y sí, siempre puedes mantenerte erguido y ser sinceramente agradable con aquellos con los que no estás nada de acuerdo.

Recuerda que no sabes por lo que ha pasado alguien en su vida o por lo que está pasando hoy. Haz todo lo que puedas para ser amable, generoso y respetuoso, pase lo que pase. A decir verdad, todas las personas más frías y difíciles que conoces fueron una vez tan inocentes como un bebé. Entonces, cuando alguien se muestre grosero y difícil, sé muy consciente y da lo mejor de ti. Dales a quienes tienes alrededor el «respiro» que esperas que el mundo te dé cuando tengas tú un mal día, y nunca jamás te arrepentirás de haberlo hecho.

2. Sé un modelo del comportamiento que quieres ver.

Cuando alguien insista en imponerte su hostilidad y sus dramas, sé un ejemplo de existencia pura. Ignora sus tonterías y enfócate en la compasión. Comunícate y exprésate desde un espacio de paz y amor, con las mejores intenciones. Usa tu voz para bien, para inspirar, alentar, educar y difundir el tipo de comportamiento que quieres ver en los demás.

Esto, por supuesto, es mucho más fácil decirlo que hacerlo. Requiere mucho tiempo de práctica. Nosotros dos, aunque llevamos décadas practicando, a veces nos descubrimos siendo groseros con los individuos que son groseros con nosotros: nos portamos mal porque ellos se han portado mal. E incluso si la culpa de la situación es exclusivamente suya, nuestro comportamiento no hace más que incrementar la tensión. Así que nos esforzamos al máximo para hacer una respiración profunda y dar ejemplo de cómo lidiar con la ira y la frustración. Tratamos de ser pacientes y compasivos con esas personas, mostrar una forma positiva de manejar a los individuos difíciles. Hacerlo siempre nos ayuda a avanzar, aunque no siempre de forma instantánea.

3. Redirige de forma positiva las conversaciones negativas.

Está bien cambiar de tema, hablar sobre algo positivo o alejar las conversaciones de las quejas, los dramas y los culebrones personales. Estate dispuesto a mostrarte en desacuerdo con las personas difíciles y a habértelas con las consecuencias. Algunos realmente no reconocen sus propias tendencias difíciles o su comportamiento desconsiderado.

Puede estar bien decirle a alguien de estas características: «Siento que me ignoras hasta que necesitas algo». También puedes ser honesto si es su actitud excesivamente negativa lo que te está sacando de quicio: «Estoy tratando de concentrarme en lo positivo. ¿Hay algo bueno de lo que podamos hablar?». Dar este tipo de mensajes tal vez funcione y tal vez no, pero tu honestidad ayudará a asegurar que cualquier comunicación que siga habiendo entre vosotros a partir de ese momento tenga como base vuestro beneficio mutuo.

4. Establece proactivamente unos límites saludables y razonables.

Practica la toma de conciencia de tus sentimientos y necesidades sociales. Advierte los momentos y las circunstancias en los que te molesta satisfacer las necesidades de otra persona. Ve poniendo límites negándote a atender las solicitudes gratuitas que susciten tu resentimiento. Por supuesto, esto te costará al principio, porque te parecerá un poco egoísta. Pero si alguna vez has volado en avión, sabrás que los auxiliares de vuelo indican a los pasajeros que si hay problemas cada uno deberá ponerse su propia máscara de oxígeno antes de atender a otras personas, incluso a sus propios hijos. ¿Por qué? Porque no podemos ayudar a los demás si no estamos en condiciones de poder hacerlo.

A la larga, poner unos límites saludables a las personas difíciles y hacer que los respeten será una de las medidas más beneficiosas que podrás adoptar en tu favor y en favor de quienes te importan. Estos límites fomentarán y preservarán lo mejor de ti, y así podrás compartir la mejor versión de ti mismo con quienes más te importan, no solo con los individuos difíciles que te hacen sentir mal.

5. Sé menos difícil y más flexible tú también.

No sirve de mucho «domar» a todas las personas difíciles que hay en nuestra vida si no estamos preparados para tener una buena relación con las personas amables. En ocasiones, puede ser que te encuentres con que las dificultades que hay entre tú y otro individuo se esfuman cuando eres tú quien empieza a ser más tratable. Honestamente, no estamos tratando de dar lecciones; esto es algo en lo que nosotros dos estamos trabajando. Es una práctica para toda la vida.

Haz esa primera llamada, ofrece un cumplido sincero, programa una salida divertida teniendo en cuenta las preferencias de la otra persona, envía ese mensaje de texto gracioso sin ninguna razón real. Hay muchas maneras de fomentar las relaciones con las personas bondadosas que merecen que hagamos un esfuerzo y un sacrificio adicionales. Y cuando estamos rodeados de buena gente y buenas intenciones, de forma sorprendente la mezquindad, la toxicidad y las dificultades innecesarias desaparecen de nuestra conciencia sin más.

Esto nos remite al punto anterior relativo a cómo modelar el comportamiento que deseamos ver. Así como la luz disipa la oscuridad, tu luz puede ser un ejemplo brillante para todos los que te rodean, incluidos aquellos que tienen buenas intenciones pero no se dan cuenta de sus tendencias difíciles. Y aunque es probable que debas exponerte menos a algunas personas, no subestimes la posibilidad de que tu ejemplo pueda influir en ellas por el bien de todos, de una forma u otra, a la larga.

Nuestros rituales destinados a fomentar las relaciones saludables

A lo largo de los años, hemos desarrollado algunos rituales que nos ayudan a estar atentos a los problemas mencionados y a fomentar las relaciones saludables, amorosas y duraderas. Vamos a poner nuestra relación como ejemplo.

Como pareja casada, tenemos nuestros desacuerdos. Pero al fin y al cabo, estamos ahí el uno para el otro. Aunque pueda haber algún problema entre nosotros, siempre nos damos un beso de buenas noches y nos decimos que nos queremos. No importa si tenemos alguna desavenencia en ese momento. Nos amamos, en ese momento y en todos los demás, y nos apoyamos con un lenguaje y unos gestos positivos. Este es un ritual que practicamos todos los días, sean cuales sean las circunstancias.

Otro ritual presente en nuestra relación tiene que ver con la idea de que el tiempo en familia no es negociable. Dejamos de trabajar a las cuatro de la tarde y a continuación nos tomamos tiempo para cenar y relajarnos con nuestro hijo hasta las siete. Durante esas tres horas, nos mantenemos presentes y dejamos que las cosas fluyan. Nos aseguramos de sacar tiempo para sentarnos, estar juntos y hablar de cómo nos ha ido el día.

A veces nos vemos atrapados por proyectos y nuevas ideas que nos apasionan y dejamos de enfocarnos en nuestra familia temporalmente. Y eso está bien. Solo significa que tenemos que estar lo suficientemente presentes como para darnos cuenta de que estamos perdiendo de vista lo que más nos importa. Una vez que vemos que está ocurriendo esto, sabemos que tenemos que cambiar la dinámica y priorizar la relación entre nosotros y con nuestro hijo: es la conciencia de lo que es más importante lo que hace que volvamos al «buen camino».

Finalmente, siempre nos aseguramos de que cualquier desacuerdo no sea una excusa para comportarnos de forma mezquina el uno con el otro. Cuando tenemos una discusión, elegimos conscientemente palabras que aporten valor a la conversación y ayuden a llegar a una solución. A veces es necesario hacer una crítica constructiva. Pero sea lo que sea lo que digamos, tanto si el otro va a recibirlo fácilmente como si no, debe ser amable y aportar un valor *real*.

Estos son solo algunos pequeños rituales que actualmente nos ayudan a fomentar una relación sólida entre nosotros. Estas prácticas pueden ser diferentes en otras relaciones, y no son aplicables solamente a las relaciones románticas. También tenemos rituales para ayudarnos a nutrir nuestras otras relaciones importantes. Por ejemplo, nos aseguramos de quedar con algunos de nuestros amigos más cercanos una vez al mes y almorzar juntos. Para nosotros es muy importante asegurarnos de mostrar nuestro aprecio a las personas que son importantes en nuestra vida y disfrutar de su compañía.

La conclusión es esta: comunicarse con las personas relevantes, aquellas que aportan valor a la propia vida, es esencial. Es fácil estar ocupado con todo lo demás. La pregunta es: ¿qué y quién es realmente importante para ti? Si alguien lo es, inclúyelo en tu agenda. Si no tenéis posibilidad de encontraros en persona, hazle una llamada telefónica. Mándale un correo electrónico. El acto puede ser tan pequeño como este. Pero mantente conectado con las personas que

Mantente conectado con las personas que te estimulan.

te estimulan. El solo hecho de que te asegures de que sepan que quieres saber cómo están y de decirles que las quieres y las echas de menos puede suponer una gran diferencia.

Ejercicio final

Pasa quince minutos de tiempo de calidad todos los días con alguien a quien quieras, sin grandes planes y dejando de lado las herramientas tecnológicas.

Suelta el teléfono inteligente, apaga el ordenador y disfruta de la compañía del otro cara a cara, a la antigua usanza. Hay pocas alegrías en la vida que sean equivalentes a una buena conversación, unas risas auténticas, un largo paseo, un baile amistoso o un gran abrazo compartidos por dos personas que se preocupan la una por la otra. A veces, las cosas más ordinarias pueden adquirir el carácter de extraordinarias por el solo hecho de compartirlas con las personas adecuadas. Por lo tanto, elige estar cerca de estas personas y aprovechar al máximo vuestro tiempo juntos. No esperes a hacer grandes planes. Haz que vuestro tiempo juntos sea el plan. Comunícate abiertamente con regularidad. Reuníos físicamente tan a menudo como sea posible. No porque sea práctico hacerlo, sino porque sabes que la otra persona bien merece este esfuerzo extra.

CAPÍTULO 9

Felicidad: cultiva un ambiente interno y externo que te aporte plenitud

La felicidad no está ahí fuera, esperando ser encontrada. Está en ti, esperando ser acogida.

Nuestro teléfono sonó justo antes de la medianoche. Lo agarré de la mesita de noche, y ambos entornamos los ojos ante su pantalla brillante. «Claire», decía. Claire es una amiga cercana que trágicamente había perdido a su marido el año anterior víctima de un cáncer. Era raro que llamase tan tarde, por lo que tenía que ser importante.

Respondimos la llamada y se echó a llorar cuando le preguntamos qué iba mal. Dijo que necesitaba ayuda. Acababa de perder su trabajo, se sentía exhausta pero aun así no podía dormir y no sabía cómo seguir adelante. Le dijimos que a veces nosotros tampoco lo sabíamos, pero sí sabíamos que un trabajo no era más que un trabajo, y que el hecho de que Angel hubiese perdido su empleo había sido una bendición disfrazada.

Suspirando a través de sus lágrimas, explicó que se sentía como si le costara mantener el equilibrio y pudiese caerse en cualquier momento. Esas sensaciones la mantenían en un círculo vicioso; tenía un día bueno seguido de varios días malos. Lo único que parecía ayudarla era un dicho que su abuela le había enseñado cuando era niña: haz todo lo que puedas con lo que tienes delante de ti y deja el resto a los poderes superiores a ti.

Sonreímos. Marc recordó una historia corta que le había contado su abuela, que también se podía aplicar a las circunstancias de Claire. De manera que se la contamos:

> Érase una vez, en una pequeña aldea, al pescador del lugar le cayó al río su caña de pescar favorita, por accidente, y no pudo recuperarla. Cuando sus vecinos se enteraron de su pérdida, se acercaron a él y le dijeron:
>
> —¡Esto ha sido mala suerte!
>
> El pescador respondió:
>
> —Tal vez.
>
> Al día siguiente, el pescador caminó una milla río abajo para ver si podía encontrar su caña de pescar. Llegó a un pequeño recodo en la orilla del río que estaba repleto de salmones. Utilizó su caña de pescar de repuesto para atrapar casi cien peces, los cargó en su carreta y los llevó a la aldea. Toda la gente estuvo encantada de recibir el salmón fresco. Cuando sus vecinos se enteraron de su éxito, acudieron a él y le dijeron:
>
> —¡Caramba! ¡Menuda suerte tienes!
>
> El pescador respondió:
>
> —Tal vez.
>
> Dos días después, el pescador empezó a caminar de regreso al recodo del río para poder pescar más salmones. Pero tropezó con el tocón de un árbol y se torció gravemente el tobillo. Muy despacio y sintiendo un gran dolor, regresó a la aldea para recuperarse. Cuando sus vecinos se enteraron de su lesión, le dijeron:
>
> —¡Esto ha sido mala suerte!
>
> El pescador respondió:

—Tal vez.

Pasaron cuatro días, y aunque el tobillo del pescador se iba curando lentamente, aún no podía caminar, y la aldea se había quedado sin pescado. Tres aldeanos se ofrecieron para ir al río a pescar mientras el pescador se recuperaba. Esa noche, al no regresar los tres hombres, salió un grupo en su búsqueda, y descubrieron que todos ellos habían sido atacados y matados por una manada de lobos. Cuando los vecinos del pescador se enteraron de esto, le dijeron:

—¡Menuda suerte tienes de no haber ido a pescar! ¡Mira que eres afortunado!

El pescador respondió:

—Tal vez.

«Unos días después...; bueno, puedes adivinar cómo sigue la historia», dijo Marc, y Claire se rio ligeramente y le agradeció que la hubiese compartido. Porque enseguida vio cuál era la moraleja: la vida es impredecible. Independientemente de lo bien o mal que parezcan estar las cosas en este momento, no hay manera de que podamos saber con seguridad qué ocurrirá después.

La imprevisibilidad de la vida es una verdad fundamental que debemos aceptar. Pero esto no significa que estemos indefensos. No significa que no tengamos muchísimas opciones de buscar un significado y un propósito para nuestra vida, de encontrar la alegría en medio de toda la imprevisibilidad. Por más que prime la incertidumbre, eres capaz de cultivar la felicidad y acercarte al tipo de vida que quieres llevar.

A lo largo del libro, hemos presentado muchas estrategias para ayudarte en este camino. Hemos hablado del poder de los rituales diarios y hemos expuesto las prácticas de *mindfulness* que pueden ayudarte a cambiar de mentalidad, y te hemos indicado cómo puedes cambiar tu situación para mejor y cómo puedes encontrar esa motivación tan evasiva. Todas estas ideas y mecanismos tienen como objetivo ayudarte a hacer lo que anuncia el título de este libro: volver a ser feliz.

En este capítulo nos gustaría extendernos en algunas ideas clave y estrategias comprobadas que sabemos que te ayudarán a lograrlo.

La felicidad debe cultivarse desde el interior

Muy a menudo, la gente te dirá que salgas y encuentres la felicidad, como si fuera un producto tan simple que pudieses ir al supermercado local y agarrarlo de un estante. La felicidad, sin embargo, no se encuentra en otro lugar; crece y se desarrolla dentro de uno mismo. Nadie va a venir a salvarte y a dártela. Tu felicidad depende de ti y solo de ti.

Sin embargo, la felicidad presenta una pequeña peculiaridad interesante en lo concerniente a los individuos. A través de todo el asesoramiento que hemos realizado a lo largo de los años, hemos visto que distintas personas parecen tener un «nivel básico» de felicidad diferente, por así decirlo. Algunas son generalmente más felices que otras. Pero incluso aquellas cuyo nivel básico de felicidad es inferior tienen un gran potencial en el cultivo de esta. Todo tiene que ver con el enfoque y la mentalidad.

Hemos visto el poder que tienen el enfoque y la mentalidad, es decir, el poder que tiene cultivar la felicidad intencionadamente. A través de nuestro asesoramiento a clientes y alumnos, e incluso en nuestros eventos en vivo, hemos visto, para nuestro asombro, con qué frecuencia unos cambios personales inmensos tienen su origen en un cambio de actitud mental. Hemos visto cómo unas tácticas simples del ámbito de la mentalidad como la autoindagación, por ejemplo, tienen un efecto liberador para las personas que están estresadas o descontentas con sus circunstancias del momento. Después de todo, no siempre puedes cambiar tus circunstancias, pero siempre puedes cambiar tu actitud respecto a estas. El problema, entonces, no es el problema. El problema es la forma en que piensas acerca de él.

Cuando tu mentalidad está en orden, puedes cultivar un entorno interno y externo en el que puedes fomentar tu propia felicidad. Esto puede ser tan simple como darte cuenta de lo que inquieta a tu mente preocupada y después hacerte las preguntas que se tratan en el apartado «Practica la autoindagación a través de un diario» del capítulo cuatro (en la página 113):

- ¿Puedo estar absolutamente seguro de que este pensamiento problemático es cierto?
- ¿Cómo me siento y me comporto cuando tengo este pensamiento?
- ¿Cómo podría sentirme, y qué más podría ver, si borrara este pensamiento problemático de mi mente en este momento?
- ¿Qué otra posibilidad razonable hay que también podría ser cierta?
- ¿Cuál es el opuesto absoluto de este pensamiento problemático? ¿Hay alguna verdad en este pensamiento opuesto?

Preguntas simples como estas son increíblemente potentes; cuando se usan a conciencia y con regularidad, pueden liberar nuestra mente de todo tipo de pensamientos y creencias autolimitantes. También puedes volver a leer el ejercicio final del capítulo tres, que tiene que ver con esto.

Apacigua tu anhelo de controlar lo incontrolable

Como hemos comentado a lo largo de esta obra, soltar el control y sentirnos bien haciéndolo es una de las mayores dificultades con las que muchos lidiamos a diario, incluidos nosotros dos. Porque soltar el control va directamente en contra de nuestra forma de vivir: somos buscadores, hacedores, arquitectos de nuestro destino. Construimos realidades y hacemos que los sucesos tengan lugar en nuestros propios términos; ¡no esperamos a que pase nada en los términos de otra persona! Al menos esto es lo que solemos aprender, en nuestra etapa de crecimiento, de los profesores, los entrenadores deportivos, las películas, las canciones de moda, los artículos de las revistas, etc. Permitir que las cosas sucedan no está exactamente en nuestro ADN. Muchos de nosotros no hemos sido el tipo de persona que se recuesta y suelta pasivamente el control.

Con los años, sin embargo, nuestra perspectiva (la de los coautores de este libro) ha cambiado. Hemos aprendido por las malas que gran parte del control que creemos tener sobre nuestra vida es ilusorio. Nos hemos encontrado con innumerables personas cuya vida ha dado un vuelco a causa de enfermedades, desastres naturales, bancarrotas y otras circunstancias trágicas e inesperadas.

Ocurre todos los días: descubrimos que realmente no tenemos el control que creíamos que teníamos sobre las situaciones. Entonces, ¿qué podemos hacer? Tenemos una única opción: soltar y permanecer bien conscientes.

En el juego de la vida, todos recibimos una serie de limitaciones y variables inesperadas. La pregunta es: ¿cómo responderás a la mano (de cartas) que has recibido? Puedes o bien enfocarte en lo que te falta o bien empoderarte para jugar al juego de manera sensata e ingeniosa, sacando el mejor partido a todo lo que se vaya presentando, incluso cuando sea desgarrador y difícil de aceptar.

La mente es nuestro mayor campo de batalla.

Lo hemos dicho antes y lo volvemos a decir: la mente es nuestro mayor campo de batalla. Es el lugar donde residen los conflictos más fuertes. Es donde la mitad de todo aquello que pensábamos que iba a pasar nunca ocurrió. Es donde nuestras expectativas siempre llevan la voz cantante. Es donde somos víctimas de nuestra ansia de controlar lo incontrolable. Si permitimos que estos pensamientos y anhelos moren en nuestra mente, lograrán quitarnos la paz, la alegría y, en última instancia, la vida. Nuestros propios pensamientos nos sumirán en una angustia profunda e incluso en la depresión.

A decir verdad, hay tanto en la vida que no podemos controlar que no tiene sentido que desperdiciemos nuestra energía en estas cosas y luego, claramente, dejemos de lado todo lo que *sí* podemos controlar.

Podemos escoger cómo pasar nuestro tiempo en este momento. Podemos elegir la gratitud y el buen talante. Podemos elegir con quién socializar, con quién compartir este día. Podemos elegir amar y valorar a las personas que hay en nuestra vida por ser exactamente quienes son. Y también podemos elegir amarnos y valorarnos a nosotros mismos. Podemos elegir cómo vamos a responder a las sorpresas y decepciones cuando surjan, y si las veremos como problemas o como oportunidades para el crecimiento personal. Y, quizá lo más importante, podemos elegir ajustar nuestras actitudes y dejar de lado todas nuestras preocupaciones relativas a todo lo que no podemos controlar, lo que a su vez nos libera para dar el siguiente mejor paso.

Deja de implicarte en dramas innecesarios

Lo que acabamos de tratar sobre soltar el control conduce directamente a este otro punto: cada vez que exigimos tener el control sobre lo incontrolable, o que nos resistimos obstinadamente a la realidad actual de nuestra vida, sobreviene un drama innecesario.

Los dramas no son más que la consecuencia de cómo nuestra mente interpreta los incidentes externos y entra en conflicto con ellos. Por lo tanto, el drama por el que estás pasando en un momento dado no está alimentado por las palabras o los actos de los demás, ni por ninguna causa externa; está alimentado principalmente por tu mente, que es la que le da importancia al drama.

Y sí, todos nos hacemos esto a nosotros mismos en ocasiones. Pero ¿por qué? ¿Por qué nos estresamos tan fácilmente y nos vemos absorbidos por los dramas? Porque el mundo no es el lugar predecible, ordenado y feliz que nos gustaría que fuera. Queremos que las cosas sean fáciles, cómodas y estén bien ordenadas las veinticuatro horas de los siete días de la semana. Por desgracia, a veces el ritmo en el trabajo es frenético, las relaciones son difíciles, las personas exigen nuestro tiempo, no estamos tan preparados como nos gustaría estar, nuestra familia nos frustra y tenemos demasiado que hacer, aprender y procesar. Entonces nuestro conflicto interno comienza a hervir.

No obstante, insistimos en ello, el problema no es el mundo ni los pensamientos y el comportamiento de los demás: estos aspectos de la vida siempre constituirán un embrollo ligeramente impredecible. El problema es que nos aferramos demasiado a unos ideales que no coinciden con la realidad. Subconscientemente, hemos establecido unas expectativas en nuestra mente sobre cómo queremos que sean otras personas, cómo queremos ser nosotros y cómo «deberían» ser nuestro trabajo, nuestras relaciones y nuestra vida. Nuestro apego a nuestros ideales suscita ansiedad en nuestra mente y hace que vivamos con estrés.

En otras palabras, nuestra resistencia a aceptar las cosas como son alimenta nuestros dramas. Y no queremos formar parte de estos dramas (al menos esto es lo que nos decimos a nosotros mismos), así que culpamos a los demás por ellos, lo que a su vez genera aún más dramas.

Pero como hemos visto a lo largo de este libro, podemos soltar los dramas y hacer las paces con la realidad. Aunque hay muchas maneras de hacer esto, voy a sugerir una práctica simple con la que empezar siempre que sientas estrés, resistencia, frustración, preocupación y todos los otros estados mentales agotadores que alienten el drama en tu vida:

Enfócate cuidadosamente en lo que estás sintiendo. No lo adormezcas con distracciones; en lugar de ello, tráelo más a tu conciencia.

- Dirígete a ello y dale la bienvenida. Sonríele y dale lo que, según tú, es toda tu atención.
- Percibe la emoción en tu cuerpo. ¿Dónde está ubicada y qué cualidades únicas tiene?
- Observa la tensión que aparece en tu cuerpo, y también en tu mente, a partir de esta emoción.
- Intenta relajar las partes tensas de tu cuerpo. A continuación relaja las partes tensas de tu mente. Hazlo enfocándote en tu respiración: cierra los ojos, inspira y siéntelo, exhala y siéntelo, una y otra vez, hasta que te sientas más relajado.

En este estado más relajado, encuentra un espacio tranquilo dentro de ti. Y en este espacio:

- Permítete redescubrir la bondad fundamental que mora en tu interior y está presente en cada momento.
- Permítete redescubrir la bondad fundamental de este preciso momento, la cual está disponible para ti siempre que estés dispuesto a enfocarte en ella.
- Finalmente, tómate tiempo para sentarte con la paz interior que aportan estos dos redescubrimientos tan simples.

Esta es la práctica de soltar el drama y aceptar este momento tal como es, y aceptarte a ti mismo tal como eres. Puedes hacer esto en cualquier momento y estés donde estés. También puedes practicar enfocarte en la bondad de los demás y contemplar la bondad en tus dificultades, tus relaciones, tu trabajo, etc. Puedes construir un ritual diario saludable para detener los dramas innecesarios que hay en tu vida y redescubrir la paz, la alegría y el amor que están siempre a unos pocos pensamientos de distancia solamente.

Contempla tus mayores problemas como oportunidades

Esperamos que hayas comenzado a reconocer el hecho de que, aunque el mundo no corre tras de ti para atraparte, sí seguirá lanzándote desafíos, a veces grandes. Pero es en el contexto de estos «desastres» imprevistos, de estos momentos superdificultosos, donde a menudo podemos encontrar la mejor oportunidad para crecer y cultivar la felicidad replanteándonos nuestra forma de pensar.

Por poner un ejemplo, supongamos que una persona está pasando por un divorcio y se descubre pensando: «No podré superar esto. No hay forma de que pueda superar el dolor de este divorcio». Si tiene estos pensamientos, es fácil ver lo desanimada que debe sentirse. Esta persona no va a dar ningún paso adelante porque no ve que tenga sentido hacerlo. Pero si se toma tiempo para preguntarse si eso es realmente cierto, si puede estar totalmente segura de que ese pensamiento es verdadero, podrá tener una idea de cómo está enmarcando la situación y de si ese marco es útil o incluso válido. Cuando alentamos a nuestros clientes y alumnos a cuestionar sus pensamientos subconscientes de esta manera, por lo general se dan cuenta de que la forma en que piensan sobre la situación añade más ansiedad y dolor de lo necesario y les impide encontrar una solución.

Entonces, en lugar de pensar que ese divorcio es lo peor que le ha pasado, la persona puede realizar la práctica de tener este otro pensamiento: «Este divorcio es una oportunidad». Esto no significa que la situación no haya ocurrido, o que no sea terrible y desgarradora, o que no sea difícil desde el punto de vista económico o emocional. Significa que hay aspectos potencialmente positivos en los que centrarse a pesar de que la situación sea desgarradora, y al hacerlo, esa persona permite que brillen las oportunidades de crecimiento y felicidad. Esto mismo es cierto para todos nosotros. De esta forma, no tenemos que esperar a que nuestra tristeza, por fin e inevitablemente, empiece a desvanecerse para que lleguen los momentos positivos, sino que podemos empezar a cultivar estos momentos incluso en medio de nuestras experiencias más dolorosas.

Mueve el cuerpo para ser más feliz

En toda esta reflexión sobre las formas de pensar, es importante que recuerdes que tu cuerpo también es increíblemente potente a la hora de cultivar la felicidad y desarrollar un marco positivo para tu vida. La felicidad viene de tu interior, de darte cuenta de que tienes el control sobre la forma en que piensas sobre lo que está sucediendo. Y estarás en mejores condiciones de alcanzar este potencial en cuanto a la felicidad cuando tu cuerpo y tu mente trabajen juntos.

Recuerda lo que decíamos en el ejercicio final del capítulo seis: en muchos sentidos, la mente dirige el cuerpo, pero el cuerpo también dirige la mente. Cuando se trata de cultivar la felicidad para nosotros mismos, la forma en que usamos el cuerpo lo afecta todo, sin duda. Varios estudios psicológicos han demostrado que nuestro cuerpo puede afectar directamente a nuestro estado mental. Entonces, si bien es cierto que cambiamos de dentro hacia fuera, también cambiamos de fuera hacia dentro.

Mover el cuerpo puede ser directamente beneficioso para tu estado mental y tu felicidad, tanto si lo fortaleces como si le proporcionas una oleada de endorfinas por medio de una carrera larga. Y más allá de eso, mover el cuerpo también es una excelente manera de cambiar tu situación y tu entorno. Si estás experimentando negatividad en tu posición o rutina actual, el solo hecho de salir de esa rutina cambiando de entorno físico o actividad física puede obrar maravillas para la salud de tu mente. Además, mover tu cuerpo de distintas maneras y en varios lugares te ayuda a experimentar la novedad: nuevas vistas, sonidos y entornos pueden ampliar tu horizonte y mejorar tu perspectiva.

Acaba con los excesos poco a poco

Hay un dicho que reza así: «Nadie puede volver atrás y cambiar el principio de todo, pero cualquiera puede recomenzar hoy y forjar un nuevo final». Pero antes de poder emprender este proceso de transformación, uno debe dejar de hacer aquello que lo ha estado frenando.

Recuerda que cuando dejas de perseguir los objetivos equivocados les das a los objetivos correctos la oportunidad de atraparte. Se trata de que seas consciente de qué es aquello en lo que estás poniendo tu tiempo y energía limitados, para poder colocarte en una posición que te permita construir el futuro que deseas. Piensa en tu propia vida y en la vida de las personas cercanas a ti. La mayoría de nosotros tendemos a abarcar todas las actividades que podemos; llenamos cada momento de la vigilia con eventos, autoindulgencias, tareas y obligaciones. No dejamos de correr, pero no nos movemos de sitio.

Creemos que hacer más nos proporcionará más satisfacción, éxito, etc., cuando a menudo ocurre exactamente lo contrario. En su aclamado libro *Organízate con eficacia*, centrado en la productividad, David Allen explica que algunos aspectos de la vida y los negocios son importantes a largo plazo, mientras que la mayor parte *solo* son acuciantes en el momento. Demasiadas personas pasan todos los días de su vida trabajando en actividades urgentes pero carentes de importancia. Muy pocos de nosotros enfocamos nuestro tiempo y energía de tal manera que prioricemos conscientemente los objetivos verdaderamente importantes y significativos sobre todo lo demás que va surgiendo.

Cuando se trata de administrar tiempo y energía, ¡menos es más! Por lo tanto, la forma más inteligente y efectiva de avanzar en la vida no es hacer más, sino hacer menos eliminando los excesos que se interponen en el camino.

- Si quieres perder peso, solo lograrás un progreso sostenible si reduces primero tus rituales diarios poco saludables antes de apresurarte a iniciar muchos saludables. Por ejemplo, antes de empezar a obligarte a ir al gimnasio todas las mañanas a las cinco, elimina el exceso de azúcar y grasas saturadas de tu dieta. Llevar a cabo una rutina de ejercicios saludables mientras se mantiene una dieta poco saludable es como construir una casa sobre arenas movedizas: a la larga no funciona.

- Si quieres gozar de mayor estabilidad económica, no te concentres en aumentar tus ingresos hasta haber abordado tu hábito de derrochar. Libérate del ciclo de necesitar más y siéntete satisfecho con lo que tienes. Mientras no lo hagas, no importará cuánto ganes, porque siempre gastarás cada céntimo que tengas en cosas que no necesitas.

Organízate. Enfócate en lo que importa y deshazte de todo lo demás. Haz menos y haz que lo menos que hagas tenga mayor peso.

Busca la incomodidad, no la confianza

Dar el primer paso hacia el cambio, hacia la felicidad, puede parecer aterrador, pero en la mayoría de los casos todo lo que tenemos que hacer es comenzar. A menudo evitamos dar ese primer paso porque creemos que necesitamos más confianza. Pero esa actitud parte de un malentendido. Creemos que la confianza es algo que debemos poseer antes de poder desempeñarnos al máximo nivel; por lo tanto, tomamos la decisión subconsciente de esperar hasta sentirnos más seguros antes de dar el próximo paso. Pero esperar no es una actividad que estimule la confianza, por lo que nunca nos sentimos más seguros y nunca tomamos medidas. Deja que estas palabras sean tu llamada a despertar.

La confianza no es un prerrequisito para el desempeño presente y futuro; es el resultado directo del desempeño pasado. Si inicias un nuevo proyecto hoy y experimentas unas primeras muestras de éxito, es probable que mañana tengas una mayor confianza en la próxima fase del proyecto. Por el contrario, si el proyecto tiene un comienzo accidentado y tus esfuerzos de hoy se quedan cortos, este desempeño probablemente reducirá tu confianza mañana; hasta que tu nivel de confianza, inevitablemente, entrará en un nuevo ciclo. Pero lo verdaderamente significativo es el hecho de que tu confianza (la forma en que te sentirás) mañana depende directamente de lo que hagas hoy. Por lo tanto, lleva a cabo acciones positivas hoy mismo y aprende de ellas. Ten en cuenta lo siguiente:

- Puedes aprovechar tus acciones actuales para mejorar tu confianza futura.
- Obligarte a dar el siguiente paso es el primer paso para sentirte más confiado (y, seguramente, también más feliz).

Entonces, cada vez que te des cuenta de que estás esperando a que te llegue más confianza por arte de magia antes de comenzar a trabajar en la tarea que tienes delante, recuérdate cómo funciona la confianza y después oblígate a comenzar antes de sentirte listo. La confianza acudirá *después de que hayas empezado*, es decir, después de sentirte cómodo con la incomodidad de comenzar antes de sentirte listo.

Nosotros dos hemos descubierto esto en nuestra propia vida, una y otra vez. Estar cómodos con la incomodidad, y desarrollar gradualmente nuestra fortaleza mental en el proceso, ha sido la clave más importante para nuestra felicidad y nuestro éxito a largo plazo. Si puedes aprender a sentirte cómodo con la incomodidad, tu vida contendrá menos límites y muchas más oportunidades.

Empieza poco a poco y observa tu avance (el truco del diario)

Cuando repasamos este libro, nos sorprende ver que todas las estrategias que damos son herramientas que utilizamos todos los días. Hace una década, habríamos considerado imposible escribir esta obra. En parte, lo que nos hizo superar esta visión fue el hecho de aceptar el poder que tiene avanzar poco a poco. Aunque parezca obvio, hemos aprendido a través de experiencias a menudo difíciles que uno nunca llega del punto A al punto B tan rápido como querría.

Dar pequeños pasos hacia nuestras metas nos llevó de estar muy desanimados con una gran cantidad de temas a albergar grandes esperanzas. Esto no significa que ya no suframos. Por supuesto que lo pasamos mal, pero nuestra mentalidad es completamente diferente ahora. Vemos la posibilidad. Valoramos lo que tenemos. Nos damos cuenta de nuestro inmenso potencial.

Elige algo que quieras cambiar y trabaja en ello para que se convierta en un hábito diario; conviértelo en un ritual. Empieza, sin más, y da un paso tras otro. Es casi seguro que las cosas no cambiarán de la noche a la mañana, y la dolorosa sensación de querer tener un día mejor, de experimentar más ligereza y alegría, seguirá estando ahí. Pero comprométete a diario con tus pequeños rituales, a tus pequeños pasos. Entonces, de repente, un día te despertarás y dirás: «¡Caramba! Me siento más como yo. Me siento más feliz». Es probable que no puedas identificar ese día con antelación, pero el nuevo estado te irá influyendo gradualmente, hasta que de pronto te darás cuenta.

En el capítulo uno hablamos sobre la práctica de escribir en un diario como una herramienta potente para la autoindagación y la autorreflexión. Hablamos de lo útil que puede ser este recurso para mantenerse enfocado en permanecer presente y estar agradecido por lo que se tiene mientras se espera el día en que las cosas mejoren. Angel usa un diario para anotar pequeñas circunstancias de nuestra vida diaria que encuentra exitosas, divertidas, desafiantes o dignas de mención por algún motivo. Gracias a esta práctica, cuenta con un repertorio de temas y anécdotas a los que puede echar un vistazo para reflexionar y ver los progresos que ha efectuado. Disponer de esta lista la ayuda a ver cuánto ha madurado, le permite ver en perspectiva sus dificultades actuales y contribuye a que aprecie lo lejos que ha llegado.

Algunas cosas más que hace la gente feliz

Exponemos a continuación algunas prácticas centrales más que han sido cruciales para nosotros dos en nuestra búsqueda del cultivo de la felicidad en nuestra vida, y aunque ya hemos mencionado la mayor parte de ellas en varios lugares de este libro, sería negligente por nuestra parte no resumirlas rápidamente aquí para poner punto final a nuestra exposición sobre el cultivo de la felicidad.

1. **Da a los demás siempre que puedas.** Si bien dar se considera un acto desinteresado (y lo es), puede ser más beneficioso para quien da que para quien recibe. En muchos casos, proporcionar apoyo social es más beneficioso para nuestra felicidad que recibirlo. Las personas felices lo saben, y es precisamente por eso por lo que siempre están buscando formas de ayudar a los demás, mientras que las personas infelices se preguntan qué hay para ellas.
2. **Di *no* cuando necesites hacerlo.** Acceder a todo hará que no tardes mucho en sentirte desgraciado. Sentir que uno solamente está realizando tareas inútiles es a menudo el resultado de acceder demasiado a lo que piden los demás. Todos tenemos obligaciones, pero solo podrás encontrar un ritmo cómodo si administras adecuadamente tus compromisos. Así que deja de decir sí cuando quieras decir no. No siempre puedes ser agradable; si lo eres, la gente se aprovechará de ti. A veces hay que establecer unos límites claros.
3. **Practica la gratitud.** La gratitud es posiblemente la reina de la felicidad. ¿Qué dicen los estudios? Nada que pueda expresarse con mayor claridad que como lo hace Sonja Lyubomirsky en *La ciencia de la felicidad*: «Cuanto más se inclina una persona hacia la gratitud, menos probable es que esté deprimida, ansiosa, sola

o neurótica, o que sienta envidia». Conclusión: piensa cada día en lo muy afortunado que eres. Cuantas más bendiciones enumeres, más advertirás, y más feliz serás.

4. **Cultiva el optimismo.** Los individuos más felices no viven en determinadas circunstancias, sino con determinadas actitudes. Tienen la capacidad de crear su propio optimismo. Sea cual sea la situación, la persona de éxito es la que siempre encuentra la manera de darle a esa situación un giro optimista. Para estos individuos, el fracaso no es más que una oportunidad de crecer y aprender una nueva lección de la vida. Quienes piensan con optimismo ven el mundo como un lugar lleno de oportunidades infinitas, especialmente en los tiempos difíciles.
5. **No te apegues a cada éxito y cada fracaso.** Las personas felices y a las que les salen bien las cosas a menudo tienen éxito a largo plazo por una sola razón: piensan en el éxito y el fracaso de manera diferente a las demás. No se toman personalmente todo lo que sale mal, y no se atribuyen el mérito cuando todo sale bien. Sigue sus pasos. Sé un humilde aprendiz de por vida. No permitas que tus éxitos lleguen a tu cabeza ni que tus fracasos lleguen a tu corazón.
6. **Contempla el rechazo como una protección contra lo que no debe ocurrir.** El rechazo no significa que no eres lo bastante bueno; significa que la otra persona no se ha dado cuenta de lo que tienes por ofrecer. E implica que tienes más tiempo para mejorar tus esfuerzos: desarrollar tus ideas, perfeccionar tus habilidades y dedicarte más profundamente al trabajo que te motiva. Los individuos felices lo saben y no se toman el rechazo de forma personal. El tipo que no devolvió la llamada, el trabajo potencial que no se materializó o la carta de rechazo del préstamo comercial son, todo ello, señales universales de que esa no era la mejor opción. Confía en que algo más adecuado para ti está en camino.

7. **Dedica tiempo a actividades significativas.** Cuando el diario *The Guardian* le preguntó recientemente a una enfermera de cuidados paliativos cuáles eran las cinco cosas principales de las que se arrepentían los moribundos, indicó que algo que solía lamentar la gente era no haber sido fiel a sus sueños. Cuando las personas se dan cuenta de que su vida casi ha terminado y la revisan con lucidez, les resulta fácil ver cuántos sueños han dejado de materializar. La mayoría de los individuos no cumplen ni la mitad de sus sueños y terminan muriendo sabiendo que si no los cumplieron esto se debió a las decisiones que tomaron o dejaron de tomar. La buena salud conlleva una libertad que muy pocos advierten, hasta que ya no la tienen. Como afirma cierto dicho, la semana consta de siete días, y «algún día» no es uno de ellos.
8. **Comprométete plenamente con tus principales prioridades.** Si estás interesado en algo, harás lo que sea conveniente. Si estás comprometido con algo, harás lo que sea necesario. Punto. En última instancia, es el compromiso lo que genera resultados por los que vale la pena sonreír.
9. **Cuida tu salud física.** No hay excusas: por más que creas que no te gusta el ejercicio, te hará sentir mejor si no lo dejas. Si no tienes tu energía física, ocurrirá que tu energía mental (tu enfoque), tu energía emocional (tus sentimientos) y tu energía espiritual (tu propósito) se verán afectadas negativamente. De hecho, ¿sabías que estudios recientes realizados con personas que estaban lidiando con la depresión han mostrado que el ejercicio constante aumenta los niveles de felicidad tanto como la mayoría de los antidepresivos? Y lo que es aún mejor es que, seis meses después, quienes hicieron ejercicio no recayeron tanto, porque tenían un mayor sentimiento de realización y autoestima.
10. **Gasta el dinero en experiencias más que en artículos innecesarios.** Las personas felices a menudo gastan poco dinero en

artículos físicos, y optan por gastar gran parte de su dinero extra en experiencias. Este tipo de «compras» tienden a hacernos más felices por dos razones clave: 1) las grandes experiencias mejoran con el tiempo cuando las recordamos, y 2) las experiencias son a menudo eventos sociales que nos sacan de nuestra casa y nos llevan a interactuar con las personas que nos importan.

11. **Saborea las pequeñas alegrías de la vida.** La felicidad es un cómo, no un qué; es decir, es una mentalidad, no un destino. La felicidad es disfrutar de todo lo pequeño mientras se persigue lo grande. La felicidad profunda no puede existir sin reducir la velocidad para saborear la alegría. En un mundo lleno de estímulos salvajes y en que el movimiento es omnipresente, es fácil olvidarse de las pequeñas experiencias agradables de la vida. Cuando nos olvidamos de apreciar, le robamos su magia al momento. Las cosas simples de la vida pueden ser las más gratificantes si nos acordamos de experimentarlas completamente.
12. **Vive una vida que realmente quieras vivir.** Una de las quejas más habituales que oímos en boca de nuestros clientes de *coaching* y los alumnos de los cursos es esta: «Me gustaría ser lo suficientemente valiente como para vivir la vida que quiero vivir, no la vida que todos los demás esperan que viva». No te hagas esto. Lo que piensen los demás, especialmente aquellas personas a las que ni siquiera conoces, no importa. Tus esperanzas, tus sueños, tus objetivos, ¡todo esto sí que importa! Efectúa elecciones que te hagan sentir bien. Rodéate de gente que te apoye y cuide no a causa del individuo que quieren que seas, sino a causa del individuo que ya eres. Haz verdaderos amigos y mantente en contacto con ellos. Di cosas que realmente quieras decir a las personas que necesitan escucharlas. Expresa tus sentimientos. Acuérdate de estar atento y presente, y de disfrutar de lo que tienes justo delante. Y, sobre todo, ten en cuenta que la felicidad, o al menos la paz interior, es una elección en la mayoría de las situaciones.

Como dijo Elbert Hubbard en una ocasión, «la felicidad es un hábito; cultívalo». Y recuerda que no necesitas más confianza; solo necesitas estar dispuesto a empezar y a encontrarte ciertas incomodidades por el camino.

Ejercicio final

Este ejercicio tan simple es el que hemos encontrado más sistemáticamente útil en nuestra vida a lo largo de los años. Todas las noches, antes de acostarte, escribe tres cosas que te hayan ido bien durante el día y sus causas. Proporciona una explicación breve e informal para cada suceso positivo. (Por ejemplo, «hoy he llegado a casa sano y salvo del trabajo»).

Eso es todo. Gastamos decenas de miles de dólares en productos electrónicos caros, casas grandes, coches lujosos y vacaciones espléndidas con la esperanza de obtener un subidón de felicidad. Esta es una alternativa gratuita, y funciona.

Las investigaciones respaldan la efectividad de esta técnica. Nosotros mismos la probamos hace más de una década: nos propusimos aplicarla durante una semana solamente, y hoy en día seguimos utilizándola. Así que podemos asegurártelo: es efectiva. Si empiezas este sencillo ritual hoy, más adelante es muy posible que, al mirar hacia atrás, veas el día de hoy como aquel en el que cambió tu vida.

Epílogo
(y tres cosas sencillas que puedes hacer ahora mismo)

Acabemos de completar el círculo metafórico que es este libro y lleguemos al punto en el que empezamos. Nunca te sentirás perfectamente listo, y el momento nunca será perfectamente idóneo. Nos referimos al momento de comenzar, de esforzarse, de aprender sobre la marcha, de ir haciendo gradualmente lo difícil. Si hacer esto fuera más fácil y más cómodo, todos seríamos gozosamente felices y tendríamos un éxito increíble. No habría conflictos emocionales internos. No habría dolor ni sueños sin realizar.

Pero hay que hacer, sí o sí, lo difícil para ser feliz en la vida.

Demasiadas personas asombrosas siguen esperando a que alguien o algo exterior las recoja y las lleve hacia delante.

Lo sabemos porque nosotros dos éramos este tipo de persona.

Pero cambiamos.

Y tú también puedes hacerlo.

Si quieres algo de la vida, si quieres volver a ser feliz, debes desearlo más que cualquier otra cosa. Debes empezar a emprender acciones hoy, y continuar con ellas todos los días a partir de ahora, que respalden directamente el resultado que deseas, la felicidad que mereces. Tal vez no sea fácil, pero es así de simple, y está a tu alcance.

Y a aquellos que os sintáis algo abrumados por todo lo que hemos tratado juntos en este libro, y por todo el trabajo positivo que os aguarda en el futuro, os dejamos esta última carta abierta.

Carta abierta a quienes estáis abrumados (y no sabéis muy bien qué hacer a continuación)

Como las cartas que ofrecimos en los capítulos cuatro y siete, esta carta abierta también fue inspirada por un breve correo electrónico que recibimos hace poco por parte de uno de los alumnos de nuestro último curso:

> Apreciados Marc y Angel:
> Estoy atrapado en un surco. Tengo docenas de buenas ideas que puedo ejecutar fácilmente, pero cada vez que me dispongo a ponerme en marcha, me siento abrumado y asustado. Empiezo a cuestionar mis elecciones y a dudar de mí. O empiezo a preocuparme y a obsesionarme con todas las posibilidades de éxito y fracaso, hasta que abandono lo nuevo que estaba empezando a hacer, completamente exhausto. Hay muchas cosas que quiero lograr, y sé que soy capaz si puedo superar esta barrera. ¿Qué me recomendáis?
> Cordialmente,
> Un alumno abrumado

Nuestra respuesta (una respuesta abierta a todos los que se sienten abrumados a la hora de dar el siguiente paso):

> Apreciado alumno abrumado:
> Es hora de contar una historia rápida sobre la vida.
> Había una vez una mujer que llevaba tres días perdida en el desierto sin agua. Justo cuando estaba a punto de desfallecer, vio lo que parecía ser un lago a unos cientos de metros frente a ella. «¿Puede ser? ¿O es solo un espejismo?», se preguntó.

Con las últimas fuerzas que pudo reunir, avanzó hacia el lago tambaleándose, y pronto supo que sus oraciones habían sido escuchadas: no era un espejismo, sino un gran lago alimentado por manantiales lleno de agua limpia, más pura que cualquier otra que pudiese beber en su vida. Sin embargo, aunque literalmente se estaba muriendo de sed, no pudo tomar el agua. Se quedó de pie en la orilla mirándola fijamente.

El habitante de un pueblo cercano que pasaba por ahí montado en un camello observó el extraño comportamiento de la mujer. Se apeó del camello, se acercó caminando hasta la mujer sedienta y le preguntó:

—¿Por qué no toma un trago, señora?

Ella miró al hombre con una expresión agotada, angustiada y con lágrimas en los ojos:

—Me estoy muriendo de sed —dijo—, pero hay demasiada agua en este lago para que pueda beberla. Haga lo que haga, no podré terminarla toda.

El hombre sonrió, se inclinó, tomó un poco de agua con las manos, la llevó a la boca de la mujer y dijo:

—Señora, su oportunidad en este momento, y a medida que avance durante el resto de su vida, es comprender que no tiene que beber todo el lago para calmar su sed. Puede tomar un sorbo, solo un pequeño sorbo, y después otro si así lo elige. Concéntrese solo en el trago que tiene delante y toda su ansiedad, miedo y angustia por lo que queda se desvanecerá gradualmente.

Proponte, hoy mismo, enfocarte únicamente en el sorbo (tarea, paso, ritual, etc.) que estés tomando.

Honestamente, la vida es solo eso: acciones pequeñas y positivas que realizamos momento a momento, y cuando más adelante miramos atrás, vemos que la suma de todo ello ha valido la pena; hemos obtenido algo que por lo general es mucho mejor y diferente de lo que habíamos imaginado cuando empezamos.

Cordialmente,

Marc y Angel

Tres cosas sencillas que vale la pena que hagas ahora mismo

Esperamos que este libro siga siendo un compañero de confianza en tu viaje. Ahora que has llegado a este punto, te sugerimos que lleves a cabo tres pequeñas acciones:

1. Elige uno de los ejercicios de final de capítulo y ponte en marcha.

No puedes hacer todo de una vez. Si intentas hacer demasiado, acabas sin hacer nada. Por lo tanto, empieza con uno de los rituales que se encuentran al final de cada capítulo de este libro, aquel con el que sientas que tienes más dificultades en este momento y que podría tener el mayor impacto en ti. Después, comprométete a realizarlo durante sesenta días antes de comenzar con el siguiente. ¿Por qué sesenta días? Porque generalmente es la cantidad de tiempo que se necesita para instaurar un ritual. De hecho, los estudios científicos han demostrado que esto es así.

Este es el reto que te planteamos. Toma uno de los rituales y haz que pase a formar parte de tu vida durante los próximos sesenta días. No tienes que dedicarle mucho tiempo a diario; cinco o diez minutos pueden bastar. Así que saca el calendario, marca esos sesenta días y pon una X en cada uno de aquellos en los que hagas el ritual. Cuando llegues al final de ese período, empieza a realizar el siguiente ritual o aumenta la cantidad de tiempo que dediques al primero.

Quienes aseguran que no están logrando algo, o que leen un libro y dicen que lo que pone en él es magnífico pero no emprenden ninguna acción, no van a ver los resultados que están buscando. Por ejemplo, si alguien nos dijera que le es imposible ponerse en forma, le preguntaríamos si se ha comprometido con su rutina de ejercicios como ritual durante los últimos sesenta días. Si nos respondiera que no, le pediríamos que regresase a hablar con nosotros cuando hubiese seguido la rutina durante sesenta días, sin fallar ni uno solo. Esta es la única diferencia que hay entre el éxito y el fracaso a la hora de obtener los resultados que uno quiere ver materializados en su vida.

Puedes empezar con poco, pero debes comenzar, y debes convertir eso en un ritual diario. Así que elige uno y hazlo ya hoy.

2. Regístrate en la lista de correo electrónico *Marc & Angel Hack Life*.

Las mejores lecciones que asumimos en la vida son las que aprendemos una y otra vez. Necesitamos recordatorios positivos para dar un paso positivo todos los días. Esta es la finalidad de nuestra lista de correo electrónico: retomar el aprendizaje justo donde termina el que brinda este libro.

En nuestros correos electrónicos encontrarás muchas ideas y estrategias (potentes herramientas emocionales, mentales y, a veces, incluso físicas) para llevar una vida más feliz. Son las que usamos nosotros dos en nuestra vida y en el asesoramiento que damos para ayudar a las personas. Una y otra vez, muchos de nuestros lectores responden a estos correos electrónicos diciéndonos que han sentido como si les estuviésemos hablando directamente a ellos. En el mundo de hoy, que está lleno de negatividad y en el que se habla poco de crecimiento personal, son necesarios recursos que proporcionen una inspiración rápida, que nos ayuden a sentir como si alguien nos estuviese hablando y escuchando.

Estamos revisando constantemente una gran cantidad de nuestro propio material, tomando artículos más antiguos y actualizándolos y mejorándolos en función de las historias que van surgiendo en el contexto de nuestro asesoramiento a clientes, y cada semana escribimos dos artículos originales que llegan a nuestros suscriptores. Por lo tanto, si quieres conservar la mentalidad correcta, seguir avanzando de la mejor manera posible y que se te recuerden las estrategias que has aprendido en este libro, regístrate en www.marcandangel.com/subscribe.

3. Únete a la página de Facebook de Marc & Angel.

Esta página es para los lectores de *Volver a ser feliz* y los de nuestro blog. En la página de Facebook encontrarás inspiraciones diarias y podrás conectar con otras personas que han leído este libro y están listas para profundizar aún más para crear las vidas que desean vivir. Es un espacio perfecto para que quienes buscan tener una vida más feliz y comparten una mentalidad afín expongan sus historias, luchas, victorias y otros contenidos. Encuéntralo en www.facebook.com/marcandangelhacklife.

Si quieres continuar tu viaje con nosotros

Getting Back to Happy ('volver a ser feliz') es un curso en línea que cada cual sigue a su propio ritmo, diseñado para ayudar a los lectores de este libro a llevar lo que han aprendido al siguiente nivel; incluye sesiones de *coaching* individualizadas con los coautores de este libro.

Getting Back to Happy es el curso de referencia para cualquier persona que se tome en serio el hecho de tomar medidas para reclamar su felicidad y realizar su potencial. Te ayudará a despertarte todos los días y a vivir con un sentimiento de propósito más completo, incluso si has intentado todo lo demás. Si has estado buscando una manera de trabajar con nosotros, es esta. Este curso es el resultado de más de una década de estudio y asesoramiento individual a cientos de personas como tú de todo el mundo. Es un sistema comprobado que funciona una y otra vez para sacarte de tu estancamiento y volverte a poner en situación de vivir una vida que te entusiasme. Los módulos de este curso, que contienen desde formas comprobadas de fomentar unas relaciones más fuertes hasta acciones concebidas para ayudarte a soltar las emociones dolorosas, te inspirarán y equiparán para llegar a ser la mejor versión de ti mismo.

Cuando te inscribas en Getting Back to Happy, obtendrás acceso a un gran conjunto de recursos útiles (en inglés). Desde historias inspiradoras hasta estrategias de acción y muchas oportunidades de participar en vivo (con llamadas telefónicas y videollamadas) con nosotros, Getting Back to Happy ofrece más que un excelente contenido: fomenta una comunidad inspiradora. Todos quienes se inscriben en Getting Back to Happy pasan a tener acceso permanente a una comunidad de apoyo y un curso en línea, que pueden seguir a su propio ritmo, que incluye sesenta capacitaciones en videos de alta definición, las cuales contienen cientos de métodos científicamente probados para corregir el rumbo; la comunidad consiste en foros de discusión exclusivos para miembros en los que puedes debatir cada lección con nosotros dos y con otros miembros del curso.

Infórmate más sobre Getting Back to Happy e inscríbete en www.marcandangel.com/getting-back-to-happy.

La conferencia en vivo Think Better, Live Better ('piensa mejor, vive mejor') es el evento de referencia para ti si te tomas en serio el hecho de tomar medidas para reclamar tu felicidad y realizar tu verdadero potencial. Think Better, Live Better está diseñado para ayudarte a despertarte todos los días y vivir la vida imbuido plenamente de un propósito, incluso si has intentado todo lo demás. Si deseas asistir a una conferencia pensada para cambiarte la vida en la que participan muchos expertos en desarrollo personal de primer nivel a quienes les importa la gente, ¡es esta!

Think Better, Live Better está repleto de estrategias prácticas y lecciones inolvidables para vivir una vida más positiva y productiva. Pero es más que un simple evento. Es una experiencia envolvente que te brindará herramientas de eficacia demostrada para identificar y transformar las creencias y los comportamientos negativos y autolimitantes que te mantienen estancado. Las charlas y los talleres prácticos de este evento, impartidos por algunas de las mentes más brillantes del ámbito del crecimiento personal, ofrecen desde formas comprobadas de fomentar relaciones más saludables hasta acciones concebidas para ayudar a soltar las experiencias y emociones dolorosas, pasando por rituales que es seguro que incrementan la productividad. Todo ello te inspirará y equipará para convertirte en la versión más efectiva de ti mismo.

Este evento es tu puerta de entrada a la vida que has planeado vivir. No saldrás de Think Better, Live Better con un cuaderno lleno de ideas y nada tachado de tu lista de tareas pendientes, sino que pondrás en marcha un plan realista que podrás seguir mejorando en los próximos años. Te guiaremos paso a paso a lo largo de ejercicios destinados a incrementar tu fortaleza mental y te ayudaremos a reenfocar la mente en las potentes verdades que tendrán el impacto más rápido y efectivo en tus deseos y metas personales y profesionales.

Obtén más información y regístrate para el próximo evento en thinklivebetter.com.

Agradecimientos

Anaïs Nin dijo estas palabras tan profundas: «Cada amigo representa un mundo que hay en nosotros, un mundo que no habría podido nacer hasta la llegada de dicho amigo. Es solo con este encuentro con lo que nace un mundo nuevo». Sin duda, este libro fue concebido y nació gracias al apoyo directo e indirecto que hemos recibido por parte de nuestros «amigos» en el transcurso de los años.

Algunos de nuestros amigos son familiares, a otros los conocemos desde que éramos niños y otros son nuevas amistades que continúan fortaleciéndose día tras día. Aunque todos son muy diferentes, cada uno de ellos es extraordinario. Y estamos agradecidos por tenerlos.

A nuestros padres, Drew, Deborah, Farrell y Mary, gracias por ser nuestros mejores maestros. Gracias por predicar con el ejemplo en cada paso del camino. Gracias por mostrarnos que ser padre es una actitud diaria, no una relación biológica. Y, sobre todo, gracias por enseñarnos cómo pensar, no qué pensar. Estamos aquí gracias a vosotros.

A nuestro hijo, Mac, gracias por iluminar nuestro mundo con amor. Tu llegada a nuestra vida cambió todo de la manera más inimaginable, educativa y sorprendente. Criarte es, sin duda, una de las cosas más difíciles que hemos hecho, pero a cambio nos has enseñado el significado y el poder del amor incondicional. Somos mejores seres humanos gracias a ti. Gracias por hacer crecer nuestro corazón y expandir su latido más allá de nosotros mismos.

A toda nuestra familia, y especialmente a Ashley, Nate, Bodie, Stella, Deanna y Rob, gracias por ser una parte central de nuestro sistema de apoyo a diario. Vuestra presencia en nuestra vida siempre hace que los días difíciles sean más fáciles. Os apreciamos más de lo que sabéis.

A Alyssa Milano, gracias por mejorar nuestro mundo con tus alentadoras causas sociales y políticas. Gracias por defender los derechos de las mujeres y prender el movimiento mundial #MeToo. Gracias por compartir nuestro trabajo con otras personas. Y gracias por escribir el prólogo de este libro. Te estaremos siempre agradecidos por tu positiva presencia en nuestra vida.

A nuestro agente, Rick Richter, gracias por creer en nosotros cuando no creíamos en nosotros mismos. Gracias por hablar con nosotros cuando, al principio, dudábamos sobre si buscar un editor para presentarle la idea que ha acabado por convertirse en este libro. Definitivamente, nos alentaste y nos sacaste de las dudas que habrían impedido que ahora estuviésemos escribiendo justo estas palabras.

A Janna Marlies Maron y Matt Gartland, gracias por ayudarnos a estructurar y editar el borrador de esta obra. Vuestra visión y vuestro apoyo, en este proyecto y en otros anteriores, han sido increíblemente esclarecedores y nos han permitido brillar. Esperamos sinceramente trabajar con vosotros en proyectos futuros.

A nuestra editora, Marian Lizzi, gracias por reorganizar nuestras palabras, mejorar nuestras frases clave y orientarnos en el proceso de escritura de un libro mucho mejor de lo que lo podríamos haber hecho sin tu consejo experto. Apreciamos sinceramente la forma en que nos guiaste en la dirección correcta sin presionarnos. Eres una auténtica profesional que lidera con un toque personal.

A nuestras amigas cercanas Janet y Cami, y a todas las mujeres y todos los hombres fuertes con quienes hemos trabajado a lo largo de los años, que han crecido por medio de unas pérdidas y adversidades increíbles, gracias. En su momento cada uno de vosotros acudisteis a nosotros sintiéndoos atrapados y perdidos, inconscientes de vuestro propio brillo y del hecho de que vuestras luchas os habían fortalecido y os habían vuelto más resilientes, lo cual constituye una ventaja en este loco mundo. Pero ahora todos vosotros sois, sinceramente, nuestros mayores héroes. A lo largo de los años, nos habéis dado entre todos más de lo que os podríamos devolver. Continuáis siendo nuestra mayor fuente de inspiración a diario, y sois la principal razón por la que quisimos escribir este libro. Estaremos siempre en deuda con vosotros y vuestro sincero viaje de regreso a la felicidad.